2022 개정 교육과정 맞춤형

교과 및 교과 통합
서술형 평가의 실제

조호제
김자영
김정숙　노선임
김정윤　박은하
김현정　이경미
　　　　채은경
　　　　최성이
　　공저

박영story

머리말

출구가 보이지 않던 기나긴 팬데믹의 터널을 지나며 학교 현장은 예고 없이 앞당겨진 미래교육을 서둘러 맞이하느라 깊은 고민 속에 숙고하며 분주했다. 우리 교사들은 마치 이런 지각변동을 예측이라도 하고 있었던 듯 민첩하게 변화에 적응했고 교육의 질을 사수하고자 했던 교사들의 역량과 열정은 그 어느 때보다 빛을 발하였다. 이러한 노력의 결실로 학교 현장은 일견 안정을 되찾은 듯 보였지만 그 안에서 우리 교사들은 새로운 물음으로 다시 숙고의 시간을 보내고 있다. 무엇을 가르쳐야 하는가? 왜 그것을 가르쳐야 하는가? 그리고 어떻게 가르쳐야 하는가? 하는 근본적인 물음이 그것이다. 주어진 것을 가르치고 주는 대로 배우는 교육에 대한 진지한 고민이 '미래교육'이라 명명하던 그 시기가 예상보다 훨씬 빨리 우리 눈 앞에 도래했다는 자각과 함께 교사들의 마음을 더욱 분주하게 만들었다. 시기적절하게도 우리 교사들의 이러한 고민을 담은 새 교육과정이 우리 손에 넘겨졌다. 포용성과 창의성을 갖춘 주도적인 '사람'을 길러 달라는 새 교육과정의 비전은 마음에 깊은 울림을 남긴다. 사회에 도움이 되는 쓸모있는 '인재'로 길러내는 교육의 가치에서 진정 행복할 권리를 가진 한 '사람'의 내면의 성장을 눈여겨 보아달라는 가치의 전환이 몹시도 뭉클한 감동으로 다가오는 한편 막중한 책임의 무게감은 교육의 본질에 대한 고민을 남긴다.

이 책은 이러한 고민을 공유한 교사들의 흔적이다. 저자들은 개념 기반 교육과정을 통해 다음의 세 가지에 답을 하려고 시도하였다.

> 앞으로 급격한 변화를 감내해야 할 학생들의 삶을 관통할 가치 있는 지식은 무엇인가?
> 어떻게 가르쳐야 학생들이 새로운 상황이나 맥락에서도 자신의 지식을 활용하고 실천할 수 있는 능력을 가질 수 있는가?
> 그리고 이것은 수업에서 어떻게 구현될 수 있을 것인가?

개념 기반 교육과정은 2022 개정 교육과정에서 단순한 사실적 지식 습득의 차원을 넘어 개념을 기반으로 학습의 깊이를 더하고 미래역량 함양을 위해 도입되는 교육과정이다. 개념 기반 교육과정은 실제 세계에서 필요로 하는 지식과 기능을 학습한다. 이 교육과정은 개념적 이해와 비판적 내용 지식, 수행 능력의 발달을 강조한다. 따라서 개념과 관련된 핵심 기능의 이해를 통한 실제적인 수행을 중요하게 다루게 된다.

이 책에서는 먼저 개념 기반 교육과정의 이론과 교수·학습 설계의 핵심 요소인 평가 문항을 개발하여 제시하고 밀접하게 관련되어 있는 이해중심교육과정과 IB PYP 교육과정을 살펴보았다. 1장부터 개념 기반 교육과정, 개념 기반 교육과정과 평가, 개념 기반 교육과정과 평가 설계 및 적용, 이해중심교육과정, IB PYP 기반 교육과정의 순으로 이론과 실제를 제시하여 공통적으로 강조하고 있는 개념, 이해, 지식에 대하여 살펴보았다. 교실 장면에서 학생들은 여러 교과에서 사실(facts)을 학습하게 된다. 학생들에게 무엇을 학습하는가도 중요하지만 어떻게 학습하느냐에 따라 세상을 바라보는 안목이 달라질 수 있다. 학생들이 학습하게 되는 지식은 단편적인 지식을 넘어서는 좀 더 넓은 세계를 이해하기 위한 것이어야 하며 개념을 통한 학습을 통해 좀 더 넓고 깊게 확장될 필요가 있다.

1장과 2장에서는 지식의 구조를 이루는 요소가 무엇이며 이들이 어떻게 서로 연결될 수 있는가에 대한 교육과정 이론을 다룬다. 교과의 구조는 소재와 사실, 개념, 일반화의 원리로 이루어져, 소재와 사실로부터 개념, 일반화와 원리, 이론으로 향해간다. 학생의 개념적 이해와 일반화의 원리에 대한 심층 학습이 이루어지기 위해서는 귀납적 교수법과 탐구가 필요하다. 이를 통해 낮은 수준의 단편적 사고와 높은 수준의 개념적 사고를 결합시켜 시너지를 내는 사고를 자극하고, 개인의 지적 능력을 개발시키게 된다.

　3장에서는 단일 교과 혹은 여러 교과에 걸쳐서 개념 기반 교육과정 평가를 설계하는 방법을 안내하고, 4장과 5장에서 개념 기반 교육과정의 설계 유형인 이해중심교육과정과 IB PYP 기반 교육과정을 다룬다. 특히 3장에서는 여러 교과를 관통하는 개념을 추출하고, 핵심 아이디어와 핵심 질문, 개념적 렌즈를 교과에 적용하고 평가하는 수업 사례를 제시하였다. 실제 수업 활동을 규정짓는 핵심요소인 평가문항을 교과내, 혹은 두 개 교과, 세 개 교과를 통합하며 수행과제 형태로 제시함으로써 실질적인 자료를 제공한다.

　미래의 불확실성을 대비하기 위하여 이 시대의 교사에게 던져진 과제는 학생이 깊이 있는 학습을 통하여 급변하는 사회적 상황과 요구에 유연하게 대처할 수 있는 능력을 키우도록 돕는 것이다. 깊이 있는 학습은 학생의 자기주도성을 토대로 자신의 삶 속에서 활용할 핵심 내용을 배우는 것이다. 이를 위해 교사는 핵심 아이디어를 중심으로 학습량을 적정화하고, 학생들이 경험해야 할 사고, 탐구, 문제해결 등의 과정을 학습내용으로 명료화하여 교수학습 및 평가방법을 고민하고 적용하는 방법을 강구해야 한다.

　미래교육에서 강조되는 교사의 역량은 능동적인 교육과정 개발자로서의 역량이다. 특정 교과 내용이나 교과 교육과정의 전체 내용을 간파해서 구조화시키고, 학생들이 스스로 원리나 일반화에 도달하는 데 필요한 사고 기능과 탐구과정을 가르칠 수 있는 수업을 설계하는 것이다. 저자들이 제안한 개념 기반 교육과정 평가로 이러한 교사교육과정 개발 역량을 키우고, 궁극적으로는 교사, 관리자, 교육과정 연구자 및 교사를 준비하는 학생들이 개념 기반 교육과정 수업을 설계하고 실천하는 데 도움이 되기를 기대한다. 끝으로 이 책의 출판을 흔쾌히 허락하고 애써 주신 박영스토리 관계자 여러분께 진심으로 감사의 말씀을 드린다.

2023년
저자 일동

차 례

1장   개념 기반 교육과정

2장　개념 기반 교육과정과 평가

3장   개념 기반 교육과정과 평가 설계 및 적용

4장 이해중심교육과정(Understanding by Design: UbD)

5장 IB PYP 기반 교육과정

개념 기반 교육과정

개념 기반 교육과정의 의미와 특징

개념 기반 교육과정의 등장 배경

현재의 글로벌 시대는 정치, 사회, 환경적인 면에서 상호의존하고 여러 문제들이 서로 얽혀 복잡성(complexity)을 드러내고 있다. 양극화와 갈등을 야기시킨 강한 신념과 가치는 세계를 바라보는 관점을 여러 방향으로 갈라지게 하였다. 이러한 위기 속에서 복잡하고 상호의존적인 세계를 살아가는 학생들이 지적 능력을 계발할 수 있도록 교육자들은 교수·학습에서 개념에 초점을 두고 있다(Erickson, Lanning & French, 2017).

과거 수십 년 동안 미국을 비롯한 여러 나라에서 국가적 위기, 국가 경쟁력에 대한 압박이 있을 때마다 교육의 위기는 거론되었다. 이런 시기의 교육과정 개발 논의에서 학생들의 지적 능력, 즉 지식과 이해와 깊은 사고력 향상을 강조하는 개념 이해 교육과정이 부각되었다. 미국의 예를 들어보면, 부시 행정부하의 1990년 National Education Goals와 1991년 The America 2000 법안은 국가 경쟁력에 대한 압력이 교육에 대한 관심으로 옮겨간 예이다. 또한 클린턴 행정부 아래 The Goal 2000 법안도 거의 모든 교과에서 성취기준의 발달을 가속화시켰다.

이러한 세계와 상호작용하고 복잡한 맥락에서 학생들이 살아가기 위해 필요한 지식과 기능을 습득하고 좀 더 높은 고등사고를 할 수 있도록 교육자들은 교육과정 개발에 힘을 기울였다. 개념 기반 교육과정은 새로운 상황에서 창의적으로 문제를 해결하고 학생들의 깊이 있는 사고력을 촉진시키는 교수·학습 설계 방법 중 하나이다.

교과 교육과정은 모학문, 즉 교과는 해당 학문에 기초하여 구성된 것이다. 학문이 갖는 구조적인 특성이나 원리적 탐구 방식을 교과 교수·학습 방법에 적용함으로써 해당 단원이나 교과 교육과정에 대한 전체의 구조적 특성을 파악하게 된다. 그러므로, 학습자에게는 '지식과 지식의 호환성'이나 '지식의 전이'는 물론 교과가 갖는 구조적 특성의 원리를 학습자 스스로 터득하는 힘을 길러줄 수 있다.

교육과정 설계에 있어서 특정 교과 내용이나 교과 교육과정의 전체 내용을 간파해서 구조화시키는 안목의 형성은 그 분야의 폭넓은 배경 지식을 필요로 한다. 교과 교육과정은 해당 분야의 모학문을 기반으로 하고 있기에, 만약, 모학문에 대한 배경지식이 부족하다면 전체 내용을 간파하여 구조화하는 데 어려움을 겪을 것이다. 쉽게 말해서 교과 내용을 체계화할 수 있는 능력이 부족하다면 학습 내용의 학생들은 교과 내용의 이론적 원리를 깨닫도록 가르치기 어려울 것이다. 따라서 개념 기반 교육과정의 교수과정 설계자는 해당 모학문에 대한 배경지식을 갖고 있어야 교수·학습 과정에서 학생들의 다양한 질문 속에서 제시되는 내용을 분류해주고 판단하며 배치하는 역할을 한다.

다시 말해서 개념 기반의 교수·학습 설계는 그동안 사실이나 주제 중심으로 파편화된 지식의 전달 수준을 넘어 해당 교과 교육의 사실적 지식과 핵심 기능을 실제 세계와 연계시킬 수 있다. 학자들이 학문하는 것처럼 내용과 사실을 좀 더 깊이 있는 수준에서 사고하도록 학습 과정에서 학생들에게 대단히 중요한 아이디어(overarching idea)를 제시하는 것이다(Schill & Howell, 2011). 곧 일상생활 세계의 여러 가지 상황이나 다양한 경험을 하는 과정에서 해결해야 할 문제에 적절하게 대응하는 역량을 길러줄 수 있다. 이는 곧 개념 기반 교육과정에서의 전이이다. 그래서 개념 기반 교육과정은 학생들이 비판적으로 사고하고 창의적으로 문제를 해결할 수 있는 역량과도 밀접하게 연계된다.

개념 기반 교육과정은 지식의 가장 낮은 수준인 사실이나 이해를 가르치는 수준을 넘어 개념을 바탕으로 통합적인 사고 과정과 다른 지식으로의 전이, 나아가 실제 세계에서 필요로 하는 지식과 기능을 학습하는 것이다. 이 교육과정은 개념적 이해와 비판적 내용지식, 수행능력의 발달을 강조한다. 따라서 고등 사고기술과 실제적 수행능력의 발달을 강조하는 교육과정이라고 할 수 있다.

개념 기반 교육과정은 2022 개정 교육과정에서 강조하고 있는 바와 같이 단순한 사실적 지식 습득의 차원을 넘어 개념을 기반으로 학습의 깊이를 더하고 미래 역량 함양을 위해 도입되는 교육과정이다. 여기에는 개념 기반 및 역량 함양을 통한 삶과 연계된 깊이 있는 학습을 강조하게 한다. 다시 말해서 개념 기반 교육과정에서는 개념적 이해를 기반으로 학생이 접할 수 있는 실세계에서 어떤 기능을 능숙하게 수행할 것을 강조한다. 따라서 개념과 관련된 핵심 기능의 이해를 통한 실제적인 수행을 중요하게 다루게 된다.

수학교육의 예를 들어보자. 우리는 학생들이 자연수, 소수, 분수, 사칙연산 등을 배움으로써 수를 통해 세상을 보는 힘을 기를 수 있다고 말한다. 하지만 현재의 교육과정은 수 개념보다는 기계적인 계산, 파편적인 지식의 전달로 수 개념에 속하는 자리값, 합성과 분해, 교환성 등을 제대로 의식하지 못하고 있다. 이러한 개념들이 학생들의 실세계와 연결되는 교수·학습으로 구성되기 어려워 학생들은 수학에 흥미를 가지지 못한다. 그 결과, 학생에게서 수준 높은 논리적 사고를 기대하기 힘든 상황이다. 이에 개념들이 무엇이고 어떻게 연결되는지, 왜 이 개념을 학습해야 하는지, 어떻게 실제 생활에서 관련되는지에 대하여 깊이 있게 다룰 필요가 있다. 우리는 개념 구조에 기초한 교육과정을 설계해야 하며 학생들에게 기존 지식과 새로운 지식을 통합하여 좀 더 수준 높은 이해에 도달할 수 있는 기회를 제공할 수 있다.

개념적 렌즈를 통하여 학습의 목표인 일반화된 지식은 어떻게 진술할 수 있는가? 여기에는 두 개 이상의 개념이 포함되어야 한다. 일반화는 '개념과 개념의 관계를 경험적 자료를 가지고 증명한 보편성이 있는 서술'이다(Erickson, 2017). 예를 들어, '수의 자리'라는 주제의 개념적 렌즈는 수, 자리, 값 등이 될 수 있다. 이들 개념적 렌즈로 "숫자에 할당된 값은 수의 자리에 따라 다르다."와 같이 진술할 수 있다. 이 진술은 '수'를 소재로, '수의 값에 따라 수의 자리가 결정된다'는 사실을 바탕으로 개념화된 것이다.

이와 같이 개념 기반 교육과정은 많은 양의 정보와 사실을 가르치는 것을 넘어서서 사실과 주제, 개념들 간의 관계를 파악하여 원리나 일반화에 도달할 수 있도록 학생들의 사고 기능과 탐구 과정을 이해와 학습의 전이력을 높이는 방법으로 설계된 교육과정 또는 수업 설계 방법을 일컫는다.

일반적으로 '교육과정'의 개념에는 문서로 '계획된' 또는 교사에 의해 '실행된' 그리고 학생이 '경험한' 교육과정이 포함된다(소경희, 2017). 교육과정은 계획과 실행, 경험적 측면에서 매우 폭넓게 정의된다. 개념 기반 교육과정은 이 중에서 특히 교수·학습 설계를 위한 일종의 절차와 방식과 관련되어 있다. 이에 개념 기반 교육과정의 주요 용어를 살펴보면 다음과 같다.

- 개념(concept): 여러 대상이나 현상의 '공통된 특성'에 기초하여 하나의 범주로 분류하기 위해 인위적으로 만든 추상적 용어이다. 개념은 수많은 현상이나 사실을 일일이 암기하지 않더라도 다양하고 복잡한 사실이나 현상을 간단하게 이해하고 설명하는 것을 도와준다. 또한, 개념은 구체적으로 경험하는 사실이나 현상을 넘어 새로운 현상을 이해할 수 있도록 도와주고 여러 가지 사실과 경험을 명료하게 이해할 수 있는 안목과 사고틀을 제공해 준다. 뿐만 아니라 개념은 복잡한 문제를 정확하게 파악해서 적절하게 해결할 수 있도록 도와준다. 개념은 단어나 구(句)로 표현한 용어로 제시된다.
- 개념적 렌즈(conceptual lens): 개념적 렌즈는 단원 내용을 전체 관통하는 대표적인 지식체이다. 곧 단원 전체에서 학습에 시너지를 내는 사고(synergistic)와 관련된 아이디어(idea) 또는 큰 개념(big concept)이라고 할 수 있다. 한 단원에는 한 개 이상의 개념적 렌즈가 사용될 수 있다.
- 단원(unit): 단원은 교수·학습의 설계자가 개념적으로 관련이 있는 여러 개의 성취기준을 선정하여 학습 주제로 묶어 제시하는 학습의 덩어리이다. 결국 단원은 교육과정 내에서 교사가 성취기준을 통하여 새롭게 교사가 계획하여 설정하는 단원이다. 이것이 계획한 교육과정 수준이다. 여기에는 성취기준 몇 개를 연계시켰는지에 따라 수업 차시는 다양하게 나타날 수 있다. 그러나 성취기준에 적절한 차시보다 많은 시간을 배정한다면 개념을 탐구하는 과정이 지나치게 광범위해질 수 있고 이는 깊이 있는 학습을 하는 것이 아니라 겉핥기식의 수업으로 연계될 수 있어 바람직하지 못하다. 따라서 개념을 중심으로 깊이 있는 학습이 가능하도록 적정한 차시를 배분하는 것이 필요하다.
- 스트랜드(strand): 개념적 렌즈가 식물에서 줄기라면 스트랜드는 가지가 된다. 스트랜드는 단원을 이루고 있는 여러 주제와 여러 개념들을 연계시키는 매개체 역할을 한다. 책에서 장(章)을 이루고 있는 하위 목차들에 해당된다.
- 일반화(generalization): 일반화는 학생들이 개념을 통하여 어떤 명제에 도달하는 것이다.

즉, 일반화는 개념과 개념의 관계를 경험적 자료를 가지고 증명한 보편성이 있는 서술이다. 예를 들어 대도시일수록 범죄율이 높다는 것은 대도시와 범죄의 관계를 여러 자료를 분석하여 증명한 것이다. 사실 이러한 명제는 세상에 이미 밝혀져 있고 다 아는 사실일 수 있다. 그러나 학습을 하는 학생들은 미숙한 존재로 학습을 통하여 일반화를 도출하기 위한 증거를 수집하고 확인하며 탐구를 통하여 스스로 입증하는 탐구 과정을 거쳐야 한다. 이것이 곧 학습의 대상이 된다.

- 핵심 질문(key questions): 핵심 질문은 수업 전에 준비해야 한다. 이 질문을 통하여 학생들은 학습 내용을 탐구하고 궁극적으로 질문에 대한 정리된 학습 내용을 모아 자기 나름의 결론을 제시하게 된다. 그것이 곧 일반화이다. 결국, 핵심 질문은 일반화를 도출하는 데 필요한 주요 학습 내용을 탐구할 수 있도록 안내하는 길잡이가 된다. 핵심 질문을 통하여 학생들은 스스로 이해한 것을 표현할 수 있는 기회를 제공해야 한다. 이 표현은 일반화로 제시된다.

- 핵심 기능(key skills): 지식은 실세계에서 사용되는 맥락이나 현상 또는 상황이라는 것이 존재한다. 개념 기반 교육과정에서도 핵심 개념의 탐구는 그 자체로서 탐구하는 데 의미를 두기보다는 알게 된 것을 사용하는 역량을 강조한다. 결국 탐구를 통해 알게 된 지식은 새로운 상황에 적용하도록 해야 한다는 것이다. 이는 전이(transfer)와도 깊게 관련된다.

04 다시 살펴보는 개념적 렌즈와 지식의 구조

개념적 렌즈는 교수·학습의 초점이 되는 일련의 단원 목표에 내재되어 있다. 여기서 단원은 교수·학습을 설계자가 설정하는 것으로 여러 개의 성취기준이 연계된다. 다시 말해서 특정 개념과 관련된 성취기준을 묶어 단원을 정하고 학습을 통해서 달성해야 할 목표를 제시한다면 곧 단원 목표가 되는 것이다. 따라서 단원 목표에는 개념적 렌즈가 포함되어 제시되어야 한다. 기존의 교수·학습 과정이나 학습 단원이 단편적인 지식이나 사실에 근거한 것이라면 개념적 렌즈는 학습에 특정한 주제나 사실을 대신하는 목표에 해당한다.

'개념적 렌즈'는 단원의 내용에 대한 사고를 자극하는 데 필요하며, 학습에 대한 초점을 분명히 한다. 개념적 렌즈를 통하여 학습하게 되면 주제와 단원의 내용에 대한 사고를 확장시킬 수 있고, 이 렌즈는 주요 내용에 대한 적절한 필터 역할을 한다. 개념적 렌즈는 학습에 대한 초점과 깊이를 제시하는 거시적인 개념이며, 낮은 수준의 사고와 높은 수준의 사고 간의 시너지를 촉진한다(Erickson et al., 2017). 학생들에게 개념적 렌즈를 제시하지 않으면, 학생들은 정보를 그대로 받아들이거나 받아들인 정보를 분석이나 이해를 거치지 않고 그대로 되뇌이게 된다.

지식이 폭발적으로 증가하고 지식의 수명이 급격히 짧아지는 현대사회에서 교수·학습의 초점은 수많은 사실이나 단편적인 지식을 암기하기보다는 새로운 문제 상황에 적용하고 활용할 수 있는 능력을 기르는 데 두어야 한다. 즉, 학생들의 생각을 좀 더 큰 상위의 개념으로 통합함으로써 새로운 지식을 과거의 지식에 적용할 수 있는 개념의 구조를 형성하도록 도와주어야 한다는 것이다. 학생들이 새로운 문제 사태에 부딪히고 새로운 사례를 접할 때 이를 개념의 도식에 통합함으로써 좀 더 효율적이고 체계적으로 문제를 해결함과 동시에 실제 직업 세계에서 요구하는 고등사고 기술을 습득할 수 있다.

왜 교육과정 설계가 주제에서 개념으로 그 초점이 옮겨져야 할까? 그 이유는 다음 두 가지로 정리된다. 하나는 현대사회에서 지식의 폭발적인 증가와 더불어 지식의 수명이 점점 짧아지고 있다는 것이다. 이러한 지식을 모두 교과서에 담을 수 없기 때문에 학생들은 많은 데이터를 분류하고 핵심을 찾을 수 있어야 한다. 비판적, 창조적, 통합적인 사고 능력을 길러야 할 필요가 있다. 다른 하나는 빠르게 변화하고 국제적 상호작용이 빈번한 세계에서 복잡한 사회, 정치, 경제적 관계를 해석하기 위해서 개념적 사고 능력이 필요하다는 것이다. 또 다른 하나는 지식의 구조에 있어 낮은 수준의 지식인 사실과 이해에서 출발하더라도 높은 수준의 지식인 개념을 가르쳐야 한다는 것이 학습에 있어 개념을 중시해야 하는 이유이다. 전통적 교육과정 모형 주제 사실과 관련된 하위 인식단계를 강조하기에 학생들의 높은 성취 수준을 기대하기 어렵다. 사실, 개념, 원리, 일반화 학습을 통해 학생들의 높은 성취 수준, 비판적 사고, 안목을 키울 수 있는 개념 중심 교육과정이 필요하다.

사실은 직접적인 관찰이 가능해야 하며 시범을 보일 수 있는 것이라고 정의할 수 있다. 예를 들어 '순수한 물의 경우 끓는 점은 1기압에서 100도씨다.'는 하나의 사실이 될 수 있다. 주제는 개별 사실들의 단순한 집합이라 볼 수 있다. 여러 사실로부터 추출된 공통의 속성을 개념이라고 하는데 개념은 정확한 의미를 갖는 생각, 아이디어 또는 용어라고 볼 수 있다. 예를 들어 과학적 개념은 자연의 사물과 현상 속에서 공통적이고 보편적인 요소를 추출하고 그 속성을 기준으로 하여 다른 사물 현상과 구별할 때 사용된다. 원리는 여러 개의 사실들이 어떤 공통점이나 관계성을 보일 때 이를 일반화시킨 것을 말한다. 최상의 단계인 이론은 포괄적으로 관련된 원리들로서 어떤 현상에 대한 설명을 제공한다. 또한 이론을 설명하고 관련시키며 예상하는 데 사용된다.

이런 지식의 구조는 위계를 가지고 있다. 이에 우리는 하위 단계인 사실을 거쳐 최상위 단계인 이론에 이르는 교육과정을 구성해야 한다. 만약 전통적인 교육과정이 강조하는 단순한 암기나 주제만을 다루는 교육과정이 이루어진다면 급변하는 사회 속에서 실제 직업 세계에서 요구되는 지식이나 기능을 학생들에게 가르치기 어렵다. 즉, 현대사회의 교육과정에서는 지식의 암기나 이해가 아니라 개념을 중심으로 하여 실제적으로 수행할 수 있는 능력을 키워줄 것을 요구한다. 개념 기반 교육과정은 이러한 요구를 만족시켜 줄 수 있는 모형의 하나인 것이다.

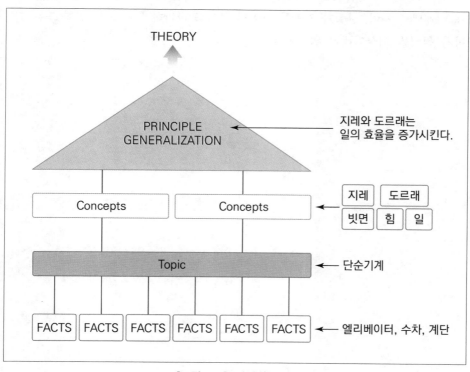

[그림 1.1] 지식의 구조

출처: Erickson (2017)

Erickson(2017)은 한 가지 학습 주제에서 다룰 다양한 개념적 렌즈를 제시한다. 여기에서 중요한 것은 자신이 선택한 한 가지 개념적 렌즈를 사용하는 것이 아니라 두 가지 이상의 개념적 렌즈를 선택한다는 것이다. 학생들은 다양한 개념적 렌즈를 통해 기존의 지식과 새로운 지식을 통합하고 편협한 주제에서 벗어나 좀 더 다양하고 넓은 안목을 가질 수 있게 된다. 결국, 이러한 지적 수행을 바탕으로 실제 세계에서 요구하는 다양한 지식과 기능을 효율적으로 습득하고 빠르게 적용할 수 있는 능력을 키울 수 있게 된다.

지식의 구조를 구성하는 요소들은 사실, 소재, 개념, 일반화, 원리, 이론이다. 여기에서 개념은 소재로부터 도출된 지적 구성체이며 시간에 구애받지 않고, 한두 단어 혹은 짧은 구로 표현되며, 보편적이고 추상적이다. 개념의 가장 큰 특징은 전이가 가능하다는 것이다. 수업에 앞서 교사가 먼저 이러한 지식의 구조를 확립해야 하는 이유는 소재, 사실, 기능 그 자체에 대한 교수가 아니라 학생들로 하여금 소재와 개념의 차이, 사실과 일반화 사이의 차이를 파악하게 하고, 일반화 또는 더 나아가 원리를 이끌어내기 위함이다.

개념 기반 교육과정의 설계 방법

01 개념 기반 교육과정 교수 설계 절차

개념 기반 교육과정에서 학습을 설계하는 것과 학습을 적용하는 것은 역방향이다. 교사가 수업을 설계하는 방식은 일반화된 지식으로부터 개념과 탐구과정을 거쳐 사실과 관찰로 하향식(top−down)으로 이루어진다. 반대로 학생이 학습하는 과정은 상향식(bottom−up)으로 이루어지는데 사실과 관찰을 통하여 공통된 속성을 이해하고 개념을 도출시키고 추리 과정을 통하여 개념과 개념의 관계를 통한 일반화를 학생 스스로 진술할 수 있어야 하기 때문이다. 따라서 교사는 개념, 일반화, 원리를 직접적으로 언급하거나 제시하기보다는 학생들이 스스로 사고함으로써 개념과 일반화를 이끌어낼 수 있는 기회를 제공해야 하기 때문이다. 결국 학생들의

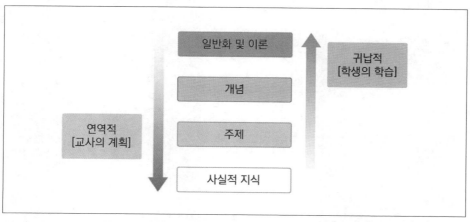

[그림 1.2] 사실, 주제, 개념, 일반화 및 이론의 관계

개념적 이해를 촉진하기 위해서는 단원의 소재나 사실을 제시하고 이를 바탕으로 개념을 이해하고 일반화를 도출하도록 귀납적으로 가르쳐야 한다. 학생들이 필수적인 이해를 통해 직접적인 사고를 할 수 있도록 핵심 질문과 활동을 이용하는 것이 바로 귀납적 사고 모델이다. 그래서 학생들은 여전히 사실과 기능을 배우지만 수업은 결국 학생들의 깊이 있는 개념적 이해를 계발시키는 데에 초점을 두게 된다.

교사들이 수업을 계획할 때, 일반화를 알려주고 수업을 진행하는 것은 평가문제를 출제할 때 정답을 알려주고 평가를 하는 것과 같은 것이다. 이러한 과정에서 탐구가 일어나지 않는다. 학생들이 도달해야 할 일반화와 학습목표로 설정하고 이 학습목표에 도달시키기 위해 어떤 암시와 정보를 제공할 것인지를 고민해야 한다. 여기에 단서로 제공되는 것이 사실적 지식이다. 학생들은 사실을 통하여 주제를 이해하고 개념을 파악하여 일반화를 이끌어내도록 교수과정을 설계해야 한다.

귀납적 학습 절차는 사실이나 관찰한 대상에 대한 자료를 확인하고 열거할 필요가 있다. 다음으로 열거한 항목의 공통적 속성을 범주로 분류하여 개념의 의미에 접근시키도록 해야 한다. 다음으로 자료를 해석하고 사실이나 관찰한 대상의 범주에 적절한 이름을 제시하도록 한다. 범주가 명명이 되었다면 개념을 형성하도록 안내하는 활동을 통하여 개념과 개념의 관계를 진술하는 일반화를 도출하도록 한다. 결국 개념 기반 교육과정은 다양한 범주의 사례에서 사실 등의 속성이나 속성의 목록을 탐색하는 것이다.

개념 기반 교육과정의 교수·학습 설계의 실제

01 개념 기반 교육과정 단원 설계의 실제

개념에 기반한 단원 설계는 교과간 교과내 통합을 가능하게 한다. 개념 기반 교육과정의 단원 설계는 학생들의 낮은 수준의 사고와 높은 수준의 사고 간의 상호

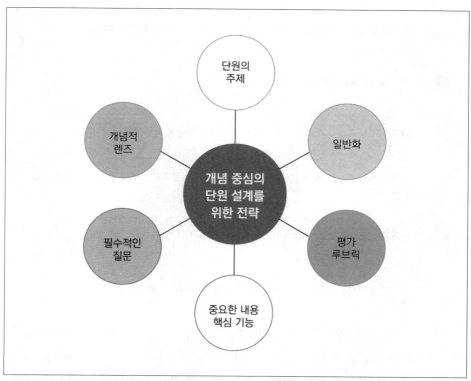

단원의
주제

개념적
렌즈

일반화

개념 중심의
단원 설계를
위한 전략

필수적인
질문

평가
루브릭

중요한 내용
핵심 기능

[그림 1.3] 개념 중심 교육과정의 단원 설계 전략(김영천, 2009, p.532 참조)

작용을 가능하게 하는 중요한 장치이기도 하다. 이를 위해서는 여러 가지 필요한 지식과 전략이 필요하다. <그림 1.3>과 같은 단원 설계 전략은 개념 기반 교육과정의 단원 설계 시 유용하게 사용된다.

1	단원의 주제는 학생들이 통합적 사고과정을 거칠 수 있는 것으로 설정한다.
2	학습에서 적절히 통합적 시각을 제공해주는 주요한 개념인지 확인한다.
3	개념과 주제에 근접하도록 단원 스트랜드를 조직한다.
4	학습으로 학생을 이끌 수 있도록 기대되는 필수적인 이해(일반화)를 브레인스토밍 한다.
5	학습 내용의 필수적인 이해를 촉진할 수 있는 필수적인 질문(안내 질문)을 브레인스토밍 한다.
6	단원의 일반화에서 요구되는 중요한 내용을 확인한다.
7	단원 학습에서 과정과 기술로 할 수 있어야 하는 핵심 기능을 확인한다.
8	단원에서 학습 훈련을 거치는 동안 학생들이 필수적인 질문과 과정에서 활동할 수 있는 학습 활동을 적는다.
9	수행과제를 평가할 수 있는 채점 가이드(영역과 성취기준)와 루브릭을 작성한다.

[그림 1.4] 개념 기반 교육과정의 단원 설계 과정

개념 기반 교육과정은 지식의 가장 낮은 수준인 사실이나 이해를 가르치자는 것이 아니라 개념을 바탕으로 통합적인 사고 과정과 다른 지식으로의 전이, 나아가 실제 세계에서 필요로 하는 지식과 기능을 가르치자는 것이다. 따라서 학습자가 고차적 사고를 일으키는 개념적 이해, 즉 지속적인 학습을 가능하게 하는 개념 및 일반화 혹은 원리를 파악하도록 단원 설계를 해야 한다. 개념 기반의 단원 설계를 위해서는 단원의 주제, 개념적 렌즈, 일반화, 필수적인 질문(안내 질문), 과정과 기능, 평가 루브릭 등 다양한 전략이 필요하다. 학습자들이 소재, 사실, 기능을 도구로 하여 개념, 일반화, 원리를 이끌어내는 개념적 이해는 이와 같은 단원 설계의 전략과 수업을 통해 구체화된다.

개념 기반 교육과정의 단원 설계는 학습자의 깊이 있는 이해를 위하여 학습자 자신을 저차원적 사고에서 고차원적 사고로의 지적 활동에 참여시키고자 한다. 단원 설계의 과정은 단원의 주제, 개념, 스트랜드, 일반화, 중요한 내용, 핵심 기능, 평가 루브릭 등의 여러 단계의 전략을 고려하여 다음과 같은 단계로 설계할 수 있다.

02 1단계: 단원의 주제

단원의 주제란 교수·학습에서 다루게 될 중심이 되는 문제를 의미하며 학습 내의 중심 생각, 화제 또는 질문으로 이해할 수 있다. 높은 수준의 통합적인 사고 과정을 이끌어내기 위해서는 단원의 주제를 그 단원의 개념적 렌즈를 사용하여 진술하는 것이 효과적이다. 예를 들어 '민주주의'를 주제로 단원을 설정한다면 광범위한 주제로 인하여 주요한 개념 확인 및 학습 주제 설정에 어려움을 겪을 수 있다. 만일 갈등, 자유, 혁명 등의 개념적 렌즈를 반영한 '우리나라 민주주의의 태동'으로 주제를 한정한다면, 주어진 시간 내에 학생의 통합적 사고를 이끌어내는 보다 효과적인 수업이 가능할 것이다.

단원의 주제는 학습 소재로서 중심이 되는 내용으로써 학생들의 호기심과 아이디어를 자극할 수 있는 것으로 개념적 렌즈를 관통하는 내용으로 선정하도록 한다. 교사들이 개념적 렌즈에 근거하여 단원을 지도할 수 있는 사실이나 소재를 찾아서 함의적인 단어와 어구로 나타내는 것이다. 지나치게 광범위하거나 모호한 주제보다는 단원의 내용을 효과적이고 함축적으로 드러낼 수 있는 주제로 선정한다.

예를 들어, '곱셈'보다는 '쉽게 배우는 구구단'과 같이 단원의 주제에 개념적 렌즈를 함께 제시하여 학생의 호기심을 자극할 수 있다.

교사가 학습을 계획할 때, 주제를 다루기 위해서 사실과 이해를 넘어서는 개념으로 구성하여야 한다. 이 때 필요한 것이 개념적 렌즈다. 개념적 렌즈는 단원을 설계할 때 단원 제목을 넘어서는 것일 수 있으며, 렌즈는 단원의 제목과 통합될 수 있다. 개념적 렌즈의 몇 가지 예시는 관점, 변화, 상호작용, 갈등, 의도 및 관계 등을 들수 있다. 어떤 렌즈를 선택하느냐에 따라 단원의 방향이 변화될 수 있다. 학생들에게 특정한 주제를 강조하여 가르치고자 할 때, 같은 제재를 선택하더라도 중요하게 다루고자 하는 개념에 따라서 학습의 방향이 완전히 달라질 수 있기 때문이다. 예를 들어, '물질의 성질'에 관한 학습을 할 때, '물리적 성질'이라는 렌즈를 선택하게 되면 '화학적 성질'이라는 렌즈로 본 물질의 성질과는 매우 다른 학습이 될 수 있다. 수업에 개념적 이해를 설계하기 위한 요소로 활용할 수 있는 것이 개념적 렌즈다.

그렇다면 교사가 학습을 계획할 때 개념적 렌즈는 언제 선택하는 것이 좋을까? 일반적으로 렌즈를 선택한 후에 학습의 내용을 결정하는 것보다는 중심이 되는 소재나 맥락을 파악한 후에 개념적 렌즈를 선택하는 것이 중요하다. 때때로 교사는 학생들이 학습에 관련된 주요 개념을 깊이 있게 이해할 수 있도록 좀 더 엄밀한 렌즈를 선택할 수 있다.

교사들은 어떻게 개념적 렌즈를 선택할 것인가? 우선 주제 속에서 학습하게 되는 사실 및 개념 가운데 공통점과 차이점을 파악한다. 두 번째 단계로는 단원의 주제를 보고 주요한 개념적 렌즈를 선택한다. 예를 들어, '우리 마을의 생태 환경'이라는 주제에서 사용되는 개념은 마을, 생태, 환경이다. 이러한 개념적 렌즈는 학습 목표를 명확하게 제시하기 위한 필수적인 이해를 돕는 데 사용된다.

교사들은 학습 주제를 관통하는 개념적 렌즈를 선택할 때 다음과 같은 기준을 적용할 수 있다.

1) 학습의 내용 가운데 사실 및 개념 간의 공통점과 차이점을 찾을 수 있는가?
2) 주제를 관통하는 개념이 명료한가?
3) 둘 이상의 개념이 일반화로 진술 가능한가?

여러 교과에 공통적으로 들어있는 주제, 개념 등을 추출하여 이를 중심으로 교육과정을 조직하는 간학문적 단원을 구성할 경우의 스트랜드(strand)는 그 단원에 걸친 교과 영역을 대표한다. 내용 중심 교과의 간학문적인 단원에서 스트랜드(strand)는 주요 제목이 되어서 학습할 단원을 다루기 쉬운 부분으로 나눈다. 스트랜드는 큰 줄기에서 가지가 뻗어나가듯이 매크로개념(macroconcepts)에서 마이크로개념(microconcepts)으로 분화되는 것이다. 예를 들어, '힘과 운동'을 매크로개념으로 본다면, '속력, 무게' 등이 해당 단원의 스트랜드로 단원명 주변의 학습 줄기로 배치된다.

단원에서 학습의 줄기는 학습할 내용과 개념을 개괄적으로 보여주는데, 이를 그물로 명명한다면 그물을 만드는 과정은 미리 쓰기, 브레인스토밍 활동으로 이루어진다. 교사는 이 활동으로 단원의 중요한 사실과 기능을 제시하기 전 개념적 렌즈를 정한다. 그물을 만들 때 전문 지식뿐 아니라 성취기준, 교과서 그리고 단원에서 사용할 만한 기타 학습 자료 등을 사용할 수 있다. 그물을 만드는 것은 교사가 중요한 소재와 개념을 브레인스토밍하고 전체 개요를 볼 수 있게 해주기 때문에 개념 기반 교육과정을 설계할 때 매우 유용하다. 그물이 완성된 후 스트랜드의 개념을 밑줄로 그어 다음 단계에서 그 개념에 쉽게 접근할 수 있도록 한다.

일반화는 학생들이 단원 학습의 결과로 보다 깊은 수준에서 이해해야 할 중요한 개념적 아이디어이다. 일반화는 시간 및 장소에 구애됨이 없이 시공간을 초월하고, 여러 문화와 상황에 전이된다. 그러므로, 일반화는 보편적으로 적용되며, 영속적이며, 추상적이라는 준거를 포함한다.

일반화는 학생들의 필수적인 이해를 가능하게 하는 진술이다. 일반화는 영속적 이해, 본질적 이해, 빅아이디어와 같은 용어로 알려진 개념적 이해이다(Erickson et al., 2017). 즉, 학생들이 학습의 결과로서 높은 수준의 지식을 이해하도록 하는 의미있는 개념적 아이디어다. 일반화는 사실이나 개념에서 도출된 개념으로 구성되며, 둘 이상의 개념으로 구성된 개념적 관계의 진술로써 종합적 사고 수준에 해당된다. 일반화의 의미는 학생들이 고차원적인 사고와 저차원적인 사고 간의 상호작용을 통해 의미를 형성해간다는 것을 보여준다. 그러므로 학습 내용의 일반화는 교수·학습의 수준을 높이고, 학생들이 기능 습득뿐만 아니라 개념 학습을 통해 탐구하도록 해준다.

교사는 일반화를 어떻게 진술해야 할까? 교사는 개념적 렌즈를 사용하여 하나 혹은 두 개의 일반화를 만들고, 스트랜드 각각에 대해서 하나 혹은 두 개의 일반화를 만든다. 때때로 일반화는 하나 혹은 그 이상의 스트랜드를 다룬다. 교과의 성취기준에 따라 단원의 강조점이 지식에 있는지, 과정에 있는지가 결정된다. 예를 들어 국어과 단원에서 그 단원의 내용(텍스트)이나 주제와 관련해서 한두 개의 일반화가 있을 수 있다. 단원에 사용된 텍스트를 이해하고(읽기/듣기), 생산하는(쓰기/말하기) 과정에서 파악해야 할 중요한 이해이다. '열과 우리생활'이라는 과학과 단원의 경우 각각의 스트랜드(온도 변화, 열의 이동)에서 '우리가 살고 있는 세상은 어떤 변화가 있다'는 일반화가 도출된다.

학생들은 일반화를 통해 높은 수준의 지식을 학습하여 다른 지식으로 전이할 수 있다. 교사는 가르치려는 단원에서 일반화 문장을 진술하는 것이 중요하므로, 교사 주관이 개입된 주제나 특정한 것을 언급하는 주제를 선택해서는 곤란하다. 예를 들어, '서울의 교통과 환경'이라고 표현하기보다는 '대도시의 교통은 환경에 영향을 미친다.'처럼 보다 포괄적으로 전이될 수 있도록 문장을 구성해야 한다.

일반화를 기술할 때는 시공간을 초월하는, 변함없이 적용될 수 있는 현재의 시제를 사용하며, '할 수 있다.'와 같이 가능태의 표현은 가급적 피하도록 한다. 일반화의 진술은 중요한 아이디어를 담고 있지만, 모든 상황에서 진리는 아니기 때문에 '때로는, ~할 수 있다. ~일 수 있다.'라는 한정어가 포함될 수 있다. 이 경우에도 보다 포괄적으로 일반화될 수 있는지 주의깊게 살펴야 한다.

일반화 진술에 있어서 무엇보다 중요한 것은 교사 스스로 다음과 같은 사항을 고려해보는 것이다. 첫째, 단원이나 주제의 맥락에서 학생을 이해시킬 수 있는 폭넓은 질문을 만들 수 있는가? 둘째, 현재 시제의 사용과 가능태 동사를 사용했을 때의 차이점을 명확히 알고 있는가? 셋째, 이해할 수 있는 명료한 문장으로 구사할 수 있는가? 넷째, 특정 주제나 고유명사보다는 포괄적이고 보편적인 문장으로 만들 수 있는가?

또한 일반화의 주요 원리는 교과의 특성에 따라 다르게 표현될 수 있다. 예를 들어, 사회과의 경우에는 일반화로부터 사실적인 내용이 파생될 수 있다. 영어과의 경우 듣기와 읽기와 같이 이해의 과정, 말하기, 쓰기와 같이 발화하는 과정, 텍스트를 읽고 비판하는 과정이 필요하다.

우리는 일반화를 개념적 수준에 따라 3단계를 나누어 볼 수 있다. 1단계에서 3단계로 갈수록 개념적 수준에 다다르고 일반화의 정도가 정교화된다고 볼 수 있다. 3단계로 갈수록 개념에 대한 배경적 지식이 더 많이 필요하고, 빅아이디어에 대한 이해가 필요하다. 1단계에서는 비교적 사실과 개념에 비중을 둔 문장으로 진술하며, 3단계로 갈수록 '다양성', '갈등'과 같은 수준 높은 개념이 사용되며, 포괄적인 문장으로 진술한다.

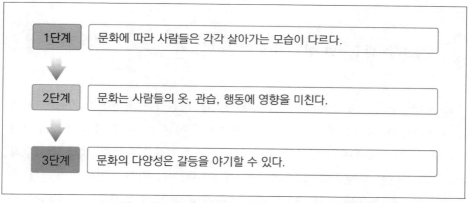

[그림 1.5] 일반화 3단계의 예시(초등학교 수준)

개념 기반 교육과정에서 일반화는 지나치게 추상적인 것이 아니다. 주제 속의 사실과 개념에서 도출되는 것이며 교수·학습의 목표가 무엇이 되어야 하는지를 명확히 보여준다. 일반화는 사실이나 지식의 구체적 정보로부터 도출될 수 있는 개념의 진술이다. 예를 들어, '한국은 석유가 부족한 국가이다.'라는 사실에서 '천연자원이 부족한 국가들은 국가 경쟁력을 높이기 위해 다른 나라와의 무역에 의존한다.'라는 세 가지 개념을 관통하는 일반화가 도출될 수 있다. 그러나, '한국은 석유가 부족하다.'라는 사실에서 학생 스스로 일반화를 도출하기를 기대하기란 쉽지 않다. 일부 학생들은 사실과 개념의 관계 속에서 스스로 일반화를 도출할 수도 있겠지만, 단순한 개념 중심의 수업에서 고차원적 사고로의 시너지를 기대하기 어렵다.

그러므로 교사가 교육과정을 재구성하고, 교수·학습을 계획할 때, 대주제나 단원에서 일반화를 확인하는 과정이 필요하다. 일반화를 도출하는 과정은 사실과 개념에 대한 질문에서 출발한다. 적절한 질문을 하는 것은 교사 스스로에게도 저차원적 사고에서 고차원적 사고로 이끌어내는 과정임과 동시에 학생들이 어떻게 사고하는지를 체계적으로 가르치기 위한 중요한 과정이다. 일반화 진술은 학습 구조의 원리와 구분되는 측면이 있지만, 학습의 이해에 있어 매우 중요하다. 교사는 학생들이 빅아이디어를 발견할 수 있도록 토의나 질문을 통하여 수업을 전개해갈 수 있다. 지나치게 구조화된 질문에 대한 답을 요구하는 상황에서 사고의 확장을 기대하기 어려우므로, 교사는 학생들에게 개념적 렌즈를 제시함으로써 그들이 일반화를 탐구할 수 있도록 하여야 한다.

06 5단계: 필수적인 질문(안내 질문) 만들기

필수적인 질문(안내 질문)은 학생들의 사고를 촉진하여 일반화를 가능하게 한다. Jacobs(1997)는 교육과정의 형태를 주제중심이 아닌 필수적인 질문으로 구성하여 학생들에게 정확하게 안내하는 메시지를 주어야 한다고 하였다. 따라서 필수적인 질문은 간단한 문장으로 직접적인 대답을 요구하거나 정해진 하나의 결론을 갖는 것이 아니라 학생들의 사고와 탐구를 자극하며 더 많은 질문을 이끌어내야 한다. 또한 배울 내용에 대한 이해를 증진시키는 데서 나아가 관련성을 야기하고 학습의 상황에서 새로운 상황, 실제 생활과의 맥락을 찾아 새로운 상황으로 아이디어들이 전이되도록 촉진시키는 질문이어야 한다.

안내 질문은 유형별로 사실적 질문, 개념적 질문, 논쟁 가능한 질문으로 구분할 수 있다. 구체적이며 여러 사례에 걸쳐서 전이되지 않는 사실적 질문은 시공간과 상황에 한정적이다. 개념적 질문은 학생들의 개념을 깊이있게 이해할 수 있도록 가교 역할을 하며, 개념이 여러 상황으로 전이되도록 한다. 단원의 성격에 따라 단원 전체에서는 한두 개 정도의 논쟁적 질문도 필요하다.

이러한 안내 질문은 사고를 촉진하는 원동력으로 교수·학습을 위한 비판적인 방향을 제시하고, 유의미한 학습의 초석이 된다. 사실적 질문과 개념적 질문은 학생이 학습을 수행함에 있어 기초 수행 활동 및 심도 있는 개념의 이해를 가능하게 한다. 이는 백워드 설계의 본질적 질문과 일맥상통한다. 즉 교과나 교육과정의 중심에 놓여있어 교과의 탐구와 심층적 학습을 촉진시키는 질문이다. Jacobs(1997)는 "질문은 개념 학습에 있어 의무이자 책임이며, 학생들에게 도움이 될 수 있는 훌륭한 교수 기술은 필수적 질문 안에 함축적인 개념을 포함하여 학생들이 학습하고자 하는 단서를 제공해주는 것"이라고 했다.

수업에서 빅아이디어에 대한 이해를 위해 일반화를 더 정교한 수준으로 구성하려면 개방적이고 필수적인 질문, 즉 안내 질문이 필요하다. <그림 1.6>의 예시처럼 '무엇을'에 해당하는 질문보다 '왜', '어떻게'라는 질문의 형식으로 구성하며, 3단계로 갈수록 필수적인 이해를 가능케 하는 개념에 비중을 두어야 한다.

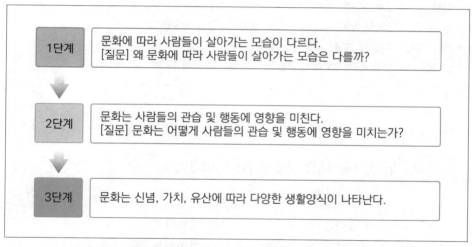

[그림 1.6] 필수적인 이해를 위한 질문 예시(초등학교 수준)

1단계에서는 비교적 아이디어가 단순하다. 다음 단계로 넘어갈 때 개념적 사실 진술이 좀 더 명확해지도록 '왜'라는 질문을 하게 된다. 1단계 질문은 사실적 질문에 해당된다. 2단계의 질문은 '왜' 또는 '어떻게'라는 질문을 통하여 의미있는 논의와 전개를 할 수 있는 논쟁적 질문이 될 수 있다. 그럼으로써 3단계에서 개념을 아우르는 일반화 진술을 가능케 한다. 그러나 반드시 이러한 단계를 거쳐야 하는 것은 아니며, 학습 내용에 따라 다른 유형의 질문이 가능하다.

따라서 교사는 필수적인 질문을 만드는 데 있어 교육과정의 핵심 개념을 파악하고 나름의 안목을 가지고 필수적인 질문을 만들어야 한다. 우리가 수업 중 질문을 할 때 대부분 '무엇인가?'를 묻는 경우가 많다. 교사들이 질문의 초점이 개념이라는 것을 분명히 인식한다면 질문은 특정한 주제를 향하게 된다. 사고의 확장을 위해서 '왜', '어떻게'를 묻는 질문으로 전환하여야 한다.

효과적인 단원 설계를 위해서는 먼저 더 높은 수준으로 사고할 수 있도록 하는 필수적인 질문이 필요하며, 필수적인 질문을 만들기 위해서는 단원에서 핵심아이디어를 바탕으로 일반화를 기술하고 이 일반화를 질문으로 바꾸어야 한다. 예를 들자면, 사회과의 필수적인 질문은 다음과 같이 제시할 수 있다.

〈표 1.1〉 일반화를 위한 안내 질문(사회과 5~6학년)

- 시장에서 수요와 공급을 통해 가격이 변동되는 요인에는 어떤 것들이 있는가?
- 민주주의 이념과 가치를 실현하기 위해 해야 할 일은 무엇인가?
- 우리 사회의 다양한 법들은 왜 필요한가?
- 급격한 사회 변동과 사회문제에 대응하기 위해서 누구의 역할이 중요한가?

07 6단계: 중요한 내용(내용 요소) 확인하기

중요한 내용은 일반화의 기초를 다지고 단원 내용의 지식을 깊이 있게 하며, 학생들이 과정이나 기능에 대해 알아야 할 것을 정의하는 데 필요한 사실적 지식과 가치·태도이다. 이러한 지식·이해는 과정·기능, 가치·태도와 관련될 필요가 있다.

지식·이해는 교과(목) 및 학년(군)별로 해당 영역에서 알고 이해해야 할 내용이고, 과정·기능은 교과 고유의 사고 및 탐구 과정 또는 기능이다. 또한 가치·태도는 교과 활동을 통해 기를 수 있는 고유한 가치와 태도를 말한다. 이 맥락에서 보면 교육활동은 각 교과간의 경계를 넘어 알고 수행하는 것에 대한 넓은 안목이 필요하다. 교사는 학생들이 복잡한 수행과 기술을 연습할 기회를 주기 위해 그에 적합한 활동을 구안해야 한다. 교육활동은 '아는 것과 할 수 있는 것'으로 구성되는데 여기에서 연습할 기회를 주기 위한 활동은 활동과 질문, 이해 사이에 일관성이 있어야 한다. 이를 위해서는 단원에 대한 교사의 철저한 이해가 뒷받침되어야 하고, 학생들의 흥미와 호기심을 끄는 매력적인 질문이 필수적이다.

〈표 1.2〉 단원 학습의 내용 예시

중요한 내용(내용 요소)	
무엇을 (지식 · 이해)	• 단원의 주제를 통합한 진술, 해당 영역에서 알고 있어야 할 내용 예 다양한 자연환경과 인간생활
왜 (가치 · 태도)	• 학습에서의 유의미하고 중요한 관점 및 태도 진술 예 기후변화 대응에 대한 관심
어떻게 (과정 · 기능)	• 학생들이 얼마나 이해하고 있는지를 증명할 수 있도록 기술 예 지도, 기후 그래프, 사진 등을 활용하여 세계의 다양한 기후 비교하기

08 7단계: 핵심 기능 파악하여 적기

핵심 기능은 과정 및 기능의 측면에서 학생들이 학습을 마친 후 할 수 있어야만 하는 것을 의미하며 성취기준이나 국가수준 교육과정에서 원문 그대로 가져올 수 있다. 핵심 기능은 다른 성취기준에도 적용되며, 학습 활동에 나타날 때까지 특정한 주제에 얽매이지 않는다. 핵심 기능은 '~을 하기 위해서' 또는 '학생의 이해를 증명할 수 있는'에 해당되는 활동이다. 예를 들어, <표 1.3>과 같이 2022 개정 교육과정의 사회과 내용 체계표에서 과정 · 기능에 해당되는 학습 활동으로 '조사하기, 탐구하기, 비교하기, 표현하기' 등이라 할 수 있다. 그러므로 개념 중심 수업 설계에서는 교사가 핵심아이디어에 따른 '과정 · 기능'을 선택할 수 있다.

〈표 1.3〉 2022 개정 교육과정의 사회과 내용 체계: 자연환경과 인간생활

핵심아이디어	• 지표상에는 다양한 기후 특성이 나타나며, 기후 환경은 특정 지역의 생활 양식에 중요하게 작용한다. • 우리나라와 세계 각지에 다양한 지형 경관이 나타나고, 해당 지역의 인문 환경과 인간생활에 중요한 영향을 미친다. • 인간은 자연환경에 의존하고 적응하며, 자연환경을 변형시키기도 한다.		
범주	내용 요소		
	초등학교		중학교
	3~4학년	5~6학년	1~3학년
지식·이해 — 기후환경	• 우리 지역의 기온과 강수량	• 우리나라의 계절별 기후 • 세계의 기후	• 우리나라의 계절별, 지역별 기후 특성과 변화 양상 • 세계 각 지역의 기후 특성
지식·이해 — 지형환경	• 사례 지역의 지형환경	• 우리나라의 지형 • 세계의 지형	• 우리나라 주요 지형의 위치와 특성, 지형 경관 • 세계 각 지역의 지형 특성
지식·이해 — 자연-인간의 상호 작용	• 이용과 개발에 따른 환경 변화	• 다양한 자연환경과 인간생활 • 기후변화 • 자연재해	• 기후변화에 대한 지역별 대응 노력 • 자연 재해의 지리적 특성과 대응 노력
과정·기능	• 자료를 바탕으로 다양한 자연환경과 생활모습 조사하기 • 자료를 바탕으로 우리나라의 계절별 기후 특징 탐구하기 • 지도, 기후 그래프, 사진 등을 활용하여 세계의 다양한 기후 비교하기 • 사진, 기록물, 영상자료 등을 활용하여 다양한 지형의 사례 조사하기 • 자연재해 대비 노력 조사하기		• 지도상에서 세계와 우리나라의 주요 자연환경 요소의 위치 파악하기 • 다양한 지리 정보와 매체를 활용하여 지리적 시각화하기 • 지리적 특성이나 문제를 지도로 표현하기 • 자연환경과 인간생활 간 상호 연계성 파악하기 • 일상생활에서 자연재해에 적극적으로 대처하기
가치·태도	• 개발과 보전에 대한 균형 있는 관점 • 자연환경에 대한 감수성 • 기후 변화 대응에 대한 관심		• 세계와 우리나라의 자연경관에 대한 호기심과 소중히 여기는 태도 • 자연환경 보호 활동의 참여 및 실천 • 기후변화 문제 해결을 위한 생활 속 실천과 참여

09   8단계: 학습 활동 설계하기

학습 활동은 학생들이 최종 평가에 필요한 것을 준비할 수 있도록 돕고, 학생들이 단원을 마칠 때까지 이해하고, 알고, 할 수 있어야 하는 것을 반영한다. 학생들이 중요한 지식과 개념적 이해를 파악하고 이를 적용하여 핵심 기능을 계발할 수 있도록 학습을 진행하는 속도, 형성평가, 학생 맞춤형 수업 전략, 단원의 학습 자료가 포함되도록 학습 활동을 계획한다. 학습 활동은 가능한 의미 있고 실제적이어야 하는데 개념 기반의 학습 활동은 지적 탐구가 가능하도록 설계한다. 학생들에게 학습 동기를 높여주도록 하되, 교사는 학습자의 특성과 요구를 반영하여 학생의 역량을 어떻게 기를 것인지 고려한다.

10   9단계: 수행과제 평가와 채점 가이드 또는 루브릭 작성하기

적절한 평가는 1~2개의 중요한 일반화와 중요한 내용에 대한 학생의 이해와 핵심 기능을 적용한 능력이 드러나게 구성한다. 이제 궁극적으로 학생들이 지식과 개념적 사고를 얼마나 잘 전이시키고 학습한 내용을 얼마나 잘 수행할 수 있는지를 평가하게 된다. 평가를 위한 일반화는 개념적 렌즈를 포함하며, 형식은 다음과 같이 할 수 있다.

- 무엇을: (단원명 혹은 초점) ~을 조사하시오.
- 왜: (평가하고자 하는 일반화) ~을 이해하기 위해서
- 어떻게: 학생들의 평가 과제에 대한 기술

위의 세 가지 측면은 개념 기반의 단원, 즉 일반화가 평가 과제와 관련되어 있다는 것을 보여준다. 또한 학생들의 과제 수행을 평가할 수 있도록 구체적인 기준을 포함한 채점 가이드, 또는 루브릭의 기준이 된다. 채점 가이드나 루브릭은 학생이 작업한 최종 과제를 평가하는 준거를 보여주도록 하되, 평가 과제에서 다루는 개념적 이해가 채점 기준에서 누락되지 않도록 유의하여야 한다.

개념 기반 교육과정의 단원 설계 사례

단원 설계는 교사가 계획과 평가를 어떻게 계획하고 개선해 나아갈 것인지를 보여주는 도구이다. 교사들은 단원 설계를 위해 자신의 수업을 성찰하고 교수·학습을 평가하는 방법을 변화시킨다. 아래의 예시는 2022 개정 교육과정 6학년 사회과의 정치 영역을 단원으로 설계한 예시이다.

[예시 1.1] 개념 기반 교육과정 단원 템플릿

단원 템플릿

■ 단원의 주제: 민주주의와 시민 참여　　　　■ 교사: ○○○

■ 교과: 사회　　　　　　　　　　　　　　　　■ 대상 학년: 6학년

■ 단원 학습시간: 8차시(차시당 40분)

■ 핵심아이디어: 민주주의의 이념과 원리를 실현하기 위해서는 제도와 의식의 개선이 필요하다.

■ 성취기준

　[6사08-01] 민주주의에서 선거의 의미와 역할을 파악하고, 시민의 주권 행사를 위해 선거에 참여하는 태도를 기른다.

　[6사08-03] 민주주의에서 미디어의 의미와 역할을 이해하고 여러 가지 미디어의 내용을 비판적으로 분석하여 올바르게 이용하는 태도를 기른다.

■ 개념적 렌즈: 민주주의, 생활 속 미디어, 비판적 분석

■ 일반화와 안내 질문

　1. 시민의 주권 행사를 위해 선거 과정에 참여한다.

　　– 민주주의에서 선거의 의미와 이해를 파악하고 선거 과정에 참여하는가?

　2. 생활 속 미디어의 비판적 분석은 민주적 태도를 형성하는데 도움이 된다.

　　– 미디어의 정보와 내용을 비판적으로 분석해야 하는 이유는 무엇인가?

■ 스트랜드(concept)

– 민주적 기본 가치, 선거의 의미와 역할, 미디어 콘텐츠, 미디어의 역할

■ 핵심기능(key skill)

– 미디어 콘텐츠를 비판적으로 분석하기

– 미디어에 대한 비판적 태도 기르기

– 사회문제 해결에 참여하기

■ 학습자료: 전통적 언론과 소셜미디어, PPT, 전자투표

■ 평가를 위한 최종 질문

– 생활 속 미디어의 내용에 대한 올바른 분석을 통해 비판적 태도를 형성할 수 있는가?

출처: Lanning & Brown(2019: 37-38) 참조 작성.

[예시 1.2] 스트랜드별 중요한 내용과 핵심 기능

스트랜드별 중요한 내용과 핵심 기능

■ 학년: 6학년

■ 단원명: 민주주의와 시민 참여

■ 개념적 렌즈: 민주주의, 생활 속 미디어, 비판적 분석

■ 단원 스트랜드

개념적 렌즈
민주주의, 생활 속 미디어
비판적 분석

스트랜드 1 민주적 기본 가치		스트랜드 2 선거의 의미와 역할
	단원명 민주주의와 시민참여	
스트랜드 3 미디어 콘텐츠		스트랜드 4 미디어의 역할

■ 스트랜드별 중요한 내용	■ 핵심 기능
스트랜드1: 민주적 기본 가치	민주주의 사례를 조사한다.
스트랜드2: 선거의 의미와 역할	학교 자치의 선거 과정에 참여한다.
스트랜드3: 미디어 콘텐츠	미디어 콘텐츠를 비판적으로 분석한다.
스트랜드4: 미디어의 역할	미디어에 대한 비판적 태도를 기른다.

[예시 1.3] 일반화와 안내 질문

일반화와 안내 질문

■ 학년: 6학년

■ 단원명: 민주주의와 시민 참여

■ 핵심아이디어: 민주주의의 이념과 원리를 실현하기 위해서는 제도와 의식의 개선이 필요하다.

■ 개념적 렌즈: 민주주의, 생활 속 미디어, 비판적 분석

일반화	안내 질문 (사)=사실적, (개)=개념적, (논)=논쟁적
시민의 주권 행사를 위해 선거 과정에 참여한다.	(사) 민주주의에서 선거의 의미는 무엇인가?
	(논) 시민의 주권 행사를 위하여 모두가 선거 과정에 참여해야 하는가?
생활 속 미디어의 비판적 분석은 민주적 태도를 형성하는데 도움이 된다.	(사) 생활 속 미디어에는 어떤 것들이 있는가?
	(개) 미디어의 정보와 내용을 비판적으로 분석해야 하는 이유는 무엇인가?
...	...
...	...
...	...

논쟁 가능한 단원 질문
민주주의의 원리와 이념을 실현하기 위해서 제도와 의식이 개선될 필요가 있는가?

최종 단원 평가

▣ 단원명: 민주주의와 시민 참여

▣ 평가 과제: 선거 과정에 참여하기, 생활 속 미디어를 비판적으로 분석하기

▣ 학년: 6학년

- 무엇을(단원의 초점):

민주주의의 이념과 원리를 실현하기 위해서는 제도와 의식의 개선이 필요하다.

▣ 개념적 렌즈: 생활 속 미디어, 비판적 분석

- 왜(일반화):

시민의 주권 행사를 위해 선거 과정에 참여한다.

생활 속 미디어의 비판적 분석은 민주적 태도를 형성하는데 도움이 된다.

- 어떻게(학생 참여형 시나리오):

  - 학급 공동체의 문제가 토의를 통하여 선정되었습니다. 이러한 문제를 해결하기 위해서 어떠한 민주주의 절차를 사용하면 좋을까요? 민주주의 원리를 기술하고, 절차에 따라 문제를 해결하는 과정을 토의하여 봅시다.

  - 우리는 생활 속에서 소셜미디어(SNS)를 사용합니다. 모둠별로 SNS에서 최근 뉴스 두 개 이상을 검색한 후 기사의 내용을 읽고, 소셜미디어를 통해 알게 된 최근 뉴스에 대하여 이야기해봅시다. 우리는 소셜미디어를 통해 알게 된 뉴스를 그대로 받아들여야 할까요? 민주주의 원리인 인간의 존엄성에 비추어 토론해봅시다.

    (학생들이 스스로 주제를 선정할 수 있도록 도와준다.)

[예시 1.5] 평가 안내

평가 안내

■ 평가 과제: 생활 속 미디어를 비판적으로 분석하기

■ 평가 준거

평가 준거			교사평가	자기평가	동료평가
평가 기준	지식 · 이해	• 각 일반화의 내용에 대한 이해를 잘 드러낸다. • 미디어의 역할을 이해한다.			
	과정 · 기능	• 소셜미디어를 통하여 기사를 검색하고 비판적으로 분석한다.			
	가치 · 태도	• 민주주의의 원리가 왜 중요한지 알고 있다. • 학급 친구들과 협력하면서 토론학습을 한다.			

☺ 매우 잘함   ☻ 보통   ☹ 노력 요함

■ 평가 기술(예시)

성취 수준	매우 잘함	특정한 주제에 대하여 소셜미디어를 통해 기사를 검색하여 읽고, 민주주의 원리에 비추어 이를 비판적으로 토론하는 활동에 적극적으로 참여한다.
	보통	소셜미디어를 통해 기사를 검색하여 읽고, 민주주의 원리에 비추어 기사를 분석하는 토론 활동에 참여한다.
	노력 필요	소셜미디어를 통해 기사를 검색할 수 있거나, 민주주의 원리와 기사를 관련짓는데 다른 사람의 도움이 필요하다.

✱✱ 항목별 각 기준을 충족했는지의 여부를 셀을 더 만들어 구성할 수도 있음.
✱✱ 성취수준은 지식 · 이해, 과정 · 기능, 가치 · 태도를 포함하는 기술로써 서술형으로 좀 더 상세히 기술함.
✱✱ 교사평가, 자기평가, 동료평가는 기준 여부에 따라 ☺ ☻ ☹로 나타냄.

이해중심교육과정에서 영속적 이해라 할 수 있는 일반화 원리의 습득하는 과정에 대한 언급이 모호한 것에 비해 개념 기반 교육과정에서는 단원 설계 시 학습내용, 학습 기술 및 개념 간의 상호작용을 통한 개념적 이해(일반화 원리)의 과정을 좀 더 구체적으로 안내한다. 일반화 원리의 습득이 우연히 얻어지는 것이 아니라 사실적, 개념적, 논쟁적 질문을 통해 학습자의 사고를 자극하고 학습 목표와 조응하는 과제 수행의 학습 경험 및 성찰을 통해 개념적 이해에 도달할 수 있도록 단원 설계의 얼개를 제시하고 있다. 이와 같은 교육과정에 대한 이해를 바탕으로 교육과정 설계를 위한 기본 요소인 단원 제목, 개념적 렌즈, 일반화 원리, 질문 및 학습 경험 등을 중심으로 이해중심교육과정과 개념 기반 교육과정의 단원 구성 요소를 비교하면 <표 1.4>와 같이 나타낼 수 있다.

〈표 1.4〉 이해중심교육과정과 개념 기반 교육과정의 단원구성요소 비교

단원구성 요소	이해중심교육과정	개념 기반 교육과정
단원 제목	단원내용과 관련된 이름만 제시함 또는 내용 없이 몇 가지 학습기술을 제시하기도 함(예 문법)	학습 내용을 명확히 하며 학생의 관심을 유도할 수 있는 주제나 흥미로운 질문의 형태로 제시될 수 있음(예 누가 했을까?: 추리소설이 지속적으로 추리하게 만드는 방법 탐색하기)
개념적 렌즈	없음	단원학습을 하는 동안 개념적 렌즈는 구체적인 사례들에 대해 광범위하게 사고의 초점을 제공하고 통합적인(synergistic) 사고를 위한 상승효과를 유발함
일반화 원리	빅아이디어나 필수질문으로 표기되나 명확하게 나타나지 않음	• 일반화 원리는 단원의 끝에 학생들이 이해할 수 있도록 기대되는 바로서 개념적 렌즈나 학습 과정에서 해결될 것으로 기대되는 개념적 이해와 같은 의미임 • 개념 기반 교육과정에서는 학생들에게 일반화 원리를 직접적으로 전달하지 않으며 교사의 질문을 통해 학생들이 스스로 구성해 가는 생각을 의미함

단원구성 요소	이해중심교육과정	개념 기반 교육과정
안내 질문	대체적으로 사실적 지식 기반의 학습 내용과 관련된 이슈에 관한 질문임	• 사고를 유도하는 세 가지 종류의 질문을 제시하고 있음. • 사실적 질문: 시간, 장소, 상황과 관련된 질문이며 학습의 기초가 됨 • 개념적 질문: 사실적 사례를 넘어서 전이를 가능하게 하며 학습자의 사고를 개념적 단계로 신장시킬 수 있는 질문임 • 논쟁적 질문: 반대 관점을 제시하면서 학습자의 관심을 유도하고 생각을 확장하게 하는 질문임
비판적 학습내용	학생들이 배워야 할 내용이 단원에 포함되어 있음	비판적 학습 내용은 학생들이 알아야 할 내용이며 이는 개념적 이해를 위해서 사실적 내용도 학습해야 함을 제시하고 있음
핵심 학습기술	단원학습을 통해 학생들이 습득해서 보여주기를 기대하는 학습기술임. 이는 지역이나 국가 교육과정에 명시되어 있음	핵심 학습기술은 학습과정에서 보여주거나 단원학습의 마지막 단계에서 할 수 있기를 기대하는 바임. 지역이나 국가 교육과정에 명시되어 있음
학습 경험	• 단원 학습 과정은 대부분 읽고 설명하고 토의하고 쓰는 경험임. • 학생들의 참여를 유도하고자 하지만 목표로 하는 일반화 원리와 학습 경험이 일관적이지 않은 경우가 많음	• 개별화된 과제나 학습 활동을 강조하고 있음. 학습 경험은 과제 해결과 일관성을 가지고 진행되며 단원의 학습 목표인 알아야 할 것, 할 수 있는 것, 이해하는 것과 연계되어 있음. • 학습경험, 과제, 개별화 전략, 학습 자료 등이 단원학습에서 지향하는 일반화 원리에 초점을 맞출 수 있도록 교사는 집단 지성을 발휘하여 단원 설계에 관한 명확한 방향성을 갖출 것이 요구됨. • 학생은 도전적 과제 수행 과정에서 자신의 학습을 성찰함으로써 개념적 이해에 도달할 수 있을 것으로 기대됨.

출처: Lanning & Brown, 2019; 8-9.

참고문헌

교육부(2022). 초등학교 교육과정(별책 2). 교육부 고시 제2022−33호(2022.12.22). 교육부.

김영천(2009). 교육과정 I. 서울: 아카데미 프레스.

소경희(2017). 교육과정의 이해. 서울: 교육과학사.

Erickson, H. L., & Lanning, L. A.(2013). Transitioning to Concept−Based Curriculum and Instruction: How to Bring Content and Process Together. SAGE Publications.

Erickson, H. L., & Lanning, L. A., & French, R.(2017). Concept−Based Curriculum and Instruction for the Thinking Classroom. SAGE Publications.

Erickson, H. L., Lanning, L. A. & French, R. Concept−Based Curriculum and Instruction for Thinking Classroom(2nd ed.) 온정덕·윤지영(공역)(2019). 생각하는 교실을 위한 개념 기반 교육과정 및 수업. 서울: 학지사.

Jacobs, H. H.(1997). Mapping the Big Picture: Integrating Curriculum and Assessment K−12 (Professional Development). Association for Supervision and Curriculum Development.

Marschall, C. & French, R. (2018) Concept−Based Inquiry in Action. Corwin.

Lanning, L. A., & Brown, T.(2019). Concept−Based Literacy Lessons: Designing Learning to Ignite Understanding and Transfer, Grades 4−10. SAGE Publications

Schill, B. & Howell, L.(2011). Concept Based Learning. National Science Teachers Association Science and Children, 48(6), 40−46.

개념 기반 교육과정과 평가

개념에 기반한
2022 개정 교육과정에서의 평가 방향

01 평가와 수업

　평가의 궁극적 목적은 학습의 효과를 극대화시키는 데 있다. 평가(evaluation)는 단어에 내포된 의미 그대로 '가치를 판단하는 행위'이다. 여기서 말하는 가치는 목표에서 파생되는 것이며 교육목표는 교육 목적에서 나온다. 즉, 목표나 목적은 가치가 내재된 상태의 함축적 의미이며, 작게는 단원목표, 학습목표 등으로 제시된다. 학습목표는 성취기준으로부터 나오며 여러 차시의 학습목표는 하나의 성취기

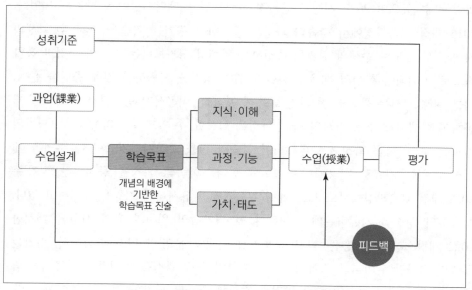

[그림 2.1] 성취기준과 과업 및 수업 설계와의 관계

준과 연계된다. 결국 평가는 성취기준을 중심으로 목표 달성에 대한 가치를 판단하는 행위라고 할 수 있다. 2022 개정 교육과정에서는 교과 핵심 개념인 지식·이해뿐만 아니라 과정·기능, 가치·태도를 균형 있게 발달시켜 역량을 함양하고 교육 목표를 달성할 수 있도록 세 범주를 결합한 성취기준을 제시하고 있다. 수업(授業)이 하나의 과업(課業)을 달성하는 행위라면 그 과업은 지식·이해, 과정·기능, 가치·태도의 습득을 의미하며 성취기준은 학생들이 학습을 통해 성취해야 할 지식·이해, 과정·기능, 가치·태도의 능력과 특성을 포함한다. 곧 성취기준은 수업과 평가의 주요 준거가 된다고 할 수 있다.

02 2022 개정 교육과정 구성의 중점에 따른 평가 방향

최근의 평가 패러다임은 성장참조평가, 개인중심평가, 수행평가, 참평가, 총평, 지속적 평가 등으로 전환되고 있다. 평가의 주체 역시 교사 중심에서 학생 중심으로 이행하며 자기 평가 및 상호평가 등으로 변화하고 있다(성태제, 2014). 이와 같은 내용은 2015 개정 교육과정에 등장하였던 '학습의 과정을 중시하는 평가'에서도 확인할 수 있으며 2022 개정 교육과정에서도 같은 맥락선상에서 강조하고 있다. 2015 개정 교육과정에서 학습의 과정을 중시하는 평가는 학습을 마친 후 학생의 지식 습득 정도나 수행의 결과를 측정하는 일회성 평가보다는 학습의 과정과 통합적으로 연계되어 학생의 배움과 학습 경험의 성장을 지원하는 것에 중점을 둔다. 이를 위해 교사는 학습의 전 과정을 통해 공식적, 비공식적 방식으로 피드백을 제공하여 학생이 스스로 자신의 학습 과정을 성찰할 수 있도록 도와야 하며, 평가의 결과는 교수·학습 과정으로 환류되어 학습의 질을 향상시킴과 동시에 수업을 개선하기 위한 자료로 활용될 수 있어야 한다. '학습의 과정을 중시하는 평가'는 2022 개정 교육과정에서도 2015 개정 교육과정과 유사하게 지침을 제시하고 있다. 학습자의 성장을 지원하는데 고려해야 할 평가상의 원칙과 유의 사항을 제시한 2022 개정 교육과정 총론 '학교 교육과정 설계와 운영'의 평가 항목에서 '평가는 학습의 결과만이 아니라 결과에 이르기까지의 학습 과정을 확인하고 환류해야 할 뿐 아니라 학생이 자신의 학습 과정과 결과를 스스로 평가할 기회를 주어야 한다'

고 설명한다. 이러한 총론상의 지침을 반영하여 각론에서는 평가 방향 및 평가 방법에서 '과정을 중시하는 평가'에 대한 내용을 제시하고 있다. 이에 여기에서는 개념 기반 교육과정이 2022 개정 교육과정 총론의 주요 내용을 중심으로 평가에 시사하는 바를 살펴본다.

2022 개정 교육과정 총론에서는 '포용성과 창의성을 갖춘 주도적인 사람'으로 성장하게 하는 데 목표를 두고 '교육과정 구성의 중점'을 다음과 같이 밝히고 있다.

교육과정 구성의 중점

이 교육과정은 우리나라 교육과정이 추구해 온 교육 이념과 인간상을 바탕으로, 미래사회가 요구하는 핵심 역량을 함양하여 포용성과 창의성을 갖춘 주도적인 사람으로 성장하게 하는 데 중점을 둔다.

이를 위한 교육과정 구성의 중점은 다음과 같다.

가. 디지털 전환, 기후·생태환경 변화 등에 따른 미래 사회의 불확실성에 능동적으로 대응할 수 있는 능력과 소양 및 자신의 학습과 삶에 대한 주도성을 강화한다.

나. 학생 개개인의 인격적 성장과 사회 구성원 모두의 행복을 위해 서로 존중하고 배려하며 협력하는 공동체 의식을 함양한다.

다. 모든 학생이 학습의 기초가 되는 언어·수리·디지털 기초소양을 갖추어 학교 교육과 평생 학습에서 학습을 지속할 수 있는 능력을 함양한다.

라. 학생들이 자신의 진로와 학습을 주도적으로 설계하고 적절한 시기에 학습할 수 있도록 학습자 맞춤형 교육과정 체제를 구축한다.

마. 교과 교육에서 깊이 있는 학습을 통해 역량을 함양할 수 있도록 교과간 연계와 통합, 학생의 삶과 연계된 학습, 학습에 대한 성찰 등을 강화한다.

바. 다양한 학생 참여형 수업을 활성화하고 문제 해결 및 사고의 과정을 중시하는 평가를 통해 학습의 질을 개선한다.

사. 교육과정 분권화·자율화를 기반으로 학교, 교사, 학부모, 시·도 교육청, 교육부 등 교육 주체들 간의 협조 체제를 구축하여 학습자의 특성과 학교 여건에 적합한 학습이 이루어질 수 있도록 한다.

이를 개념 기반 교육과정을 바탕으로 평가와 연계하여 살펴보면 다음과 같다.

첫째, 학생의 학습과 삶에 대한 주도성 강화는 개념 기반의 교수·학습 설계와 긴밀하게 연계되어 있다. 개념 기반의 교수·학습 설계는 기존의 파편화된 지식 전달 수준을 넘어 교과 교육과정 전체의 구조적 특징을 파악하도록 하는 데 중점을 둔다. 즉, 학문이 갖는 구조적인 특징이나 원리적 탐구 방식에 대한 학습을 통해 교과의 구조적 특성의 원리를 학습자 스스로 터득하는 힘을 길러 줄 수 있다는 점에서 학습자 주도성 함양과 밀접하게 관련이 있다. 뿐만 아니라 이렇게 스스로 터득한 지식은 '지식과 지식의 호환성'과 '지식의 전이'가 가능하게 되어 일상생활 속 다양한 문제에 적절히 대응하는 역량을 길러 줄 수 있다는 점에서 학습자 주도성 강화와 연계된다. 또한 이러한 학습자 주도성은 초인지(meta cognition)와 연결된다. 학습은 개인이 스스로 지식을 구성하여 의미를 만들어 가는 과정이며 학생이 학습의 주체가 되어 자신의 학습을 주도해 나가는 과정 속에서 보다 적극적이고 능동적으로 학습이 일어난다. 자신의 학습에 대한 반성과 다짐은 자기주도학습의 필수조건이다. 지식의 구조 및 원리를 학습자 스스로 탐구해가는 개념 기반의 교수·학습 설계는 학습 과정에 대한 반성이 필수적이며 이는 2022 개정 교육과정의 평가 방향인 과정을 중시하는 평가와 관련하여 설명할 수 있다. 수업의 과정에서 교사는 학생 스스로 자신의 학습 활동을 점검하고 평가하여 자신의 학습을 개선해 나갈 수 있도록 도움을 주어야 한다. 이를 위해 교사는 학습 전, 학습 중, 학습 후 자기평가를 주기적으로 실시하여 학생이 자신의 학습에 대한 반성과 다짐을 통한 자기주도학습력을 신장시키도록 해야 한다. 이때 자기평가를 위한 문항은 학습자 개별 맞춤형을 고려할 수 있으며 특히, 정형화된 문항보다 학습의 실태와 개인의 경험 및 흥미 그리고 학습의 즐거움을 경험할 수 있는 문항 구성을 고려해야 한다. 뿐만 아니라 학생들을 평가의 과정에 참여시켜 자기평가의 기회를 확대하는 것이 필요하다. 예컨대 수행의 과정과 결과물을 평가하는 준거를 마련할 때 학생을 적극적으로 참여시켜 다양한 수행 지표에 대해 교사와 의견을 나누고 스스로 평가할 기회를 제공할 필요가 있다. 이러한 형태의 자기 평가는 학생들로 하여금 자신을 인식하는 능력을 향상시키고 수행에 대한 책임감을 높일 수 있다. 더욱이 자기평가는 정의적 측면을 평가하는 주요 자료로 활용할 수 있음에 주목할 필요가 있다. 학생들의 자아개념, 가치관, 흥미, 책임 협력과 같은 일반적인 정의적 요소뿐만 아니라 교과와 관련된 가치, 태도, 흥미, 관심 등 교과별 정의적 능력에 대한 평가 결과를 교수·학습에 반영하여 수업 설계에 환류할 수 있으며 학생의 상담자료로도 활용이 가능하다.

둘째, 학습자 맞춤 교육과정 체제 구축은 개념 기반 교육과정의 목표와 관련지어 설명할 수 있다. 개념 기반 교육과정은 개념을 바탕으로 통합적 사고과정과 실세계에서 필요로 하는 지식과 기능을 학습하는 것으로 개념적 이해와 수행 능력을 강조하여 학습의 깊이를 더하고 미래 역량을 함양하는 데 목표를 둔다. 이러한 방향은 2022 개정 교육과정 총론의 교육과정 구성의 중점에서 설명하는 '학생들이 자신의 진로와 학습을 주도적으로 설계할 수 있도록 교육과정 체제를 구축해야 한다'는 지침과 맥을 같이 한다. 이는 주어진 사실적 지식을 수동적으로 전달받는 학습자에서 개념과 관련된 핵심 기능의 이해를 통해 실제 세계에서 자신이 학습한 기능을 능숙하게 수행할 수 있는 주도성을 갖춘 학습자로의 이행을 의미한다. 실제적인 수행이 강조되는 교육과정은 개별 학습자의 진로와 학습의 필요에 따라 학생 주도적으로 설계되어야 하며 이러한 학습자 맞춤형 교육과정은 평가의 중요한 변인이 된다. 학습자 맞춤형 교육과정이 교실 단위에서 실현되는 학습자 맞춤형 수업은 과정을 중시하는 평가의 관점에서 유의하여 살펴볼 필요가 있다. 학생의 수준을 상, 중, 하로 볼 때 일반적으로 교수·학습의 평가 상황에서 사실상 평가의 주요 대상은 '중' 수준의 학생이다. 따라서 '상' 수준과 '하' 수준의 학생에게는 학습목표를 고려하여 학습자 맞춤형 수업을 제공할 필요가 있다. 자기주도학습이 잘 이루어지는 '상' 수준의 학생은 심화학습이 가능하도록 수준을 조절할 필요가 있으며, '하' 수준의 학생은 보충학습이 가능하도록 수준을 조절할 필요가 있다. 이때, 학습자의 수행 능력을 분석하여 수준에 적합한 맞춤형 수업의 설계 시에는 교사의 전문성을 바탕으로 학습자의 주도적 참여가 이루어질 수 있도록 해야 한다. 학생 맞춤형 수업에서의 평가는 부족한 학생은 채워주고 우수한 학생은 심화 발전하도록 하여 모두의 성장을 이끄는 평가가 되어야 한다. 이를 위해서는 교수·학습 계획에 학생을 맞추는 것이 아닌 학생에게 교수·학습을 맞추는 학습자 맞춤형 계획이 필요하다.

셋째, 교과간 연계와 통합, 학생의 삶과 연계된 학습은 개념을 기반으로 학습의 깊이를 더하고 미래역량을 함양할 수 있는 개념 기반 교육과정과 연결 지어 설명할 수 있다. 개념 기반 교육과정에서는 개념이 무엇이고, 어떻게 연결되며, 왜 개념을 학습해야 하고, 어떻게 학생의 실세계와 연결되는지에 대해 깊이 있게 다룬다. 개념적 구조에 기초한 교육과정 설계는 학생들로 하여금 기존의 지식과 새로 습득한 지식을 통합하여 보다 깊이 있고 수준 높은 이해에 도달할 수 있는 기회를 제공하여 실세계의 문제 해결을 위한 수행능력 향상에 도움을 준다. 이는 개념을 바탕으로 한 통합적 사고 과정과 다른 지식으로의 전이와 더불어 새로운 상황 및 실세계 맥락에서 필요로 하는 지식과 기능의 깊이 있는 학습을 전제로 한다. 2022 개정 교육과정에서는 학생들이 학습의 결과로 보다 깊은 수준에서 이해해야 할 중요한 개념적 이해로 핵심아이디어를 상정하고 있다. 핵심아이디어는 교과의 사실과 개념에서 도출되는 것으로 교수·학습의 목표를 정확히 보여주며, 핵심아이디어 중심의 개념적 구조에 기초한 교육과정 설계를 위해서는 교과간 연계와 통합 및 학생의 삶과 연계된 학습을 고려해야 한다. 이러한 교육과정 설계는 교육과정 재구성과 밀접한 관련이 있으며 이는 학습량의 적정화로 연결된다. 단편적 지식의 습득이 아닌 개념을 중심으로 한 지식의 구조를 탐구하는 학습을 위해서는 전체 내용을 재구성하여 주요 내용으로 축약하고 반드시 알아야 할 내용을 중심으로 가르쳐야(less is more) 한다. 이러한 교육과정 재구성을 통한 학습량의 적정화는 평가 성패의 주요 변인이 된다. 왜냐하면 과도한 학습량은 진도 나가기에 급급한 주입식 수업으로 연결되고 학습은 교과 지식 중심의 탈맥락적인 내용으로 전개되어 실제적인 상황에서의 맥락을 다루어야 하는 수행기준(performance standards)을 소홀히 할 수밖에 없도록 만들기 때문이다. 이러한 상황에서는 2022 개정 교육과정에서 제안하는 과정을 중시하는 평가의 실현이 어려워질 우려가 있다. 교과간 연계와 통합 및 학생의 삶과 연계된 학습을 통한 재구성은 학생이 반드시 알아야 할 내용기준(content standards)을 중심으로 수행기준을 다루는 여유로운 학습 상황을 가능하게 하여 과정을 중시하는 평가가 이루어질 수 있는 기반을 제공한다. 과정을 중시하는 평가와 재구성은 동전의 양면과 같은 이치이다. 아울러 앞서 설명한 깊이 있는 학습을 통한 역량 함양을 위해서는 학습에 대한 성찰이 필요하다. 학습에 대한 성찰은 학습자 주도성과 긴밀하게 연계되어 있다. 어떤 일을 하든지 반성은 성장의 기반이 된다. 학습에서도 마찬가지이다. 과정을 중시하는 평가를 통해 현재 자신의 학습 위치를 파악하고 성장을 위해 자신에게 보충할 것이 무엇인지 그리고 교사로부터 어떤 도움을 받아야 하는지를 스스로 파악하도록 해야 한다. 이러한 학습 분위기는 교사에 의해 의도적으로 조성될 필요가 있다. 낙인 효과를 우려한다든지 질문하기를 꺼려하는 학습 분위기에서 학생들은 평가에 소극적으로 대응할 것이고 학습에 대한 성찰은 기대하기 어렵다. 교사에게 평가 결과는 자신이 실천한 교수·학습의 결과물이다. 교사가 수업한 결과물은 평가를 통해 즉각적으로 드러나게 되고 그 결과를 모아 분석해 보면 교사도 무엇을 어떻게 해야 하는지에 대한 반성이 이루어질 수 있다. 즉, 평가의 결과에 대한 면밀한 분석은 교수·학습의 질 개선을 위한 촉매제이자 촉진제가 된다. 따라서 교사는 수업의 과정 중 산출된 평가 결과지를 포트폴리오 형식으로 꾸준히 수집하여 분석하고 학생의 학습 스타일과 교사의 교수 스타일이 연계되도록 조정하는 자료로 활용할 수 있어야 한다.

넷째, 개념 기반 교육과정은 학생들이 비판적으로 사고하고 창의적으로 문제를 해결할 수 있는 역량과 밀접한 관련이 있으며 이는 수업에 대한 학생의 적극적인 참여를 전제로 한다. 지식의 양은 폭발적으로 증가하는 반면 상대적으로 지식의 수명이 짧아지는 상황에서 교수·학습의 초점은 사실적 지식의 적립보다는 새로운 문제 상황에 적용하고 활용할 수 있는 수행능력을 기르는 데 두어야 한다. 즉, 당면한 문제를 해결하기 위해 학생이 가진 기존의 지식을 좀 더 큰 상위의 개념으로 통합함으로써 보다 효율적이고 체계적으로 문제를 해결함과 동시에 실세계에서 요구하는 고등사고 기술을 적용할 수 있어야 한다. 개념 기반 교육과정의 교수·학습 설계는 실세계 문제 해결 상황 속에서 학습자의 깊이 있는 이해를 통한 학습의 전이를 위해 학습자 자신을 저차원적 사고에서 고차원적 사고로의 지적 활동에 적극적으로 참여시키고자 한다. 이때, 교사가 제시하는 적절한 질문은 교사 스스로에게도 저차원적 사고에서 고차원적 사고로 이끌어 내는 과정임과 동시에 학생들이 어떻게 사고하는지를 가르치기 위한 중요한 과정이다. 교사는 학생들이 핵심아이디어에 이를 수 있도록 토의나 질문을 통해 적극적으로 수업에 참여할 수 있게 교수·학습 설계를 해야 한다. 학생 참여형 수업 속에서 교사는 학생들의 사고와 탐구를 자극하여 더 많은 질문을 이끌어 내야 하고, 실제 문제 해결이 필요한 상황에서 아이디어들이 전이되도록 촉진하는 질문을 해야 한다. 이러한 맥락에서 학생 참여형 수업은 과정을 중시하는 평가의 중요한 변인이 된다. 학생 참여형 수업은 평가 과정에서 교사와 학생의 학습에 대한 원활한 소통인 동시에 '참여' 속에는 학생이 교사로부터 받는 피드백(feedback)의 의미가 내포되어 있다. 학생과 교사의 원활한 소통이 이루어지지 않는다면 학습이 과정 중 평가는 의미를 상실한다. 따라서 교사는 통찰적인 피드백(학습 상태 진단)과 분석적인 피드백(학습처방 안내)을 수행할 수 있도록 안목을 갖추어야 한다. 이때, 교사는 학생이 학습 동기를 꾸준히 유지할 수 있도록 격려해야 하며 다른 사람과 비교하는 피드백은 적절하지 않음도 유의해야 한다.

02

2022 개정 교육과정에서의 평가

 총론에 제시된 평가 기준

2022 개정 교육과정 총론 '학교 교육과정의 설계와 운영'에서는 교수·학습과 평가에 대한 기준을 제시하고 있다. 이와 같은 기준은 전체 교육과정에서 교수·학습과 평가가 어떻게 운영되어야 하는지에 대한 지침의 역할을 한다. 다음은 2022 개정 교육과정 총론에 제시된 평가 기준이다.

가. 평가는 학생 개개인의 교육 목표 도달 정도를 확인하고, 학습의 부족한 부분을 보충하여, 교수·학습의 질을 개선하는데 주안점을 둔다.
　1) 학교는 학생에게 평가 결과에 대한 적절한 정보를 제공하고 추수 지도를 실시하여 학생이 자신의 학습을 지속적으로 성찰하고 개선할 수 있도록 한다.
　2) 학교와 교사는 학생 평가 결과를 활용하여 수업의 질을 지속적으로 개선한다.
나. 학교와 교사는 성취기준에 근거하여 교수·학습과 평가 활동이 일관성 있게 이루어지도록 한다.
　1) 학습의 결과만이 아니라 학습의 결과에 이르기까지의 학습 과정을 확인하고 환류하여 학습자의 성공적인 학습과 사고 능력 함양을 지원한다.
　2) 학교는 학생의 인지적·정의적 측면에 대한 평가가 균형 있게 이루어질 수 있도록 하며, 학생이 자신의 학습 과정과 결과를 스스로 평가할 수 있는 기회를 제공한다.
　3) 학교는 교과목별 성취기준과 평가기준에 따라 성취수준을 설정하여 교수·학습 및 평가 계획에 반영한다.
　4) 학생에게 배울 기회를 주지 않은 내용과 기능은 평가하지 않는다.

다. 학교는 교과의 성격과 학습자 특성을 고려하여 적합한 평가 방법을 활용한다.
  1) 수행평가를 내실화하고 서술형과 논술형 평가의 비중을 확대한다.
  2) 정의적, 기능적 측면이나 실험·실습이 중시되는 평가에서는 교과목의 성격을 고려하여 타당하고 합리적인 기준과 척도를 마련하여 평가를 실시한다.
  3) 학교의 여건과 교육활동의 특성을 고려하여 다양한 지식정보기술을 활용함으로써 학생 맞춤형 평가를 활성화한다.
  4) 개별 학생의 발달 수준 및 특성을 고려하여 평가 계획을 조정할 수 있으며, 특수학급 및 일반학급에 재학하고 있는 특수교육 대상 학생을 위해 필요한 경우 평가 방법을 조정할 수 있다.
  5) 창의적 체험활동은 내용과 특성을 고려하여 평가의 주안점을 학교에서 결정하여 평가한다.

2022 개정 교육과정에서는 학습자가 스스로 목적의식을 가지고 자기 주도적으로 교육과정을 설계하도록 제안하고 있다. 이와 연계하여 평가에서도 지속적인 평가 결과를 제공하여 학습자가 자신의 학습을 성찰하고 개선할 수 있도록 하고 수업의 질 개선에 환류할 수 있도록 평가 기준을 제시한다. 또한 학습자의 삶과 연계한 깊이 있는 학습과 탐구 능력 함양을 강조하는 바, 학생이 자신의 학습 과정을 확인할 수 있는 평가를 제공하여 학습자의 성공적인 학습 목표 달성 뿐 아니라 사고 능력의 함양을 도모한다. 아울러 학습자의 삶과 성장을 지원하는 맞춤형 교육과정을 바탕으로 학생의 자발적이고 능동적인 수업 참여를 독려하는 교육과정의 방향에 따라 평가에서도 온·오프라인학습, 에듀테크 활용 등을 활용한 학습자 개별 맞춤형 평가가 강화될 수 있도록 기준을 제시한다.

02 ▌교과별 평가의 방향 및 평가 방법

2022 개정 교육과정의 평가의 방향은 역량 함양을 위한 깊이 있는 학습의 평가, 학습의 과정을 중시하는 평가, 서·논술형 평가 등 교과(목) 특성에 따라 강조해야 할 평가, 학습 부진, 느린 학습자 등 다양한 학습자를 고려한 맞춤형 평가, 디지털 교육 환경에서의 평가 및 디지털 도구를 활용한 평가 방안 등을 제시할 것을

권고한다. 2022 개정 교육과정 총론에 제시된 평가 기준에 따라 초등학교 각 교과 교육과정에 제시된 교과별 평가의 방향 및 평가 방법은 다음과 같다.

1) 국어과 평가의 방향 및 평가 방법

〈표 2.1〉 2022 개정 국어과 교육과정 평가의 방향

(가) '국어'의 성취기준을 고려하여 구체적인 평가 요소를 도출하고, 이들 평가 요소에 학습자가 도달한 수준을 정확하게 판단할 수 있도록 지필평가와 수행평가의 방법을 선정한다. 이때 성취기준과 관련하여 지엽적인 지식이나 분절적인 기능을 평가하기보다는 학습자가 실제적인 국어 활동 상황에서 지식과 기능을 통합하여 적용하는 능력을 평가할 수 있도록 평가를 계획하고 운용한다.

(나) 학습자의 수준과 관심사를 고려하여 평가의 난도, 과제 내용 등을 계획하고, 학습자가 평가에 참여하는 동안 흥미와 동기를 가지고 적극적으로 참여할 수 있도록 하며, 교사 주도의 평가 외에도 자기 평가나 동료 평가 등 학습자가 자기주도적으로 자신의 학습 상태를 점검하고 개선할 수 있도록 평가를 계획하고 운용한다.

(다) '국어'의 성취기준을 고려하여 평가하되, 실제 언어생활 맥락에서 학습한 내용을 적용할 수 있는 역량을 평가할 수 있도록 한다. 또한 인지적 영역 외에도 정의적 영역의 평가가 균형을 이루도록 하여 '국어'의 학습에 대한 흥미, 동기, 효능감 등의 정의적 영역을 체계적으로 점검하고 지원할 수 있도록 평가를 계획하고 운용한다.

(라) 결과 중심의 평가 외에도 수행평가와 형성평가 등 과정 중심의 평가를 적극적으로 활용하여 학습자가 성취기준에 도달해 가는 과정을 평가하고, 학습자가 성장할 수 있는 기회를 제공할 수 있도록 한다. 또한 지필평가나 수행평가 외에도 수업 중 관찰, 대화, 질의응답, 면담 등을 활용하여 학습자의 학습 상태를 점검하고 지원할 수 있도록 평가를 계획하고 운용한다.

(마) 오프라인 수업과 마찬가지로 온라인 수업 상황에서도 다양한 평가 방법을 활용하여 학습자의 '국어' 학습 상태를 효과적으로 진단하고 피드백할 수 있도록 한다. 학습자의 발달 단계에 적합한 학습 플랫폼과 디지털 도구를 활용하여 학습자의 '국어' 성취기준 도달 과정을 상시로 확인하고 학습을 개선하기 위한 적절한 피드백을 제공할 수 있도록 평가를 계획하고 운용한다.

2022 개정 국어과 교육과정 평가의 방향은 성취기준과 관련하여 단편적 지식이나 기능을 평가하기보다 학습자의 실제 국어 생활 속에서 지식과 기능을 통합하고 활용하는 역량을 함양할 수 있는지 평가하도록 한다. 또한 학습의 결과 뿐 아니라 과정을 평가하고 교사 주도 평가 이외에 동료평가, 자기 평가 등을 활용하여 자기

주도적 학습을 독려하여 학습자의 성장을 도모하는 방향을 제시한다. 국어과의 평가 방법에서는 실제 언어생활 맥락과 연계된 상황으로 수행 과제를 제시하여 평가의 실재성을 확보하고, 국어 활동의 세부 주제나 소재를 선정하는 데에 학습자들이 직접 참여하게 하여 학습자의 흥미를 고려하고 주도성을 함양할 수 있도록 한다. 뿐만 아니라 평가기준 설정에도 학습자를 참여시켜 학습자로 하여금 평가기준에 대해 정확히 이해하도록 하여 자기 평가나 동료평가가 실질적으로 학생의 성장에 도움이 되도록 해야 함을 안내하고 있다.

2) 사회과 평가의 방향 및 평가 방법

〈표 2.2〉 2022 개정 사회과 교육과정 평가의 방향

> (가) 사회과 평가는 교육과정에 제시된 목표와 내용, 교수·학습 방법과의 일관성을 유지하도록 한다.
>
> (나) 사회과 평가는 교육과정에 제시된 목표와 내용을 준거로 하여 추출된 평가 요소에 따라 이루어지도록 한다.
>
> (다) 평가는 개개인의 학습 과정과 성취수준을 이해하고 성장을 돕는 차원에서 실시한다.
>
> (라) 학습 과정 및 학습 수행에 관한 평가가 이루어지도록 한다.
>
> (마) 평가 요소는 지식·이해에만 치우쳐서는 안 되며, 과정·기능과 가치·태도를 균형 있게 선정한다.
>
> (바) 지식·이해의 평가에서는 사실적 지식의 습득 여부와 함께 사회현상의 설명과 문제 해결에 필수적인 기본 개념 및 원리, 일반화에 대한 이해 정도 등을 평가하는 데 중점을 둔다.
>
> (사) 과정·기능의 평가에서는 지식 습득과 민주적 사회생활을 하는 데 필수적인 정보 수집 및 활용 기능, 탐구 기능, 의사 결정 기능, 비판적 사고 기능, 의사소통 기능, 참여 기능 등을 평가하는 데 초점을 둔다.
>
> (아) 가치·태도의 평가에서는 국가·사회적 요구와 개인적 요구에 비추어 가치의 내면화와 명료화 정도, 가치 분석 및 평가 능력, 공감 능력, 친사회적 행동 실천 능력 등을 평가하는 데 중점을 둔다.
>
> (자) 다양한 학습자의 유형과 특성을 고려한 맞춤형 평가 방안을 모색한다.
>
> (차) 디지털 교육 환경에서의 다양한 평가 방법을 탐색하고 디지털 도구를 활용한 평가 방안을 마련한다.

2022 개정 사회과 교육과정 평가의 방향은 성취기준에 통합적으로 제시된 지식·

이해, 과정·기능, 가치·태도를 각 영역의 특성에 맞게 평가할 것을 제안한다. 사회과 평가 방법에서는 지필평가뿐만 아니라 구술, 면접, 토론, 논술, 관찰, 활동 보고서, 포트폴리오 등 다양한 수행 과제를 통해 평가할 것을 안내한다. 이러한 선택형 평가를 실시할 때 기본 개념 및 원리 이해 뿐 아니라 지식 및 정보의 습득 과정과 활용 능력을 평가할 것을 제시하고 있다. 또한 양적 자료와 질적자료를 수집·활용하여 사고력 신장 뿐 아니라 가치·태도도 평가하도록 제시하고 있다.

3) 수학과 평가의 방향 및 평가 방법

〈표 2.3〉 2022 개정 수학과 교육과정 평가의 방향

> (가) 수학과의 평가는 학생의 인지적 영역과 정의적 영역에 대한 유용한 정보를 수집·활용하여 학생의 수학 학습과 전인적 성장을 돕고 교사의 수업 방법을 개선하는 것을 목적으로 한다.
> (나) 수학과의 평가는 교육과정에 제시된 내용의 수준과 범위를 준수하고, 교육과정에 제시된 목표, 내용, 교수·학습과 일관성을 가져야 한다.
> (다) 수학과의 평가에서는 수학의 개념, 원리, 법칙, 기능분만 아니라 문제 해결, 추론, 창의·융합, 의사소통, 정보 처리, 태도 및 실천과 같은 수학 교과 역량을 균형 있게 평가한다.
> (라) 수학과의 평가는 학습자의 수준을 고려하고 평가 목적과 내용에 따라 다양한 평가 방법을 활용한다.
> (마) 평가 결과는 학생, 학부모, 교사 등에게 환류하여 학생의 수학 학습 개선을 도울 수 있게 한다.

2022 개정 수학과 교육과정 평가에서는 이전 교육과정이 수학 교과 역량을 목표로 제시하였으나 평가는 지식 위주로 진행되어 역량을 평가하는 것이 모호했다는 지적에 따라 수학 교과 역량 평가 시 고려할 사항을 다양한 평가 방법에 따라 구체적으로 제시하고 있다. 또한 성취기준을 중심으로 지식·이해, 과정·기능, 가치·태도 범주를 평가 요소로 구체화하여 수업과 평가를 통합한 과정을 중시하는 평가가 구현될 수 있도록 한다. 아울러 학생의 수학 학습 과정과 결과가 양적 또는 질적으로 평가될 수 있도록 지필 평가, 프로젝트 평가, 포트폴리오 평가, 관찰 평가, 면담 평가, 구술 평가, 자기 평가, 동료 평가 등 다양한 평가 방안이 활용될 수 있도록 제안한다.

4) 과학과 평가의 방향 및 평가 방법

〈표 2.4〉 2022 개정 과학과 교육과정 평가의 방향

> (가) '과학'에서 평가는 교육과정 성취기준에 근거하여 실시하되, 평가 결과에 대한 환류를 통해 학생의 학습과 성장을 도울 수 있도록 계획하여 실시한다.
>
> (나) '과학' 교육과정상의 내용 체계와의 관련성을 고려하여 지식·이해, 과정·기능, 가치·태도를 균형 있게 평가하되, 지식·이해 중심의 평가를 지양한다.
>
> (다) 학습 부진 학생, 특정 분야에서 탁월한 재능을 보이는 학생, 특수교육 대상 학생 등의 경우 적절한 평가 방법을 제공하여 교육적 요구에 맞는 평가가 이루어질 수 있도록 한다.
>
> (라) '과학' 학습 내용을 평가할 때, 온라인 학습 지원 도구 등 디지털 교육 환경을 활용한 평가 방안이나 평가 도구를 활용한다.

2022 개정 과학과 교육과정 평가의 방향에서는 교육과정 성취기준에 근거하여 실시하되 지식·이해, 과정·기능, 가치·태도를 균형 있게 평가해야 함을 제시하고 있다. 평가 방법에서도 '과학'의 핵심 개념의 이해 및 적용 능력, '과학'의 과학적 탐구에 필요한 문제 인식 및 가설 설정, 탐구 설계 및 수행, 자료 수집·분석 및 해석, 결론 도출 및 일반화, 의사소통과 협업 등과 관련된 과정·기능, '과학'에 대한 흥미와 가치 인식, 학습 참여의 적극성, 협동성, 과학적으로 문제를 해결하는 태도, 창의성 등 가치·태도 등을 통합적으로 평가해야 함을 안내한다. 또한 타 교과에서와 마찬가지로 학습의 결과뿐만 아니라 과정도 함께 평가할 것을 제시한다.

5) 영어과 평가의 방향 및 평가 방법

〈표 2.5〉 2022 개정 영어과 교육과정 평가의 방향

> (가) 깊이 있는 영어 학습과 역량 중심 평가가 이루어지도록 한다. 평가의 목적은 학습자의 사고 계발을 촉진하여 궁극적으로 영어 교과 역량의 배양을 지원하는 데 있어야 한다. 이를 위해서는 단편적인 지식이나 기술의 평가를 지양하고, 깊이 있는 학습을 통해 영어과의 교과 역량이 실질적으로 함양되었는지에 초점을 둔 평가가 이루어져야 한다.
>
> (나) 학습자가 평가를 학습 과정의 일부로 인식하고 자신의 영어 학습 과정과 성과를 성찰하도록 구안한다. 평가는 학습의 최종 단계에서 성과를 측정하는 행위를 넘어 학습자가 자신의 영어 학습 전 과정을 되돌아보고 개인적인 의미를 발견하며 학습 계획을 자기주

도적으로 수정·보완할 수 있는 계기가 되어야 한다. 따라서 학습 과정과 결과에 대해 종합적으로 평가해야 한다.

(다) 학습 성과에 대한 평가는 학습한 내용을 새로운 상황과 맥락에 적용할 수 있는지에 초점을 둔다. 배운 내용을 단순 확인하는 것에서 탈피하여 학습자가 학습한 영어 지식과 기술을 활용하여 새로운 상황에서 과업을 수행할 수 있는 역량을 갖추었는지를 평가한다. 이를 위하여 성취기준을 기반으로 학습 내용을 적용할 수 있는 실제적이고 새로운 맥락과 상황을 제시하여 학습자의 영어 수행 능력을 평가해야 한다.

(라) 평가 준비, 시행, 결과 해석 과정에 적극적으로 학습자를 참여시킨다. 학습자를 평가의 주체로 인정하면서 함께 평가를 계획하고 기준을 수립한다. 이를 통해 학습자는 영어 학습의 목표와 성공적인 수행 수준을 명확하게 인지할 수 있게 된다. 또한 수행 과정과 결과를 스스로 평가하고 진단할 수 있는 기회를 학습자에게 제공함으로써 학습자가 자신의 영어 학습을 성찰하고 향후 학습 방향을 계획할 수 있도록 한다.

(마) 학습자의 학습 스타일, 정의적 특성, 영어 수준 등을 고려한 다양한 평가 방식을 마련하여 맞춤형 평가가 이루어지도록 한다. 특히, 학습 부진을 겪고 있거나 성장 속도가 느린 학습자가 단일 평가 방식으로 인해 학습 의욕 저하 및 이탈을 경험하지 않도록 다양한 유형의 평가 방안을 마련한다.

(바) 다양한 디지털 평가 도구를 적극적으로 활용한다. 디지털 분석·평가 도구를 활용하여 실제적인 평가 맥락을 제공하고 다양한 학습자 데이터를 체계적으로 구축한다. 이를 토대로 다각적이고 신뢰할 만한 평가 결과를 도출할 수 있다.

(사) 평가 결과를 바탕으로 개별 맞춤형 피드백을 제공한다. 교사는 평가 결과를 지속적으로 모니터하고 교수·학습에 환류하여 수업을 개선한다. 또한 학습자에게 상세한 맞춤형 피드백을 제공하여 학습 성장을 돕는다.

2022 개정 영어과 교육과정 평가의 방향에서는 깊이 있는 학습을 통해 영어과의 교과 역량이 실질적으로 함양되었는지에 초점을 둘 것을 제안한다. 영어과에서는 단편적 지식을 확인하는 평가에서 벗어나 실제 영어가 사용되는 맥락과 상황 속에서 학습한 내용을 적용하여 활용할 수 있는 영어 수행 능력을 평가할 것을 제시하고 있다. 영어과 평가에서는 교과목의 특성에 따라 교사와 학생의 면대면 피드백을 포함하여 다양한 형태의 피드백을 제공하고 실제 사용되는 언어로 평가 내용을 구성하여 영어의 이해와 표현 능력이 균형 있게 향상되도록 한다. 특히, 이해 영역의 평가에서는 다양한 보충 자료 및 디지털 프로그램을 활용하여 개인별 맞춤형 피드백을 제공할 것을 안내하고 있다.

이상으로 2022 개정 각 교과 교육과정의 평가 방향 및 평가 방법을 살펴보았다. 각 교과 특성에 따른 평가의 특징적 내용은 다양하나 실제적으로 평가를 위한 기준이 되는 것은 교과 교육과정의 '성취기준'이며 방법적인 측면에서 활용해야 하는 기준이라고 할 수 있다. 학습자는 수업을 통하여 지식·이해, 과정·기능, 가치·태도 등을 습득하고 이를 확인받는 과정 속에서 성장을 이루어야 한다. 따라서 지식·이해, 과정·기능, 가치·태도로 구별되는 평가 영역이나 내용에 따라 타당한 방법을 적용하여 평가를 실시하는 것이 필요하다. 예를 들어 가치·태도에 해당하는 정의적 영역을 측정하면서 지필평가의 방법을 활용하는 것은 적절치 않다. 따라서 교육목표 달성을 확인하기 위해 측정하고자 하는 대상에 따른 적절한 평가 도구를 적용하여 평가의 신뢰도와 타당도를 높여야 한다.

03

핵심역량을 기르는 참평가(GRASPS) 방법

역량과 교과 역량

역량은 개인이 가진 지식, 기능, 가치 및 태도를 선택, 조절, 조합, 통합하여 발현되어 나타나도록 하는 개인의 능력이다. 역량 교육은 인간을 이해하는 데 있어서 직접 관찰 가능한 행동만을 대상으로 한 행동주의에 토대를 두고 있다는 비판이 제기되기도 한다. 역량은 과제 상황을 파악하고, 상황에 적절하다고 판단되는 지식, 기능, 전략, 가치 등을 선택하여 활용하는 인지적이고 반성적 성찰 능력이며, 과제 수행 상황에서 개인이 가진 지식, 기술, 태도가 통합되어 나타난다(백남진·온정덕 2018). 이러한 역량은 수행을 통하여 기를 수 있고 전이된다.

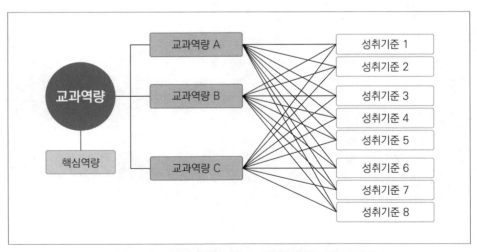

[그림 2.2] 핵심 역량 및 교과 역량과 성취기준의 관계

학교에서 학습목표, 내용, 평가의 준거가 되는 교육과정, 즉 성취기준은 과업지향적이다. 여기서 과업이라 함은 앞서 밝힌 바와 같이 인지적(지식), 심동적 내지 심체적(기능), 정의적(태도) 등을 의미한다. 그래서 성취기준을 학생들이 학습을 통하여 도달해야 하는 지식, 기능, 태도의 능력과 특성을 진술한 문장이라고 정의한다. 성취기준에서 학습내용의 대상으로 되어 있는 것은 교실 밖의 어떤 문제에 대한 현상, 자연현상, 해결해야 하는 어떤 문제 등을 대상으로 한다. 그래서 학생들이 학습해야 할 대상은 한마디로 세상의 일이다. 학습을 했다는 의미는 알고 있는가?에 국한되지 않는다. 앎을 바탕으로 행하는 것까지 연계되어야 하며 행하는 데 있어서 올바른 자세를 함께 고려해야 하는 것이 정의적 영역이다. 결국 역량은 지식, 기능, 태도의 총화로 어떤 상황에서 합리적으로 대처하고 문제를 해결할 수 있는 것을 의미한다. 아는 것들은 행동으로 전환시키는 것이라고 할 수 있다. 여기서 아는 것은 반드시 지식만을 의미하는 것이 아닌 기능과 태도 등을 포괄한다.

2022 개정 교육과정에서는 깊이 있는 학습, 교과 간 연계와 통합, 삶과 연계한 학습, 학습 과정에 대한 성찰을 중심으로 한 역량 함양 교과 교육과정으로 내용 요소를 지식·이해, 과정·기능, 가치·태도로 구성하고 학생이 자기 삶을 디자인할 수 있는 역량을 함양하도록 하였다. 역량은 학생이 변화하는 상황과 요구에 의연하게 대처할 수 있도록 자신이 가진 지식, 기능, 가치 및 태도를 복합적으로 활용하여 지식을 탐구하는 과정에서 스스로 지식을 만들고 새로운 질문을 만들어보는 기회를 가져 사회 문제나 이슈 및 주변 현상을 탐구하고 문제를 해결할 수 있도록 하는 것이다.

02 역량과 실제 상황에서의 평가

학생들이 '알아야 하는 것'과 '할 수 있어야 하는 것'에는 차이가 있을 수 있으므로 두 가지를 균형적으로 습득했는지 확인하기 위해서는 지필평가와 수행평가를 적절히 사용해야 한다(성태제 외, 2014). '알고 있는 것'을 평가하는 방법은 지식을 측정하는 행위이다. 그 사례는 가령, 기억하기, 식별하기, 열거하기, 짝짓기 등의 활동이다. 반면 '실제로 할 수 있는가'에 대한 것도 가령, 분류하기, 비교하기, 해석하기, 비판하기 등의 활동이 된다. 이 두 가지는 평가의 균형을 이루는 것이 필요하다. 그러나 학교에서 실제적으로 수행평가가 이루어지는 것은 사실상 지필평가가 중심이다. 또한 실제적 맥락이 연계된 평가가 거의 이루어지지 않고 있는 것이 사실이다.

Eisner가 주장하는 참평가(authentic assessment)는 학생들이 알고 있는 것, 할 수 있는 것을 평가하기 위한 과제로 학교 내에만 국한된 것이 아니라 학교 밖 세계에서 부딪힐 수 있는 것이어야 한다고 주장한다(강현석 외, 2015). 이것은 배운 것을 그대로 측정해서는 안 되고 새로운 상황에 적용을 요구하는 것이다. 수업 내용이 실세계와 맥락성을 가져야 하는 이유도 여기에 있다. 이는 우리 수업과 평가에 시사하는 바가 많다고 할 수 있다. 아울러 Eisner는 평가과제는 학생들이 배운 것을 표현하기 위해 사용되는 제시 형태를 선택할 수 있도록 허용해야 한다고 주장한다. 평가가 스냅사진(Snapshot)이 아니고 앨범(Album)이 되어야 하는 이유를 말하는 것이다.

이해중심교육과정(UbD)은 핵심 개념을 기반으로 하여 범교과적으로 수업을 전개한다는 측면에서 IB PYP와 공통점을 갖는다. PYP의 평가 목적은 학교와 교사가 교수·학습 과정의 여러 단계에서 학생들이 무엇을 알고, 이해하며, 할 수 있고, 가치 있게 생각하는지에 대한 정보를 수집, 확인하여 교수·학습을 개선하고 교육과정을 효과적으로 실행하며 궁극적으로는 학생의 학습을 증진시키는 데 있다(IBO, 2018). 여기서 알고 이해한다는 것은 배운 지식을 수행으로 전환시키는 것으로 평가는 수용 가능한 증거로 결정한다.

이와 관련하여 유용한 평가 방법이 GRASPS이다. 이는 학생이 이해된 내용을 맥락화된 수행을 통해 가장 잘 드러날 수 있기 때문이다. 이를 위하여 Wiggins와 McTighe (2005)는 수행과제를 개발하는 데 도움이 되는 실제 도구로 GRASPS를 제안한다. 이는 목표(Goal), 역할(Role), 청중(Audience), 상황(Situation), 수행(Performance), 기준(Standards)의 문자를 의미한다. 즉, 수행과제는 학습자들이 실생활에 적용할 수 있는 상황에서 어떤 목표를 가지고 구체적인 대상 혹은 관중을 고려하면서 특정 역할을 맡아서 기준에 따라 결과물을 만들어내는 형식으로 개발된다.

〈표 2.6〉 GRASPS 요소에 따른 사회과 수행과제 개발의 예

GRASPS 요소	설계 단서	수행과제 개발의 예
목표 (Goal)	• 과제는 ○이다. • 목표는 ○하는 것이다.	외국 방문객들이 우리 지역의 중요한 역사적, 지리적, 경제적 특징을 이해할 수 있도록 돕고자 한다.
역할 (Role)	• 당신은 ○이다. • 당신은 ○를 요구 받았다.	당신은 관광공사의 지역 사무소 인턴이다.
청중 (Audience)	• 당신의 고객은 ○이다. • 대상은 ○이다.	영어가 모국어인 외국인 관광객 9명을 대상으로 한다.
상황 (Situation)	• 당신의 도전은 ○이다. • 당신 자신을 발견하는 맥락은 ○이다.	4일 동안 지역을 관광하는데 예산과 함께 계획을 세우도록 요구받았다. 방문객들이 우리 지역의 중요한 역사적, 지리적, 경제적 특징이 가장 잘 나타나는 장소를 볼 수 있도록 여행 계획을 세워야 한다.
수행 (Performance)	• 당신은 ○ 하기 위해 ○을 만들 것이다. • 당신은 ○을 하기 위해 ○를 개발할 필요가 있다.	여행안내서와 예산계획서, 여행 일정 지도를 작성해야 한다. 당신은 각각의 장소가 선정된 이유와 방문객들이 우리 지역의 중요한 역사적, 지리적, 경제적 특징을 이해하도록 어떻게 도울 것인가 설명해야 한다.
기준 (Standards)	• 당신의 수행은 ○할 필요가 있다. • 성공적인 결과는 ○할 것이다.	계획서에는 지역의 중요한 역사적, 지리적, 경제적 특징, 특정 지역을 선정한 이유가 포함되어 있고, 정확하고 완벽한 경비가 계산되어 있어야 한다.

　수행과제의 시나리오에는 어떠한 목적을 가지고 누가, 누구를 대상으로, 어떤 상황 속에서 어떠한 결과물이나 수행을 해야 하고, 성공적인 수행에는 어떠한 내용들이 반드시 포함되어야 하는지를 제시해야 한다. 이는 Eisner가 주장하는 참평가(authentic assessment)와도 일맥상통한다. 그는 평가는 학생들이 알고 있는 것, 할 수 있는 것을 평가하기 위한 과제는 학교 내에서만 국한된 것이 아닌 학교 밖의 세계에서 부딪힐 수 있는 것이어야 한다는 것을 강조한다. 이는 배운 것을 그대로 측정하는 것이 아니라 학생으로 하여금 실세계에서 당면할 수 있는 상황을 가정하여 적용하도록 요구한 것이라고 할 수 있다. 그래서 GRASPS는 시나리오를 필요로 한다. 학생들은 제시된 기준에 맞게 수행을 통하여 학습 결과물을 산출하고 이를 평가받게 된다.

성취기준	평가 내용	평가 시기	평가 방법
[6국05-05]	감정을 적절하게 표현하는 방법을 알고 있는가?	탐구하기	관찰/서술평가
[6음01-01] [6음01-02] [6음01-04] [6체03-07] [6체03-08]	감정의 표현방법을 탐색하고 작품을 구상할 수 있는가?	구상하기	관찰평가
	개인별, 모둠별로 설계한 내용에 따라 감정을 표현하는 작품을 구체화 할 수 있는가?	설명하기	관찰평가
	공연의 형태로 감정을 표현하는 작품을 발표할 수 있는가?	행동하기	관찰평가 자기/동료평가

1) 수행과제: 감정의 예술적 표현방법을 탐색하고 작품을 구상하여 발표할 수 있는가?

(1) 수행기준에 의한 수행과제 문항

여러분들은 감정을 표현하는 공연을 준비하는 예술가들로, 공연의 기획자들을 대상으로 여러분들이 구상한 계획을 발표할 예정입니다. 이를 위해 표현하고 싶은 감정을 선택한 후, 악기 연주하기, 노래부르기, 신체 표현하기 등 음악을 통해 감정을 표현하는 방법을 탐색하고, 감정을 예술적으로 표현할 수 있는 작품을 구상하여 발표해 봅시다.

(2) GRASPS 요소별 내용

목표 (G)	음악을 통해 감정을 표현할 수 있는 작품의 제작과정을 설계하여 발표할 수 있다.
역할 (R)	여러분은 공연을 준비하는 예술가이다.
청중 (A)	여러분이 목표로 하는 대상은 공연을 기획하는 기획자들이다.
상황 (S)	여러분은 감정을 다양한 방법으로 표현하는 발표회를 위하여 작품과정을 설계하고 기획자의 동의를 구해야 한다.
수행 (P)	여러분은 감정의 종류 및 발생 원인을 이해하고, 감정을 잘 표현할 수 있는 음악적 표현방법을 정해서, 감정을 표현할 수 있는 작품의 제작과정을 설계해야 한다.
기준 (S)	• 작품의 제작과정을 설계하기 위해 다음과 같은 조건이 필요하다. • 표현하고 싶은 감정을 정하기 • 악기연주 부르기, 노래 부르기, 신체 표현하기 등 음악을 통해 표현하는 방법 선택하기 • 작품 제작 과정을 설계하여 발표하기

(3) 분석적 루브릭

내용 요소 성취 수준	지식 · 이해 표현하고 싶은 감정 정하기	과정 · 기능 음악적 표현방법 선택하기	가치 · 태도 작품 제작과정 설계하여 발표하기
잘함	여러 가지 감정의 종류를 알고 표현하고 싶은 감정을 정한다.	표현하고 싶은 감정이 잘 드러날 수 있는 음악적 표현방법을 선택한다.	작품 제작과정을 창의적으로 설계하고 전달력 있게 발표한다.
보통	표현하고 싶은 감정을 정한다.	음악적 표현방법을 선택한다.	작품 제작과정을 설계하고 발표한다.
노력 필요	교사의 도움을 받아 표현하고 싶은 감정을 정한다.	교사의 도움을 받아 음악적 표현방법을 선택한다.	교사의 도움을 받아 작품 제작과정을 설계하고 발표한다.

교과의 경계를 넘는 개념 기반 평가

01 지식과 지식을 연계한 평가

Eisner는 평가는 배운 내용의 전체적인 맥락에 신경 쓰는 것이어야 한다고 말한다. 마치 교육과정의 조직 방법에서 통합성을 기해야 하는 논리와 같은 이치이다. 같은 맥락 차원에서 다루어지는 지식은 상호 연계되어 있으며 이를 종합하여 사고하는 능력을 길러줘야 한다는 것이다.

2022 개정 교육과정은 '포용성과 창의성을 갖춘 주도적인 사람'을 기르는 데 중점을 두고 있다. 학생이 자기주도성을 발휘하여, 생각을 깊이 있게 하고 실생활 연계 학습을 통해 사회현상에 관한 기초적인 지식을 습득함은 물론 학습 내용의 실제 맥락에서의 활용을 종합적으로 이해하도록 명시되어 있다. Eisner의 말처럼 교과 내용의 전체적인 맥락성을 연계하여 평가하는 방안이 요구되는 교육과정이다. 그러나 학교에서는 통합수업이나 융합형 수업 등은 꾸준히 권장되어 왔지만 교과 간 통합된 성격의 평가는 제시된 바가 없다. 지식을 단편적으로만 활용하는 것이 아닌 교과간 연계를 통해 종합적인 활용 능력을 길러주고 확인할 필요가 있다는 것이다. 이러한 방법은 단일교과 차원에서 수업이 이루어졌다 하더라도 교과간 관련 내용을 연계시켜 활용할 수 있기 때문에 자연스럽게 수업 내용과 수업방법의 변화를 필요로 한다. 따라서 교과와 교과, 교과내 내용 기준과 수행기준이 연계된 평가가 필요하다.

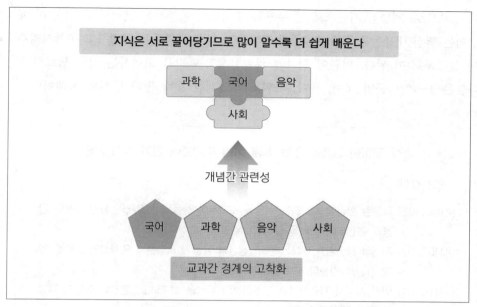

[그림 2.3] 교과의 개념간 관령성에 기반한 통합 평가

이것은 하나의 수행과제를 제시하는 것이 아니라 여러 교과에 걸친 개념을 중심으로 학습내용의 맥락을 이해할 수 있도록 실제적인 시나리오 형식을 갖춘 평가 방식이 될 수 있다. 가령, 과학에서 자연현상을 파악하고 이것을 이용한 생활과 연계된 어떤 물건을 제작하는 능력을 기르게 하며 이 물건을 수학적으로 풀이하는 등 여러 교과를 연계한 통합적인 평가 방법의 적용이 가능하다. 교과는 달라도 개념 간 상호 관련성과 지식의 호환성 등의 활용 능력을 통합적인 안목에서 길러주자는 것이다. 이것이 개념 기반 평가의 주요 핵심이다. 이를 통하여 기존의 평가 방법을 재개념화하며 평가 관점의 새로운 지평이 열리기를 기대한다.

초등학교 교육과정은 고교의 과목처럼 세분화된 분류가 아닌 큰 덩어리 차원의 교과로 분류되어 있다. 그러나 교과의 경계를 분명하게 구분함으로써 학생들은 교과간 지식의 상호 호환성에 대한 관점이 형성되어 있지 않다. 교과를 가로지르는 통합 평가는 이와 관련된 교수·학습이 선행되어야 한다. 그러나 주제의 유형은 주로 토픽이나 이슈, 문학, 사실들로 나타나는데, 이러한 유형의 주제들은 특정한 사건이나 사실에 근거하므로 단편적이고 고립적인 성격을 갖는다. 따라서 토픽이나 이슈를 기반으로 한 주제는 학습자의 고차 수준의 사고력을 발달시키는 데 어려움이 있으므로, 개념을 기반으로 한 주제를 중심으로 통합하는 것이 필요하다. 이 때 주제는 핵심 내용들을 학습자들에게 전달하기 위해 개념들을 연결하고 통합시켜주는 실(thread)이 된다. 더불어 평가에서는 실제적 맥락을 고려하는 것도 필요하다. 다음은 3~4학년군의 국어, 과학, 사회과를 연계한 통합 평가 방안의 사례이다.

✅ 교과의 경계를 넘는 개념 기반 주제중심 평가 설계 방향

▫ 관련 성취기준

[4과03-02] 다양한 환경에 서식하는 식물을 조사하여 식물의 생김새와 생활 방식이 환경과 관련되어 있음을 설명할 수 있다.

[4사09-02] 지역의 자연환경, 역사, 문화, 생산물 등을 알리려는 지역사회의 노력을 알고 관심을 갖는다.

[4사10-01] 여러 지역의 자연환경과 인문환경의 특성을 살펴보고, 환경의 이용과 개발에 따른 변화를 탐구한다.

[4국03-01] 중심 문장과 뒷받침 문장을 갖추어 문단을 쓴다.

▫ 평가 문항 개발 설계 방향

식물의 생김새와 생활 방식이 환경과 밀접하게 관련되어 있음은 사람도 같은 이치이다. 내가 살고 있는 고장의 자연환경과 인문환경이 사람들의 생활에 어떤 영향을 끼쳤는지를 탐구하는 것은 환경이 식물의 생김새와 생활방식에 영향을 끼치는 이치와 같은 맥락이라는 것이다. 즉, 식물의 생활 방식과 환경과의 관계, 자연환경과 인문환경의 특성에 따른 변화 모습은 환경에 의한 영향을 받고 있다는 공통점이 있는 것이다. 이는 2개의 비교표를 작성하도록 하고 구체적인 근거와 이유를 들어 중심 문장과 뒷문장을 갖춘 문단으로 유사점과 차이점을 기술하도록 할 수 있다. 이를 통하여 학생은 인간의 삶도 자연의 일부와 같은 맥락성을 갖게 할 수 있다.

수행평가 내용을 실제적 적용을 하기 위해 교과 내용 외 사람이나 식물이 어떤 특정 환경에서 살아가기 위해서 어떠해야 하는지까지 파악하게 하여 학습의 전이를 기대할 수 있으며 지역의 자연환경, 역사, 문화, 생산물 등을 알리려는 지역사회의 노력을 알고 관심을 갖도록 함으로써 학생의 생활과 관련이 깊은 주변의 장소를 탐색하는 데 중점을 둘수도 있다. 또한 내가 사는 곳의 좋은 점, 불편한 점 등을 살펴보면서 살기 좋은 삶터를 만드는 방안을 생각해 보고, 이를 알리는 활동을 수행할 수도 있다.

참고문헌

교육부(2015). 초·중등학교 교육과정 총론. 세종: 교육부.

교육부(2022). 초등학교 교육과정(별책 2). 교육부 고시 제2022-33호(2022.12.22.).

백남진, 온정덕(2018). 역량기반 교육과정의 이해와 설계(개정판). 교육아카데미.

성태제(2014). 교육평가의 기초. 서울: 학지사.

임유나(2016). 고려대학교대학원. 교육과정학(KUCU). 학술 세미나 자료집.

홍후조(2017). 알기쉬운 교육과정. 서울: 학지사.

IBO(2018). Programme standards and practices.

Oliva, P. F.(2005). Developing the curriculum (6th de.). Boston: Pearson Education.

Taba, H.(1962). Curriculum development: Theory and practice. New York: Harcourt Brace and World.

Tyler, R. W.(1949). Basic principles of curriculum and instruction. Chicago: University of Chicago Press. 이해명 역(1998). 교육과정과 학습지도의 기본원리. 서울: 교육과학사.

Wiggins, G., & McTighe, J. (2005). Understanding by Design.(2nd Ed.). Alexandria, Virginia: ASCD.

개념 기반 교육과정과
평가 설계 및 적용

국어과(5~6학년) 평가의 실제

5학년: 쓰기 절차에 따라 '이야기책' 쓰기

❶ 평가의 개관

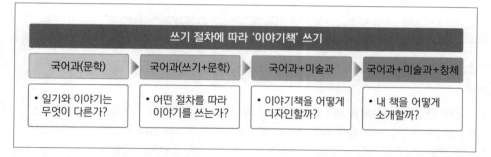

쓰기 절차에 따라 '이야기책' 쓰기

국어과(문학)	국어과(쓰기+문학)	국어과+미술과	국어과+미술과+창체
• 일기와 이야기는 무엇이 다른가?	• 어떤 절차를 따라 이야기를 쓰는가?	• 이야기책을 어떻게 디자인할까?	• 내 책을 어떻게 소개할까?

　　5학년 국어과 평가의 주제는 '이야기책 쓰기'이다. 이 주제는 책쓰기 경험을 통하여 이야기의 기본적인 원리를 이해하고 문학 작품에 대한 수용 및 향유 능력을 기르는 것이 목적이다. 더 나아가 자신의 삶의 모습을 이야기로 표현하는 경험을 통해 성취감을 느끼고 그것을 공유함으로써 자신과 다른 사람의 삶의 모습과 가치관을 성찰하도록 한다.

　　국어과 영역내 평가는 문학 영역으로 이야기의 특징을 발견하고 적합한 글감을 찾을 수 있는지 평가한다. 영역간 평가는 쓰기와 문학영역으로 절차에 따라 작품을 구상하고 실제 이야기를 쓰는 과정을 평가한다. 2개 교과간 평가에서는 국어와 미술교과를 연계하여 문법에 맞게 글을 교정하고 삽화를 그리며 책을 디자인하여 출판하는 과정을 평가한다. 3개 교과간에서는 국어과, 미술과, 창체시간을 연계하여 책을 소개할 수 있는 카드뉴스를 제작하여 작품을 서로 소통하도록 하였다.

　　이야기 쓰기를 평가할 때에는 완성도보다는 학습자가 즐겁게 참여하고 적극적으로 표현하려는 태도에 초점을 두고 결과물보다 과정에 중점을 두어 평가한다.

❷ 영역내 및 영역간 개념 기반 평가

가. 영역내 (문학) 교수·학습 과정

핵심아이디어	인간은 문학을 향유하면서 자아를 성찰하고 타자를 이해하며 공동체의 일원으로 성장한다.	
성취기준	[6국05-01] 작가의 의도를 생각하며 작품을 읽는다.	
핵심 질문	어떤 책을 쓸 것인가?	
평가기준	지식 · 이해	이야기 책의 글감은 무엇인가?
	과정 · 기능	이야기를 읽으며 작가의 의도를 생각할 수 있는가?
	가치 · 태도	내가 경험한 일을 성찰하여 내 이야기책 글감을 찾을 수 있는가?

개념적 렌즈	내용 요소 (지식 · 이해/과정 · 기능/가치 · 태도)	평가 방법
글쓰기 계획	책 쓰기 계획하기	관찰평가

↓

이야기의 특징	이야기와 일기의 차이점 알기	서술평가

↓

이야기 글감 찾기	내 이야기책 글감 찾기	포트폴리오

영역내(단원내) 교수학습 내용은 성취기준 [6국05-01]의 내용으로 책쓰기를 처음 시작하는 학생들이 이야기를 쓰기 위한 이해 단계의 활동이다. 일기 형식의 글에 익숙한 학생들이 자신의 경험을 이야기로 쓰기 위해서 어떤 점에 유의해야 하는지 전반적인 것을 탐색한다.

문학 영역의 교육과정 내용체계를 보면 '지식 · 이해'는 문학의 갈래와 맥락, '과정 · 기능'은 문학 작품의 이해, 해석, 감상, 비평 등 문학 활동 관련 요소, '가치 · 태도'는 문학에 대한 흥미와 타자 이해, 가치 내면화 등과 같은 정의적 요소를 중심으로 구성되었다.

'개념 기반 평가'는 경험한 내용을 일기와 이야기로 썼을 때 다른 점을 발견할 수 있는지 평가한다. 글쓰는 목적, 서술 방식, 전개 방식 등 다양한 관점에서 이야기 특징을 발견함으로써 이후 실제 글쓰기에 적용할 수 있도록 하는 데 평가의 초점을 둔다.

'실생활 연계 평가'에서는 이야기의 특징을 의식하고, 경험한 일 중에서 이야기로서 적당한 글감을 찾을 수 있는지 평가한다.

🔷 영역내 개념 기반 평가

평가 문항	실제 경험한 일과 이야기는 무엇이 다른지 비교하여 봅시다.
평가 요소	이야기, 인물, 사건, 배경, 독자

▣ 다음 책은 초등학생들이 경험한 일을 글감으로 하여 쓴 이야기이다. '책 미리 보기'를 보고
물음에 답하시오.

책소개

학기 초 어느 날, 난데없이 이제부터 학교에 자전거를 타고 올 수 없다는 자전거 금지령이 내립니다. 자전거를 타는 것이 위험하고 학생들의 자전거를 학교 앞 상가에 어우렇게나 세워져서 주민들의 항의가 있었다는 것이 그 이유지요. 분명 교과서에서는 환경과 건강에 좋은 자전거를 많이 타야 한다고 하면서 왜 아이들에게 자전거를 타지 못하게 하는 걸까요?

아이들은 등하교에 자전거로를 만들어달라고 서울시장님께 편지를 쓰기로 합니다. 또한 학교 주변 도로를 탐험하며 자전거로가 어디면 생기면 좋을지 연구하고, 자전거로가 꼭 필요하다 영상도 만듭니다. 결국 자전거로가 생기고 아이들은 자전거를 타고 등하교할 수 있게 되었지요.

이 이야기는 2006년 서울 당산초등학교 5학년 2반 아이들과 배성호 선생님의 실화를 바탕으로 재구성한 것입니다. 아이들도 당당한 사회의 일원임을 아이들 스스로 보여주었다는 점에서 민주교육의 좋은 본보기가 됩니다. 또 자전거의 역사, 환경을 지키는 자전거, 안전하게 자전거 타기, 외국에 자전거도시 사례라지 자전거에 대한 상식을 담았습니다.

이 책에 실린 이야기는

지난 2006년 서울 당산초등학교 5학년 2반 아이들이 서울시장님께 편지와 학교 앞 통학로에 자전거 도로를 설치하기까지 실제로 있었던 일입니다. 자전거를 탈 수 없게 된 아이들이 배성호 선생님과 함께 자전거 길을 얻고, 마음의 길도 함께 얻었던 것이죠. 김예솔, 김윤지, 박주원, 원동욱, 이정은, 정세현 학생은 본 책에나 이야기를 들려 주고 길을 안내해 주었습니다. 등장인물의 이름은 실제 이름을 쓰지 않았습니다.

〈책 표지〉　　http://www.yes24.com/Product/Viewer/Preview/3111057　　〈책날개 안내 글〉

1. 이 책은 어떤 일을 글감으로 썼나요? (　　　　　　　　　　　　　　　　　)
2. 실제 있었던 일을 글감으로 쓴 이야기와 일기 글은 어떤 점이 다른지 차이점을 쓰시오.

구분 / 요소	일기	이야기
등장 인물	실제 인물(실명)	
사건 (있었던 일)	실제 있었던 일만 기록	
시간	하루 일만 기록	
독자	나(상황에 대한 설명 불필요)	
마음 (생각)표현	내 마음 말로 설명	

■ 분석적 루브릭

성취수준 \ 내용 요소	지식 · 이해
	이야기의 특징
잘함	이야기의 특징을 일기와 비교하여 차이점을 다양한 관점에서 구체적인 예를 들어 설명할 수 있다.
보통	이야기의 특징을 일기와 비교하여 차이점을 다양한 관점에서 설명할 수 있다.
노력 필요	이야기의 특징을 일기와 비교하여 차이점을 한두 가지 관점에서 설명할 수 있다.

🔶 실제 상황에서의 평가를 위한 수행과제 개발

수행과제명	'이야기책' 글감 찾기

목표(G) goal	내가 쓸 이야기책의 글감을 찾는 것이다.
역할(R) role	나는 이야기책을 쓰는 작가이다.
대상(A) audience	독자, 즉 내 책을 읽을 여러 사람들이다. (어떤 사람들을 대상으로 할지는 작가가 정한다)
상황(S) situation	이야기책을 쓰기 전에 독자들이 흥미 있어 할 글감을 정해야 한다.
수행(P) performance	내가 경험한 일 중에서 이야기의 글감을 정해야 한다.
기준(S) standard	이야기책 글감은 다음의 기준을 충족해야 한다. ① 독자의 관심을 끄는 흥미있는 일(글감) ② 이야기를 통해 내가 하고 싶은 말이 있는 일(주제)

■ 수행과제

> 나는 이야기책을 쓰는 작가입니다. 책쓰기를 시작하기 전에 내가 경험한 일 중에서 독자들이 흥미를 끄는 일을 찾아 글감으로 정하려고 합니다. 글감에는 다음 내용이 나타나야 합니다.
> ① 독자의 관심을 끄는 흥미있는 일(글감) ② 이야기를 통해 내가 하고 싶은 말(주제)

■ 분석적 루브릭

성취 수준 \ 내용 요소	지식 · 이해 글감 특징	과정 · 기능 주제 정하기	가치 · 태도 글감 찾기
매우 잘함	기억에 남는 일을 다양한 관점에서 3가지 이상 설명할 수 있다.	글을 통해 말하고 싶은 것(주제)을 구체적으로 기술하였다.	경험한 일 중에서 독자의 관심을 끄는 흥미 있는 내용을 글감으로 하였다.
보통	기억에 남는 일을 1가지 이상 설명할 수 있다.	글을 통해 말하고 싶은 것을 추상적으로 기술하였다.	경험한 일 중에서 특별한 경험을 글감으로 하였다.
노력 필요	기억에 남는 일을 교사의 도움을 받아 설명한다.	글을 통해 말하고 싶은 것이 명확하지 않다.	경험한 일을 글감으로 하였다.

GRASPS를 활용한 수행과제 문항

평가 문항	경험한 일 중에서 '이야기책'의 글감을 찾아봅시다.
평가 요소	글감, 주제

■ 경험한 일 중에서 기억에 남는 일을 떠올려 봅시다.

힘들었던 일		기쁘거나 즐거웠던 일
보람 있었던 일	기억에 남는 일	슬프거나 속상했던 일
마음이 아팠던 일		부끄럽거나 후회스러웠던 일

■ 글감으로 정한 것을 친구들에게 이야기해 보고 글감으로 적당한지 의견을 들어봅시다.

친구들의 반응	의견

■ 내가 고른 글감을 적어봅시다.
    (사건의 흐름이 나타나게 4문장 이상 쓰세요. 인물과 배경도 나타나게 쓰세요)

■ 이 이야기를 통해 내가 하고 싶은 말은 무엇인지 적어봅시다.

나. 영역간 (쓰기 + 문학) 교수·학습 과정

핵심아이디어	쓰기는 언어 및 기호, 매체를 활용하여 인간의 생각과 감정을 글로 표현함으로써 의미를 구성하는 행위이다.	
성취기준	[6국03-05] 쓰기 과정을 점검·조정하며 글을 쓰고, 글 전체를 대상으로 통일성 있게 고쳐 쓴다. [6국05-05] 자신의 경험을 시, 이야기, 극 등 적절한 갈래로 표현한다.	
핵심 질문	이야기 책은 어떤 절차로 쓰여질까?	
평가기준	지식·이해	이야기를 통해 말하고 싶은 내용이 구체적인가?
	과정·기능	통일성을 고려하여 내용을 조직하는가?
	가치·태도	이야기책 쓰기에 적극적으로 참여하는가?
개념적 렌즈	내용 요소 (지식·이해/과정·기능/가치·태도)	평가 방법
이야기 쓰기의 절차	계획하기	포트폴리오
	⬇	
	내용 생성하기	포트폴리오
	⬇	
	내용 조직하기	포트폴리오
	⬇	
	초고 쓰기	포트폴리오
	⬇	
	고쳐 쓰기	포트폴리오

　영역간 교수학습 내용은 성취기준 [6국03-05]과 [6국05-05]에 해당되며 본격적인 글쓰기를 하는 과정을 다룬다. 자기의 경험을 이야기로 쓰는 과정을 직접 경험하면서 쓰기 절차와 이야기의 기본적인 원리를 이해하도록 계획하였다.

　'개념 기반 평가'는 쓸 이야기 내용을 조직하는 절차이다. 한 편의 글에서 이야기 서사 구조를 파악하고 이를 활용하여 이야기의 흐름을 구상하는 것을 평가한다.

　'실생활 연계 평가'는 조직한 내용을 바탕으로 실제 한 편의 이야기를 완성하는 것을 평가한다. 초고 쓰기, 고쳐 쓰기 2회에 걸쳐 평가할 수 있다.

영역간 개념 기반 평가

평가 문항	이야기의 흐름을 구상하여 봅시다.
평가 요소	이야기의 흐름

▣ 이야기책의 집필 계획을 세워 봅시다.

제목	
글감	
예상하는 독자	
글 쓰는 목적	

이야기의 흐름	사건	배경(시간, 장소)	쓸 쪽 수
발단 (이야기를 시작하고 배경과 인물을 설명하는 단계)			
전개 (사건이 일어나기 시작하는 단계)			
절정 (등장인물의 갈등이 꼭대기에 이르는 단계)			
결말 (사건을 해결하고 마무리하는 단계)			

■ 분석적 루브릭

성취수준 \ 내용요소	지식 · 이해 주제	과정 · 기능 이야기의 흐름	가치 · 태도 집필 계획 참여
매우 잘함	예상 독자에게 이야기를 통해 말하고 싶은 내용이 구체적이다.	발단, 전개, 절정, 결말의 흐름이 통일성있게 자연스럽게 구성되었다.	이야기책 집필 계획을 세우는데 친구를 도와주며 적극적으로 참여한다.
보통	예상 독자에게 이야기를 통해 말하고 싶은 내용이 다소 추상적이다.	발단, 전개, 절정, 결말의 흐름 중 한 곳이 어색하다.	이야기책 집필 계획을 세우는데 참여한다.
노력 필요	이야기를 통해 말하고 싶은 내용이 있다.	발단, 전개, 절정, 결말의 흐름이 잘 구분되지 않는다.	이야기책 집필 계획을 세우는데 어려움이 있다.

◈ 실제 상황에서의 평가를 위한 수행과제 개발

수행과제명	이야기 초고 쓰기

목표(G) goal	한 편의 이야기를 완성하는 것이다.
역할(R) role	나는 이야기 작가이다.
대상(A) audience	독자들이다(특정 독자를 정할 수 있다).
상황(S) situation	이야기책을 출판하기 위해 한 편의 이야기를 완성해야 한다.
수행(P) performance	6쪽 원고 분량의 이야기를 쓴다.
기준(S) standard	재미있는 이야기책은 다음의 기준을 충족해야 한다. ① 예상 독자의 흥미를 끄는 줄거리 ② 자연스러운 이야기의 흐름 ③ 독자의 공감을 불러일으키는 표현

■ 수행과제

   나는 작가입니다. 내가 겪은 일 중에서 흥미 있는 일을 글감으로 6쪽 분량의 이야기를 써야 합니다. 이미 구상한 사건의 흐름을 바탕으로 이야기를 쓸 예정입니다. 독자가 재미있게 읽을 수 있는 이야기 책은 다음의 기준을 충족해야 합니다.
   ① 예상 독자의 흥미를 끄는 줄거리 ② 자연스러운 이야기의 흐름 ③ 독자의 공감을 불러일으키는 표현

■ 분석적 루브릭

성취수준 \ 내용요소	지식 · 이해 줄거리	과정 · 기능 사건의 흐름	가치 · 태도 이야기 서술 표현
매우 잘함	예상 독자가 흥미 있게 읽을 수 있는 줄거리로 통일성 있게 썼다.	발단, 전개, 절정, 결말의 흐름이 자연스럽고 재미있다.	인물들의 행동과 마음이 충분히 공감이 가도록 표현하였다.
보통	예상 독자가 흥미 있게 읽을 수 있는 줄거리로 썼다.	발단, 전개, 절정, 결말의 흐름이 나타나게 글을 썼다.	인물들의 행동과 마음을 이해할 수 있게 표현하였다.
노력 필요	예상 독자가 이해할 수 있는 줄거리로 썼다.	절정 부분이 잘 드러나지 않는다.	인물들의 행동과 마음이 잘 이해하기 힘들다.

❧ GRASPS를 활용한 수행과제 문항

평가 문항 1	이야기 초고 쓰기를 해 봅시다.
평가 요소	줄거리, 사건의 흐름, 이야기 서술 표현

◼ 제목 정하기
- 주제를 암시하는 말로
- 이야기 글감으로
- 주인공 이름으로

◼ 사건의 흐름 확인하기
- 사건의 흐름을 구상한 것을 보며 써 나간다.
- 인물의 이름을 바꾸어도 된다.
- 사건의 순서를 바꾸어도 된다.
- 사건이나 말을 더 지어내도 된다.
- 내가 말하고자 하는 생각이 드러나게 결말을 바꾸거나 인상 깊게 마친다.

◼ 글 쓰기
- 인상 깊게 시작한다.
- 대화 글, 행동 묘사로 장면을 생생하게 표현한다.
- 독자가 이해할 수 있게 필요한 설명을 덧붙인다.
- 내가 이야기를 통해 말하고 싶은 것을 직접 쓰지 않고, 독자들이 발견하도록 한다.
- 원고 분량 생각하며 컴퓨터로 쓰기(별도 용지)

◼ 글을 쓰면서 점검하기

점검 내용	확인
1. 독자의 관심을 끄는 제목인가?	
2. 첫 문장을 읽었을 때, 더 읽고 싶은 마음이 드는 시작인가?	
3. 독자가 이야기를 이해할 수 있는가? 설명이 필요한 부분은 없는가?	
4. 장면이 생생하게 눈앞에 그려지는가? 대화나 묘사가 필요한 곳은 없는가?	
5. 글의 흐름이 자연스러운가? 발단, 전개 내용이 절정부분과 잘 연결이 되는가?	
6. 인물들 간의 갈등을 독자들이 공감할 수 있는가? 추가할 문장은 없는가?	
7. 결말이 자연스러운가? 불필요한 문장은 없는가?	
8. 내가 하고 싶은 말을 직접 하지 않아도 독자들이 알아챌 수 있는가?	

◼ 쓴 글 친구들에게 공유하기
- 인쇄하거나 온라인 상에 올리기

평가 문항 2	이야기 고쳐 쓰기를 해 봅시다.
평가 요소	줄거리, 사건의 흐름, 이야기 서술 표현

■ 독자가 작가에게 질문하기
- 독자의 입장이 되어 친구가 쓴 이야기를 읽고 이해가 안 되거나 궁금한 부분에 대해 질문을 하세요.
  - 줄거리 내용이 이해가 안 되는 부분　　　　　 – 장면이 상상이 안 되는 부분
  - 주고받은 말이 궁금한 부분　　　　　　　　 – 등장인물의 마음이 궁금한 부분

■ 작가가 작가에게 도움 주기
- 작가의 입장에서 더 재미있는 이야기가 되도록 좋은 생각을 보태 주세요.
  - 제목　　 – 첫 시작 문장　　 – 이야기 서술 방식(표현)　 – 글의 흐름
  - 마무리　 – 주제 등 좋은 점, 아쉬운 점 말하기

■ 친구들의 이야기를 반영하여 내 글을 고쳐 쓰세요.

❸ 교과간 개념 기반 평가

가. 2개 교과간 (국어과 + 미술과) 통합 교수·학습 과정

핵심아이디어	문법은 국어의 형식과 내용을 이루는 틀로서 규칙과 원리로 구성·운영되며, 문법 탐구는 문법에 대해 사고하는 활동으로 국어에 대한 총체적 앎을 이끈다.		
성취기준	[6국04-04] 문장 성분을 이해하고 호응 관계가 올바른 문장을 구성한다. [6미02-05] 미술과 타 교과의 내용과 방법을 융합하는 활동을 자유롭게 시도할 수 있다.		
핵심 질문	독자에게 다가가기 위해 내 이야기책을 어떻게 편집하고 디자인하면 좋은가?		
평가기준	지식·이해	단어와 문장이 문장부호와 호음관계에 맞게 표기되었는가?	
	과정·기능	문단 쓰기 형식에 맞게 문장이 배열되었는가?	
	가치·태도	글의 흐름과 디자인을 고려하는 활동에 적극적으로 참여하는가?	
개념적 렌즈	내용 요소 (지식·이해/과정·기능/가치·태도)		평가 방법
디자인 계획	책 디자인 계획하기		포트폴리오

⬇

교정, 편집	교정하기, 편집하기	포트폴리오

⬇

책 디자인	표지 디자인하기, 삽화 그리기	관찰 평가

⬇

출판	책 출판하기	작품 평가

2개 교과간 평가는 성취기준 [6국04-04]과 [6미02-05]를 통합하여 설계하였다. 글쓰기 절차에 따라 완성한 이야기를 실제 종이책으로 표현하는 과정을 평가한다. 국어과의 문장에 관한 문법 지식을 활용하여 글을 교정하고 탈고하여 최종 완성된 글을 미술과의 북디자인 활동으로 책으로 출판하는 것이 주요 내용이다.

'개념 기반 평가'는 글을 교정하는 것이다. 그동안 배운 문법 지식을 활용하여 올바른 문장, 맞춤법, 문단 쓰기 등 언어 규칙을 실제 글쓰기에 적용하는 능력을 평가한다.

'실생활 연계 평가'는 글에 어울리는 북디자인을 탐색하는 활동이다. 글과 그림의 관계를 탐색하며 글의 내용이 효과적으로 표현될 수 있도록 책을 디자인하여 한 권의 종이책을 출판하는 것을 평가한다. 작품의 전체적인 창작 능력을 측정하는데 완성도보다는 학습자가 즐겁게 참여하고 적극적으로 표현하려는 문화향유 태도에 초점을 둔다.

🔷 교과간 개념 기반 평가

평가 문항	글 교정하기
평가 요소	문장 호응, 문장 부호, 맞춤법, 띄어 쓰기, 문단, 편집

■ 컴퓨터를 활용하여 쓴 글 교정하기

교정 확인하기	확인
1. 오자, 탈자, 띄어쓰기는 바른가?(한글 문서에 붉은 밑줄이 그어진 것이 없는가?)	
2. 문장 부호를 바르게, 빠짐없이 썼는가?	
3. 주어와 술어 호응 관계가 올바른 문장인가?	

■ 컴퓨터를 활용하여 글 편집하기

편집하기	확인
1. 문단 쓰기 형식에 맞게 문장이 배열되었는가?	
2. 원고지 쓰기 형식에 맞게 대화 문장이 배열되었는가?	
3. 글의 흐름을 생각하며 면 수에 맞추어 글을 배치하였는가?	
4. 삽화를 넣을 여백을 생각하였는가?	

■ 분석적 루브릭

성취 수준 \ 내용 요소	지식 · 이해 교정하기	과정 · 기능 문장 편집하기	가치 · 태도 디자인 활동 참여
잘함	맞춤법이 정확하며, 문장 호응이 바른 문장을 썼다.	문단의 형식과 원고지 쓰기법에 맞게 문장을 배열하였다.	삽화와 글의 흐름을 고려하며 쪽나눔하는 활동에 친구들과 소통하며 참여하였다.
보통	맞춤법과 문장 호응에 오류가 조금 있다.	문단의 형식에 맞게 문장을 배열하였다.	삽화와 글의 흐름을 고려하며 쪽나눔하는 활동에 참여하였다.
노력 필요	맞춤법과 문장 호응에 오류가 많이 있다.	문단 형식에 맞지 않는다.	삽화와 글의 배치가 부자연스럽다.

🔷 실제 상황에서의 평가를 위한 수행과제 개발

수행과제명	이야기책 출판하기

목표(G) goal	이야기를 한 권의 종이책으로 발행하는 것이다.
역할(R) role	나는 북디자이너이다.
대상(A) audience	이 책을 볼 독자들이다.
상황(S) situation	작가의 글을 독자들이 사볼 수 있도록 종이책으로 발행하여야 한다.
수행(P) performance	작가의 글을 스크랩북의 면에 맞게 글을 배치하고, 어울리는 삽화와 표지를 그려서 한 권의 책으로 발행한다.
기준(S) standard	이야기책은 다음 내용들이 책 내용과 어울리게 디자인되어야 한다. ① 책의 구성 ② 글과 삽화 ③ 앞표지, 뒷표지

■ 수행과제

나는 북디자이너입니다. 드디어 작가의 글을 책으로 발행할 때가 되었기 때무에 나는 독자들의 눈길을 끌도록 책을 디자인해서 이야기를 많이 읽히도록 하여야 합니다.

이야기책은 다음 내용들이 책 내용과 어울리게 디자인되어야 한다.

① 책의 구성   ② 글과 삽화   ③ 앞표지, 뒷표지

■ 분석적 루브릭

내용 요소 성취 수준	지식 · 이해 책의 구성	과정 · 기능 삽화 디자인	가치 · 태도 표지 디자인
잘함	작가 소개, 책 출판 정보 등 책에 대한 정보가 적절한 면에 보기 좋게 배치되었다.	글 내용과 어울리는 삽화를 그리고 글과 그림이 보기 좋게 배치되었다.	앞 표지, 뒷 표지 만드는 과정에서 친구들과 소통하면서 창의적인 생각을 표현하였다.
보통	작가소개, 책 출판 정보 등을 배치하였다.	글 내용과 어울리는 삽화를 그렸다.	앞 표지, 뒷 표지 만드는 과정에서 창의적인 생각을 표현하였다.
노력 필요	필요한 책의 정보가 부족하다.	삽화가 글 내용과 어울리지 않는다.	앞 표지, 뒷 표지가 책 내용을 반영하였다.

🐝 GRASPS를 활용한 수행과제 문항

평가 문항 1	책 표지를 디자인하여 봅시다.
평가 요소	디자인(표지 디자인)

▣ 다음 책 표지를 보고 책 표지에 들어가야 할 내용을 쓰시오.

▣ 책 뒷표지를 살펴보고 어떤 내용을 담으면 좋을지 생각해 보세요.
▣ 다른 책들도 살펴보고 나의 책에 어울리는 표지를 창의적으로 디자인해 보세요.
   1. 글자 모양은 어떻게 할까?   2. 글자 배치는 어떻게 할까?
   3. 그림은 어떤 내용을 그릴까?   4. 뒷 표지에는 어떤 내용으로 책을 소개할까?

앞 표지	뒷 표지

▣ 스크랩 북 또는 출판할 책 용지에 표지를 완성하세요.

평가 문항 2	책을 디자인하여 봅시다.
평가 요소	북디자인(삽화 그리기, 면 디자인)

■ 여러 이야기 책을 펼쳐서 글과 그림(삽화)이 어떻게 배치되어 있는지 살펴 보세요.
　이야기책에 글과 그림을 넣는 여러 가지 예를 보며 내 책의 면을 구상해 보세요.

(1면) 앞표지 면	(2면) 표지 안쪽면 (책날개)	(3면) 1쪽	(4면) 2쪽	(5면) 3쪽	(6면) 4쪽	(7면) 5쪽	(8면) 6쪽	(9면) 뒷표지 안쪽면 (책날개)	(10면) 뒷표지 면

■ 글의 흐름을 생각하며 글을 잘 배치하세요.
　- 발단, 전개, 절정, 결말을 생각하며 글을 배치하세요.
　- 책의 면 수에 맞게 배치하세요.
　- 삽화 그릴 곳을 생각하며 글을 배치하세요.

■ 글의 내용에 어울리는 그림을 그리세요.

■ 작가 소개 쓰기, 책 정보 쓰기
　- 여러 책에서 작가 소개를 찾아보고 어떤 내용들을 쓰는지 이야기해 보세요.

예시) 지은이 **이은재**
짙푸른 바다가 사철 내내 눈부신 강원도 동해에서 태어났다. MBC 창작동화 대상을 수상하며 글쓰기를 시작했다, 꽃을 가꾸듯 조심스럽고 정성스러운 마음으로 어린 친구들이 행복하게 읽을 수 있는 글을 쓰기 위해 애쓰며 살고 있다. 지은 책으로는 '잘못 뽑은 반장', '기차는 바다를 보러 간다', '올백', '산과 개', '내 친구 솔셍이', '보금이' 등이 있다

예시)

잘못 뽑은 반장

지은이 이은재 /그린이 서영경

펴낸 날 2009년 5월
펴낸 곳 주니어김영사
주소

　- 작가 소개와 책의 정보를 쓰세요.

나. 3개 교과간 (국어과 + 미술과 + 창체) 통합 교수·학습 과정

핵심아이디어	필자는 쓰기 경험을 통해 언어 공동체의 구성원으로 성장하고, 쓰기 윤리를 갖추어 독자와 소통함으로써 바람직한 의사소통 문화를 만들어 간다.		
성취기준	[6국03-04] 독자와 매체를 고려하여 내용을 생성하고 표현하며 글을 쓴다. [6미02-05] 미술과 타 교과의 내용과 방법을 융합하는 활동을 자유롭게 시도할 수 있다. [창체] 컴퓨터를 활용하여 카드뉴스나 북트레일러로 책을 소개할 수 있다.		
핵심 질문	독자에게 나의 책을 효과적으로 알릴 수 있는 방법은 무엇일까?		
평가기준	지식·이해	여러 매체의 특성과 장단점을 분석하여 설명하였나?	
	과정·기능	매체의 특성을 살려 자신의 책 소개 내용을 효과적으로 표현하였나?	
	가치·태도	친구들과 의사소통하면서 작품을 성찰하고 평가하는가?	
개념적 렌즈	내용 요소 (지식·이해/과정·기능/가치·태도)		평가 방법
매체 특성	여러 매체의 특성과 장단점 분석하기		서술평가

↓

광고 하기	책 소개 카드 뉴스, 만들기	작품 평가

↓

책 소개하기	매체를 활용하여 출판 기념회 하기	관찰평가

3개 교과간 평가는 성취기준 [6국03-04], [6미02-05], [창체]를 통합하여 설계하였다. 교수학습 내용은 국어과의 매체 자료 활용하여 쓰기, 미술과의 다양한 자료를 활용한 표현하기를 창체 활동으로 컴퓨터를 활용하여 자신이 만든 책을 소개하는 활동을 융합하였다.

'개념 기반 평가'는 책 소개에 적절한 매체를 선정하고 이를 효과적으로 표현하며 의사소통하는 것이다. 책 소개라는 글의 목적과 주제를 효과적으로 알릴 수 있는 매체를 탐색하고 컴퓨터를 활용하여 카드뉴스 형태로 제작하고 의사소통을 할 수 있도록 하였다.

'실생활 연계 평가'는 출판기념회 활동으로 종합 평가하는 성격을 띤다. 자신이 쓴 책을 카드뉴스로 소개하며 작가 인터뷰 활동을 함으로써 서로 작품을 공유하고, 자연스럽게 평가가 이루어지는 시간이다. 평가 내용도 종합적인 평가가 이루어지도록 한다.

🔷 3개 교과간 개념 기반 평가

평가 문항 1	내 책 소개하기
평가 요소	매체 탐색하기

■ 나의 생각을 알리는 다양한 방법을 조사해 봅시다.

■ 카드 뉴스란?
  -카드 뉴스에 대해 알아봅시다.
   https://youtu.be/a4_R46BJSC4 카드뉴스 만들기 1: 주제와 내용 구상
  -카드 뉴스를 어떤 목적으로 활용할 수 있는지 이야기해 봅시다.
  -카드 뉴스에 대해 알게 된 점을 써 봅시다.

■ 나의 책에 대해 카드 뉴스로 알리고 싶은 내용은 무엇인가요?

■ 분석적 루브릭

성취 수준 ＼ 내용 요소	지식 · 이해 매체 탐색	과정 · 기능 매체 활용	가치 · 태도 주제 및 내용 선정
잘함	알리는 글에 적합한 매체를 탐색하고 그 특징을 찾을 수 있다.	매체의 특성을 살려 자신의 책 소개 내용을 효과적으로 제작하였다.	친구들에게 자신의 작품이 알리고자 하는 목적에 맞게 내용이 정리되고 매체 특성에 맞게 응집성 있게 조직되었는지 평가하여 말할 수 있다.
보통	매체를 탐색하고 그 특징을 찾을 수 있다.	매체의 특성을 살려 자신의 책 소개 내용을 제작하였다.	친구들에게 자신의 작품이 알리고자 하는 목적에 맞게 내용을 정리하였는지 평가하여 말할 수 있다.
노력 필요	매체의 종류에 대해 알 수 있다.	매체를 활용하여 자신의 책 소개 내용을 제작하였다.	친구들에게 자신의 작품에 대해서 평가하기를 어려워한다.

평가 문항 2	카드 뉴스로 내 책 소개하기
평가 요소	매체 활용, 알리는 글, 표현

■ 카드 뉴스 구상하기
  * 나의 책에 대해 어떤 것을 알리고 싶은지 2가지 이상 적으세요.

제목	
순서	내용 전개
1	
2	
3	
4	

■ 카드 제작 계획하기
  * 어떤 그림, 어떤 문구를 넣을 건지 메모합니다.

(1)	(2)	(3)

■ 카드 뉴스 제작 방법에 대해 동영상을 더 찾아보세요.
  - https://youtu.be/rfmVWtu4Ors 카드뉴스 만들기 2: 주제와 내용을 결정하고 페이지 구성
  - https://youtu.be/EVBmXA2xf2I 카드뉴스 만들기 3: 카드뉴스의 모든 구체적인 계획 완성!

평가 문항 3	카드 뉴스로 내 책 소개하기
평가 요소	매체 활용, 알리는 글, 표현

■ 카드 제작하기
  * 카드 뉴스 만드는 방법을 보며 기능을 익혀봅시다.
    https://youtu.be/I_t8RO7SqLw 카드뉴스 만들기 4: 미리캔버스로 카드뉴스 만들기

■ 나의 책 소개 카드 뉴스를 완성하고 점검하여 봅시다.

점검 내용	확인
1. 내 책의 특징이 매력적으로 보이는가?	
2. 알리는 내용이 잘 전달되는가?	
3. 매체의 특성을 효과적으로 살렸는가?	
4. 창의적으로 보기 좋게 제작이 되었는가?	

■ 카드 뉴스 저장하기
  * 친구들과 의사소통 할 수 있는 곳에 제작한 뉴스를 올립니다.
  * 친구들의 카드 뉴스를 보며 피드백 해 주세요.

■ 카드 뉴스를 만들고 나서 느낀 점

🍀 실제 상황에서의 평가를 위한 수행과제 개발

수행과제명	출판 기념회 하기

목표(G) goal	출판 기념회를 열어 독자와 소통하며 출판을 축하한다.
역할(R) role	나는 방금 이야기책을 출판한 작가이다.
대상(A) audience	출판 기념회를 축하해 주러 온 사람들이다.
상황(S) situation	출판 기념회에서 내 작품을 소개하고 인터뷰를 해야 한다.
수행(P) performance	내 책을 전시하고, 카드 뉴스로 내 작품에 대해 설명한 후 인터뷰를 하며 작품에 대해 의견을 나눈다.
기준(S) standard	인터뷰 할 때에는 다음 내용에 대해 대화를 나누도록 한다. ① 작품에 대한 이야기(쓰기) ② 책 만들기에 대한 이야기(디자인) ③ 이야기책 쓰는 과정에 대한 이야기(태도)

■ 수행과제

> 오늘은 책 출판기념회가 있는 날입니다. 그동안 고생하며 쓴 이야기가 한 권의 멋진 책으로 나와 축하해 주러 동료 작가들, 가족들, 출판사 사람들과, 또 벌써 내 책에 관심을 갖고 있는 독자들이 모였습니다. 나는 오늘 모임의 주인공으로 내 책을 전시하고, 카드뉴스로 내 책을 소개한 후에 모인 사람들과 인터뷰를 할 예정입니다. 먼저 예상되는 인터뷰 내용에 대한 질문과 답을 생각해 두어야 인터뷰를 잘 끝낼 수 있습니다. 예상되는 인터뷰 내용은 다음과 같습니다. ① 작품에 대한 이야기 ② 책 만들기에 대한 이야기 ③ 이야기책 쓰는 과정과 관련한 이야기 등

■ 분석적 루브릭

내용 / 성취 요소 수준	지식 · 이해 이야기 작품	과정 · 기능 책 디자인하기	가치 · 태도 태도
잘함	자신이 겪은 일을 바탕으로 하여 이야기를 쓸 수 있으며 작품의 완성도가 높다.	책의 내용이 효과적으로 나타나도록 책을 창의적으로 디자인하였다.	이야기 쓰기와 책 출판 과정에 즐겁게 참여하며 적극적으로 활동하였다.
보통	자신이 겪은 일을 바탕으로 하여 이야기를 구성하여 작품을 쓸 수 있다.	책의 내용이 잘 나타나도록 책을 디자인하였다.	이야기 쓰기와 책 출판 과정에 관심을 가지고 참여하며 성실하게 활동하였다.
노력 필요	겪은 일을 바탕으로 하여 이야기를 간략하게 쓸 수 있다.	책의 내용을 반영하여 디자인하였다.	이야기 쓰기와 책 출판 과정에 소극적으로 참여하였다.

GRASPS를 활용한 수행과제 문항

평가 문항	출판 기념회하기
평가 요소	책 디자인, 이야기 쓰기, 문화 향유 태도

■ 출판 기념회 순서
1. 작가 소개 2. 책 소개하기 3. 인터뷰 하기   4. 감사 인사하기 5. 기념 촬영하기

■ 인터뷰 준비 하기

내용	예상 질문 만들기	답변
작품 (주제, 인물, 사건, 내용 구성)	이 책을 통해 말하고 싶었던 것은 무엇인가요?	
이야기쓰기 활동 (어려웠던 점, 고민했던 점		
책 제작 (디자인 카드뉴스)		

■ '이야기 책쓰기'를 마치고 소감 쓰기

6학년: 우리는 어떻게 생각을 나누는가?

❶ 평가의 개관

우리는 어떻게 생각을 나누는가?	
국어과	**국어과+음악과**
• 본문에서 중심문장, 중심 생각은 무엇인가?	• 문화의 힘은 무엇인가?
국어과(쓰기+문법)	**국어과+사회과+수학과**
• 나의 생각과 글이 발전되는 전략은 무엇인가?	• 서로의 생각은 어떻게 나누고 타협하면 좋을까?

학습 주제를 '우리는 어떻게 생각을 나누는가?'로 설정하였다. 본 주제는 최근 정보의 홍수 속에서 학생들이 비판적인 눈으로 '진짜' 정보나 생각을 찾아낼 수 있어야 한다는 생각으로부터 출발하였다. 따라서 국어 학습을 통해 서로 다른 '생각'이 있음을 인정하고, 내 생각과 친구들의 생각을 서로 나누고 수정해봄으로써 '진짜' 정보나 생각을 찾는 능력을 기르고자 한다.

영역내 평가에서는 다양한 정보와 글 속에서 글쓴이가 전하고자 하는 의미를 이해하기 위해, 글쓴이의 의도를 추출하고 자신의 생각과 다른 관점을 확인하는 기회를 제공하고자 했다. GRASPS를 통한 평가에서는 글쓴이의 생각을 정확하게 읽는 연습을 설계하였다.

영역간 평가는 고쳐쓰기의 중요성을 알고 생각을 정확하게 표현하는 데 중점을 두었다. 글의 목적에 맞는 내용과 자신의 의도를 잘 드러내는 표현을 사용해 논설문을 고쳐 쓰는 것을 평가한다.

교과간 평가는 국어과와 수학과, 국어과와 음악과 · 수학과를 통합하여 구성하였는데, 방탄소년단의 수상소감을 중심으로 하여 김구의 삶, 방탄소년단의 삶, 학습자 스스로의 삶을 연결해 볼 수 있고, 투표의 필요성에 대해 되돌아보는 기회를 제공하고자 하였다.

❷ 영역내 및 영역간 개념 기반 평가

가. 영역내 (읽기) 교수·학습 과정

핵심아이디어	읽기는 독자가 자신의 배경지식이나 경험을 활용하여 언어 및 기호, 매체로 표현된 글의 의미를 능동적으로 구성하는 행위이다.	
성취기준	[6국02-01] 글의 구조를 고려하며 주제나 주장을 파악하고 글 내용을 요약한다.	
핵심 질문	본문에서 중심 문장, 중심 생각은 무엇인가?	
평가기준	지식·이해	본문에서 중심 문장이란 무엇인가?
	과정·기능	본문에서 중심 문장과 중심 생각을 찾아 나의 말로 요약할 수 있는가?
	가치·태도	친구와의 의사소통활동에 적극적으로 참여하는가?

개념적 렌즈	내용 요소 (지식·이해/과정·기능/가치·태도)	평가 방법
본문과 상호작용	본문 읽기 설명하기, 질문 만들기 글쓴이가 되어 답해 보기	서술형 평가

↓

글쓴이와 상호작용	중심 문장 찾기	서술형 평가

↓

| 친구와 상호작용 | 친구의 요약본 검토하기
친구들과 공통점과 차이점 살펴보기
서로의 생각이 왜 다른지 이야기하기 | 구술평가
자기평가, 동료평가 |

영역내(읽기) 교수·학습 과정은 나와 본문, 나와 글쓴이, 나와 친구와의 '상호작용'에 초점이 있다.

'개념 기반 평가 (1)'은 질문 만들기를 통해 글쓴이의 생각을 파악하는 평가로 구성하였다. 글쓴이의 생각을 친구들과 나누며 서로 다른 관점으로 본문을 읽는다는 것을 알 수 있다.

'개념 기반 평가 (2)'는 학생의 사고 과정에 중점을 두어 평가를 설계하였다. 학생들은 중심 문장을 찾을 때 그 이유를 모른 채 문제를 해결하기도 한다. 중심문장을 찾는 과정에서는 각 문장의 중요도를 평정해보는 활동을 경험함으로써 중심문장을 찾을 때 어떤 방식으로 찾아가는지, 찾지 못할 때는 어떤 문장을, 왜 중요하다고 하는지 확인하게 됨으로써 학습자의 사고 과정을 살펴볼 수 있다.

'실제 상황에서의 수행과제'는 실제 학생의 실세계 문제를 해결하는 과정을 통해 본문을 요약하고 해석할 수 있도록 구성하였다.

🐝 영역내 (읽기) 개념 기반 평가 (1)

평가 문항	서로 가르치며 질문 만들기, 서로의 생각 알아보기
평가 요소	서로의 생각, 질문

■ 문항: 다음 자료를 보고 1~5번 활동을 하시오.

나	짝
나는 우리나라가 세계에서 가장 아름다운 나라가 되기를 원한다. 가장 부강한 나라가 되기를 원하는 것은 아니다. 내가 남의 침략에 가슴이 아팠으니, 내 나라가 남을 침략하는 것을 원치 아니한다. 우리의 부는 우리 생활을 풍족할 만하고, 우리의 힘은 남의 침략을 막을 만하면 족하다. 오직 한없이 가지고 싶은 것은 높은 문화의 힘이다. 문화의 힘은 우리 자신을 행복하게 하고, 나아가서 남에게도 행복을 주기 때문이다. 지금 인류에게 부족한 것은 무력도 아니오, 경제력도 아니다. 자연과학의 힘은 아무리 많아도 좋으나, 인류 전체로 보면 현재의 자연과학만 가지고도 편안히 살아가기에 넉넉하다.	인류가 현재에 불행한 근본 이유는 인의(仁義)가 부족하고, 자비가 부족하고, 사랑이 부족한 때문이다. 이 마음만 발달이 되면, 현재의 물질력으로 인류 20억이 다 편안히 살아갈 수 있을 것이다. 인류에게 이 정신을 배양하는 것은 오직 문화의 힘이다. 나는 우리나라가 남의 것을 모방하는 나라가 되지 말고, 이러한 높고 새로운 문화의 근원이 되고, 목표가 되고, 모범이 되기를 원한다. 그래서 진정한 세계의 평화가 우리나라에서, 우리나라로 말미암아 세계에 실현되기를 원한다.

1. 1분간 본인 내용을 공부합니다.
2. 1분간 본인 내용을 짝에게 가르쳐 줍니다.
3. 1분간 짝에게 배웁니다.
4. 1분간 본인 내용에서 질문을 1개 이상 만듭니다.
5. 4명이 모둠이 되어 한 사람씩 돌아가면 질문하고 나머지 모둠원은 생각을 표현합니다.

4번 활동(질문 만들기)	5번 활동

■ 분석적 루브릭

성취수준 \ 내용 요소	과정 · 기능 내용 확인	가치 · 태도 상호작용
잘함	주어진 내용을 읽고 짝에게 중심 내용을 자신의 말로 설명하고 질문을 2개 이상 만든다.	상대가 묻는 질문에 관심을 가지고, 자신의 생각을 넣어 구체적으로 표현하여 답한다.
보통	주어진 내용을 읽고 짝에게 설명하고 질문을 1개 이상 만든다.	상대가 묻는 질문에 자신의 생각을 표현한다.
노력필요	본인 내용을 읽고 짝에게 설명하고 질문을 만든다.	상대가 묻는 질문에 간단하게 답한다.

🐝 영역내 (읽기) 개념 기반 평가 (2)

평가 문항	글쓴이의 생각에 대한 나의 생각 쓰기
평가 요소	중심문장, 요약

■ 문항: 다음 1)~ 7)은 김구의 연설문의 일부입니다. 하나하나 문장을 읽으며 중심문장을 찾아 보시오.

> 김구의 연설문 '내가 원하는 우리나라' 중에서

1) 나는 우리나라가 세계에서 가장 아름다운 나라가 되기를 원한다.
   매우 - 보통 - 덜 - 중요하지 않다.
2) 가장 부강한 나라가 되기를 원하는 것은 아니다.
   매우 - 보통 - 덜 - 중요하지 않다.
3) 내가 남의 침략에 가슴이 아팠으니, 내 나라가 남을 침략하는 것을 원치 아니한다.
   매우 - 보통 - 덜 - 중요하지 않다.
4) 우리의 부는 우리 생활을 풍족히 할 만하고, 우리의 힘은 남의 침략을 막을 만하면 족하다.
   매우 - 보통 - 덜 - 중요하지 않다.
5) 오직 한없이 가지고 싶은 것은 높은 문화의 힘이다. 문화의 힘은 우리 자신을 행복하게 하고, 나아가서 남에게도 행복을 주기 때문이다.
   매우 - 보통 - 덜 - 중요하지 않다.
6) 지금 인류에게 부족한 것은 무력도 아니오, 경제력도 아니다.
   매우 - 보통 - 덜 - 중요하지 않다.
7) 자연과학의 힘은 아무리 많아도 좋으나, 인류 전체로 보면 현재의 자연과학만 가지고도 편안 히 살아가기에 넉넉하다.
   매우 - 보통 - 덜 - 중요하지 않다.

• 위의 문단 내용을 1문장이나 2문장으로 요약하시오.

■ 분석적 루브릭

성취수준 \ 내용요소	지식 · 이해 글의 유형	과정 · 기능 내용 확인
잘함	중심 문장과 다른 문장의 중요도를 알맞게 선정하였다.	중심 문장을 중심으로 문단을 요약하는데 다른 문장의 사용이 자연스러웠다.
보통	중심 문장을 알맞게 선정하였다.	중심 문장 중심으로 문단을 요약하는데 다른 문장의 사용이 자연스럽지 못하다.
노력 필요	교사의 도움을 받아 중심 문장을 선정하였다.	선생님의 도움을 받아 문단을 요약하였다.

🔷 실생활에서의 평가를 위한 수행과제 개발

수행과제명	가짜 뉴스를 쓴 글쓴이의 중심 생각 알아내기

목표(G) goal	가짜 뉴스를 쓴 글쓴이의 중심 생각을 알아내는 것이다.
역할(R) role	나는 유명한 아이돌 스타이다.
대상(A) audience	대상은 기자들이다.
상황(S) situation	아이돌 스타인 나는 초등학교 시절 내가 학교폭력을 했다는 기사를 접했다. 나는 분명 학교폭력을 하지 않았다. 이것은 명백한 가짜 뉴스이다. 나는 기자회견을 준비하고 있다.
수행(P) performance	가짜 뉴스를 쓴 글쓴이의 중심 생각을 요약해서 말한다.
기준(S) standard	나의 기자회견 글에는 다음 내용이 포함되어야 한다. ① 중심 문장을 찾는다. ② 중심 문장을 중심으로 요약한다. ③ 이 글을 쓴 글쓴이의 생각을 알아본다.

■ 수행과제

나는 유명한 아이돌 스타입니다. 가짜 뉴스를 쓴 글쓴이의 중심 생각을 요약하고 나의 생각을 기자에게 알려야 합니다. 여기에는 다음 사항이 포함되어야 합니다.

① 문단별로 중심 문장을 찾는다.

② 중심 문장을 중심으로 요약한다.

③ 이 글을 쓴 글쓴이의 생각을 알아본다.

■ 분석적 루브릭

성취 수준 ＼ 내용 요소	지식 · 이해 글의 유형	과정 · 기능 내용 확인과 추론	가치 · 태도 글쓴이의 생각
잘함	문단별로 중심 문장을 글에 드러난 단서나 문맥을 활용하여 정확하게 파악할 수 있다.	글에 드러난 단서나 문맥을 활용하여 주제를 요약할 수 있다.	글을 읽고 명시적으로 드러나 있거나 그렇지 않은 글쓴이의 생각을 정확하게 파악할 수 있다.
보통	문단별로 중심 문장을 파악할 수 있다.	주제를 요약할 수 있다.	글을 읽고 글쓴이의 생각을 정확하게 파악할 수 있다.
노력 필요	문단별로 중심 문장을 파악하는데 어려움이 있다.	주제를 요약하는데 어려움이 있다.	글쓴이의 생각을 파악할 수 있다.

☙ GRASPS를 활용한 수행과제 문항

평가 문항	가짜 뉴스를 쓴 글쓴이의 중심 생각 알아내기
평가 요소	중심문장, 요약, 추측

■ 문항: 다음은 신문 기사문 일부이다. 기사문을 읽고 글쓴이의 생각을 추측하시오.

> 유명한 아이돌인 00의 초등학교 친구라는 **씨는 자신의 인스타그램에 아이돌 스타 00이 자신에게 '학교폭력'을 했다고 폭로했습니다. 이 글에는 '저는 유명 아이돌 00에게 빵 셔틀을 당했습니다.'라는 일화가 적혀 있습니다. 학폭 피해자라는 **씨는 "나는 그런 00랑 친구 안 한다"며 거친 언사를 쏟아내기 시작했습니다. 이어 "자꾸 걔랑 친구라고 엮지 마라"며 "출세했네, 맨날 빵 셔틀이었는데"라고 말했습니다.
>
> 이 내용이 각종 SNS 등지에 퍼지자 유명 아이돌 00 팬들 사이에서는 "저게 사실이면 00이는 학교폭력 가해자? 팬클럽 탈퇴할 것이다", "유명 아이돌 00은 모든 프로그램에서 하차하라" 등의 반응이 빗발치고 있습니다.

문단별로 중심문장 찾기	〈1문단 중심문장〉 〈2문단 중심문장〉
중심 문장을 중심으로 요약하기	
글쓴이의 생각 추측하기	

나. 영역간 (쓰기 + 문법) 교수·학습 과정

핵심아이디어	국어 사용자는 일상생활에서 국어 현상과 국어 문제를 탐구하고 성찰하면서 언어 주체로서의 정체성과 국어 의식을 형성한다.	
성취기준	[6국04-04] 국어의 문장 성분을 이해하고 호응관계가 올바른 문장을 구성한다. [6국03-05] 쓰기 과정을 점검·조정하며 글을 쓰고, 글 전체를 대상으로 통일성 있게 고쳐 쓴다.	
핵심 질문	나의 생각과 글이 발전되는 전략은 무엇인가?	
평가기준	지식·이해	고쳐쓰기의 필요성을 이해하고 있는가?
	과정·기능	교정부호를 사용해서 어색한 문장을 고칠 수 있는가?
	가치·태도	고쳐 쓰기에 대하여 성찰하고 나의 생각을 공유할 수 있는가?

개념적 렌즈	내용 요소 (지식·이해/과정·기능/가치·태도)	평가 방법
국어의 분석	고쳐쓰기의 필요성 인식하기	서술형

↓

한글의 기초와 국어 규범	어색한 문장을 교정부호를 사용해서 고치기	서술형 자기평가, 동료평가

↓

국어 실천의 성찰	논설문 쓰고 고칠 부분 찾아보기 독자를 존중, 배려하며 쓰기 고쳐 쓴 소감 나누기	논술형 자기평가

　　고쳐쓰기에서 논설문으로 이어지는 단원의 흐름에는 '지각'이 있다. 고쳐쓰기의 필요성을 알고, 글, 문단, 문장과 낱말 수준에서 고쳐 쓰는 방법을 배우게 된다. 이 과정에서 학생들은 자신이 쓴 글을 고쳐 쓰고 다른 사람과 공유하는 태도를 지니게 될 것이다. 김구의 '우리가 원하는 나라'를 '우리가 원하는 교실'로 변경하여 논설문을 써보고 친구들과 공유한 후 고쳐쓰기를 하면서 좋은 글을 찾아본다.

　　'개념 기반 평가 (1)'은 고쳐쓰기의 필요성을 인식하는 것이다. 고쳐쓰기 한 사례를 통해 내용과 표현 면에서 고쳐쓰기에 대하여 다양하게 생각해 보도록 설계하였다.

　　'개념 기반 평가 (2)'는 글을 고쳐 쓰는 데 필요한 점검 기준과 문법 지식에 대한 것이다.

　　'실제 상황에서의 수행과제'는 실제 학생의 실세계 문제를 해결하는 과정을 통해 고쳐쓰기의 중요성과 가치에 대하여 인식할 수 있도록 구성하였다. 그동안 학습한 내용을 활용하여 자신의 삶 속에서 고쳐쓰기의 중요성을 표현하고 습관화하는 데 초점을 둔다.

🔷 영역간 개념 기반 평가 (1)

평가 문항	좋아하는 문장 찾고, 고쳐쓰기의 필요성 생각하기
평가 요소	고쳐쓰기, 나의 생각 표현

■ 문항: 다음 자료를 보고 물음에 답하시오.

출처: '광장' 최인훈 연구소.

첫 번째 책에서:
"바다는 크레파스보다 진한 푸르고 육중한 비늘을 무겁게 뒤척이면서 숨쉬고 있었다."
두 번째 책에서 고치고!:
바다는 숨쉬고 있다. 크레파스보다 진한 푸르고 육중한 비늘을 무겁게 뒤채면서.
세 번째 책에서 또 고치고!:
바다는, 크레파스보다 진한, 푸르고 육중한 비늘을 무겁게 뒤채면서, 숨을 쉰다.

> 한국문학에 있어 작가 최인훈(1936-2018)은 한국 근대정신사 최고의 봉우리 중 하나에 서 있다고 평가받는다. 그는 단어 하나, 문장 하나를 거듭해서 고치는 '퇴고의 달인'으로 유명하다.

• 위의 고쳐 쓴 세 가지 문장 중 좋아하는 문장 하나를 선택하고 짝과 선택한 이유를 나눠보시오.

대상 \ 항목	선택한 문장	이유
나		
친구		

• 여러 번 고쳐쓰기를 하는 이유와 필요성을 생각해서 작성해 보시오.

고쳐쓰기는 필요하다.

■ 분석적 루브릭

성취수준 \ 내용요소	지식 · 이해 국어의 분석과 활용	가치 · 태도 표현하기
잘함	나의 생각을 정확하게 표현하기 위한 방법으로 고쳐쓰기의 필요성을 인식하고 글로 표현할 수 있다.	자신이 선택한 문장에 대한 생각과 느낌을 짝에게 다양하게 표현한다.
보통	고쳐쓰기의 필요성을 인식하고 글로 표현할 수 있다.	자신이 선택한 문장에 대한 생각과 느낌을 짝에게 표현한다.
노력 필요	고쳐쓰기의 필요성을 글로 표현하는 데 어려움을 느낀다.	자신이 선택한 문장에 대한 생각과 느낌을 표현하는데 어려움을 보인다.

🔷 영역간 개념 기반 평가 (2)

평가 문항	고치고 또 고치기
평가 요소	부호, 호응 관계

■ 문항: 고쳐쓰기 할 때 필요한 부호들을 알아본 후 교정부호를 사용하여 문장을 바르게 고쳐 보시오.

고치기 전	고친 후	고친 이유	필요한 교정부호
기분좋은 하루	기분 좋은 하루	띄어 써야 한다.	∨
사랑 하는 사람들			
오늘 저녁 치킨 조아요			

(교정부호 예: ⌒ ♂ Y ♂ ⌒ ∨)

• 아래의 문장 중 <u>틀린 문장</u>을 찾아 교정부호를 사용하여 표시하고 바르게 고쳐보시오.

> 요즘 많은 어린이가 이야기할때 은어나 비속어를 사용했다. 국립국어원 조사에 따르며 조사·대상 초등학교 학생의 99퍼센트가 비속어를 사용한 적이 있다고 한다. 만약 학생 열 명이기 때문에 적어도 아홉은 비속어를 사용한 적이 있는 것이다. 비속어가 아닌 고운 말과 바른 언어를 사용해야 하는 까닭은 무엇일까?

■ 분석적 루브릭

성취 수준 \ 내용 요소	지식 · 이해 언어 단위	과정 · 기능 국어 실천의 성찰과 비판
잘함	문장 성분을 정확히 이해하고 호응 관계가 올바른 문장을 만들어 사용할 수 있다.	교정부호를 사용하여 문장에서 어색한 문장에 모두 표시하고 나의 국어생활과 비교할 수 있다.
보통	문장 성분을 이해하고 호응 관계가 올바른 문장을 만들 수 있다.	교정부호를 사용하여 문장에서 어색한 문장에 표시할 수 있다.
노력 필요	호응 관계가 올바른 문장을 만들 수 있다.	문장에서 어색한 문장을 찾아 표시할 수 있다.

🔷 실제 상황에서의 평가를 위한 수행과제 개발

수행과제명	브람스가 되어 대학 총장에게 편지 쓰기

목표(G) goal	총장의 호의를 거절하는 편지 쓰기이다.
역할(R) role	나는 고치고 고쳐서 최고의 걸작인 교향곡 1번을 만들려는 브람스이다.
대상(A) audience	대상은 영국의 대학 총장이다.
상황(S) situation	영국 최고의 명문대 총장이 브람스를 초청했다. 좋은 음악을 많이 작곡한 공을 기리기 위해 박사학위를 수여한다는 것이다. 지금 사는 곳인 독일에서 영국을 다녀오려면 2개월은 걸릴 것이다.
수행(P) performance	브람스는 악보를 고쳐야 하기 때문에 총장의 호의를 거절한다는 편지를 써야 한다.
기준(S) standard	편지에는 다음 내용이 포함되어야 한다. ① 이 곡을 고쳐야 하는 이유 ② 고쳐쓰기의 장점 ③ 문장의 호응 관계

■ 수행과제

　나는 브람스입니다. 영국의 대학 총장에게 그의 호의를 거절하는 편지를 쓰고자 합니다. 여기에는 ① 이 곡을 고쳐야 하는 이유 ② 고쳐쓰기의 장점 ③ 문장의 호응 관계가 자연스러운 문장으로 제시되어야 합니다.

■ 분석적 루브릭

성취 수준 ＼ 내용 요소	지식·이해 곡을 고쳐야 하는 이유	과정·기능 고쳐쓰기의 장점	가치·태도 사회의 언어와 나의 언어
잘함	곡을 고쳐야 하는 이유가 구체적으로 표현되어 있다.	고쳐쓰기의 장점이 정확하고 명시적으로 드러나게 표현했다.	문장 호응 관계가 올바르고 호의를 거절하는 표현이 자연스럽다.
보통	곡을 고쳐야 하는 이유가 표현되어 있다.	고쳐쓰기의 장점을 드러내고 있다.	문장 호응관계가 거칠지만 호의를 거절하는 표현이 자연스럽다.
노력 필요	곡을 고쳐야 하는 이유가 명확하지 않다.	고쳐쓰기의 장점을 진술하는데 어려움을 보인다.	문장 표현이 거칠다.

🔷 GRASPS를 활용한 수행과제 문항

평가 문항	브람스가 되어 영국의 대학 총장에게 편지 쓰기
평가 요소	곡을 고쳐야 하는 이유, 고쳐쓰기의 장점, 호응 관계

■ 문항: 다음 자료를 보고 브람스가 되어 브람스의 마음을 헤아려 보시오.

> 브람스는 오랫동안 교향곡 1번을 수정하면서 걸작을 만들고자 노력했다. 이러한 그에게 어느날 영국의 명문대에서 박사학위를 수여한다고 초대하였다. 영국에 가게 되면 2달 동안 곡을 수정하는 일을 멈춰야 한다. 여러분이 브람스가 되어 두 마음을 써 보시오.

선택	박사학위를 받기 위해 영국으로 간다.	곡을 고치기 위해 영국에 가지 않는다.
브람스의 마음		

• 브람스는 영국에 가지 않기로 결심했습니다. 여러분이 브람스가 되어 다음의 예를 참고하여 대학 총장에게 가지 못 한다는 편지를 써보시오

> - 노벨 문학상을 탄 헤밍웨이는 〈노인과 바다〉를 400번 이상 고쳤을 정도로 심혈을 기울였다.
> - 샬롯의 거미줄을 쓴 E. 화이트는 "위대한 글쓰기는 존재하지 않는다. 오직 위대한 고쳐 쓰기만 존재할 뿐이다"라고 했다.

❸ 교과간 개념 기반 평가

가. 2개 교과간 (국어과 + 음악과) 통합 교수 · 학습 과정

핵심아이디어	필자는 쓰기 경험을 통해 언어 공동체의 구성원으로 성장하고, 쓰기 윤리를 갖추어 독자와 소통함으로써 바람직한 의사소통 문화를 만들어 간다.	
성취기준	[6국03-02] 적절한 근거를 사용하고 인용의 출처를 밝히며 주장하는 글을 쓴다. [6음02-05] 우리나라 음악 문화유산을 찾아 듣고 국악의 가치를 인식한다.	
핵심 질문	문화의 힘은 무엇인가?	
평가기준	지식 · 이해	예술작품에서 사회 · 문화적 맥락을 찾아 이해할 수 있는가?
	과정 · 기능	음악 문화유산을 찾아 독자를 고려하여 내용을 조직할 수 있는가?
	가치 · 태도	글쓰기에 적극적으로 참여하는가?
개념적 렌즈	내용 요소 (지식 · 이해/과정 · 기능/가치 · 태도)	평가 방법
내용 생성하기	나라를 생각하며 만든 예술작품과 예술가 찾아보기 스메타나, 시벨리우스의 음악 속 조국의 의미 찾아보기	서술형

⬇

계획하기	전통 음악 문화유산 조사, 요약하기	서술형

⬇

내용 조직하기	방탄소년단의 수상소감 살펴보기 인용 문구 찾아보기	서술형

⬇

공유하기	나의 음악 문화유산 답사기 인용하고 싶은 글을 찾아 우리나라 음악 문화유산을 소개하는 글을 쓰고 발표하기	서술형 관찰 체크리스트

나라 사랑하는 마음을 음악으로 표현한 음악가들을 통해 음악이 주는 힘을 찾아보기, 우리나라의 음악 문화유산을 살펴보고 최근 세계에서 주목하고 있는 방탄의 대취타를 통해 우리나라를 세상에 널리 알릴 수 있는 방법도 찾아보기로 수업이 이루어진다.

'개념 기반 평가 (1)'은 다양한 음악 문화유산을 찾아보고 자신의 말로 설명하는 데 있다. 문화유산을 듣고 경험하는 과정에서 사람들의 생각이 표현된 것임을 이해하고 삶의 질을 높이는 문화의 힘을 찾아 창의적으로 표현하도록 돕는다.

'개념 기반 평가 (2)'는 방탄소년단의 연설에서 사용된 김구의 글을 살펴보면서 각자의 관점에서 주장을 살펴보고, 방탄소년단의 인용을 통해 나의 생각을 더 잘 표현할 수 있는 방법에 대해서 알아본다.

'실제 상황에서의 수행과제'는 실제 학생의 실세계 문제를 역사적 인물의 삶과 관련짓고 인물의 삶과 자신의 삶을 관련지음으로써 자기 성찰 능력을 기르는 것이 목적이다.

교과간 개념 기반 평가 (1)

평가 문항	우리나라 음악 문화유산 찾아보기
평가 요소	전통 음악 문화유산 요약, 실천계획

■ 문항: 우리나라 음악 문화유산을 찾아 요약한 내용을 패들렛에 올리시오.

내용 \ 음악 문화유산	예시 '사물놀이'
선정한 이유	
요약	
자료 출처	

■ 문항: 우리 문화를 알리기 위한 방법은 무엇이 있을지 쓰시오.

우리의 문화를 우리가 보존하고 세계에 알리기 위해 실천할 수 있는 노력은 무엇일까?

요즘 'BTS의 대취타', '범이 내려온다' 등 우리의 문화유산이 재조명되고 있습니다.

우리의 작은 노력들이 모여서 우리 문화를 더 알릴 수 있지 않을까요?

■ 분석적 루브릭

성취수준 \ 내용 요소	과정 · 기능 음악 문화유산 내용 조직, 표현하기	가치 · 태도 실천 계획
잘함	우리나라 음악 문화유산을 찾아 요약, 정리하고 나의 생각을 표현한다.	우리 문화를 알릴 수 있는 방법을 찾아 구체적인 실천계획을 작성한다.
보통	우리나라 음악 문화유산을 찾아 패들렛에 요약, 정리한다.	우리 문화를 알릴 수 있는 방법을 찾아 실천계획을 작성한다.
노력 필요	우리나라 음악 문화유산을 찾아 패들렛에 올린다.	우리 문화를 알릴 수 있는 방법을 찾기를 어려워한다.

🔷 교과간 개념 기반 평가 (2)

평가 문항	명언을 인용해서 등장인물에게 하고 싶은 말 하기
평가 요소	적절한 인용, 자신의 생각, 소감

■ 문항: 다음 기사를 보고 물음에 답하시오.

방탄소년단(방탄)의 수상소감

방탄이 제6회 이데일리 문화대상에서 대상을 수상했다. 다음은 방탄의 리더 RM의 수상소감이다.

"김구 선생님이 하셨던 '오직 갖고 싶은 것은 높은 문화의 힘'이라는 말이 가장 기억에 남는데요. 문화란 것은 실로 그 어떤 물리적인 힘보다 모든 경계를 무너뜨리는 가장 강력한 무형의 힘이라고 생각합니다. 비단 제가 종사하고 있는 음악뿐만 아니라 국악, 뮤지컬, 드라마, 연극, 무용 등 모든 문화 장르의 팬이자 혹은 소비자로서 이런 문화를 제 곁에서 숨 쉬고 있고 이 문화를 향유함으로써 제가 사람으로서 사람다워진다고 생각하고 제가 하는 음악에도 많은 영감과 영향을 주고 있는, 사람을 사람으로 사람답게 만드는 힘이라고 생각이 들었습니다."

(생략)

[이데일리 스타in]

• 위의 기사에 등장하는 인물에게 궁금한 점을 질문으로 만들어 보시오.

질문	김구	방탄의 RM
1		

• 모둠별로 역할을 나누어 기자와 등장인물이 되어 질문하고 답하시오.

역할	김구	방탄의 RM	기자
친구 이름			

• 방탄소년단의 RM처럼 명언을 인용해서 등장인물에게 하고 싶은 말을 쓰시오.

등장인물	하고 싶은 말
	📌 책을 읽지 않으면 입안에 가시가 돋는다.(안중근)

■ 분석적 루브릭

성취수준＼내용요소	지식 · 이해 상황 맥락	과정 · 기능 표현하기	가치 · 태도 소통
잘함	등장인물에게 질문을 3개 이상 할 수 있다.	적절한 인용문을 넣어 등장 인물에게 하고 싶은 말을 할 수 있다.	모둠활동에서 창의적으로 질문하고 답하며 적극적으로 소통한다.
보통	등장인물에게 질문을 2개 할 수 있다.	인용문을 넣어 등장 인물에게 하고 싶은 말을 할 수 있다.	모둠활동에서 창의적으로 질문하고 답할 수 있다.
노력 필요	등장인물에게 질문을 1개 할 수 있다.	등장 인물에게 하고 싶은 말을 할 수 있다.	모둠활동에서 질문하고 답할 수 있다.

🔷 실제 상황에서의 평가를 위한 수행과제 개발

수행과제명	815 광복절날 대상 타는 방탄의 수상소감 UP

목표(G) goal	독립에 힘쓴 인물의 말을 찾아 수상소감을 만드는 것이다.
역할(R) role	나는 방탄소년단의 리더다.
대상(A) audience	대상은 방탄소년단의 수상소감을 듣는 여러 나라의 기자들과 팬이다.
상황(S) situation	우리 팀은 광복절날 대상을 받는다. 광복절을 기념하여 우리나라 독립운동에 앞장선 분들을 인용하여 수상소감을 전하고 싶다. 수상소감에 인용할 문장을 조사해야 한다.
수행(P) performance	독립운동에 앞장선 인물의 말 중 수상소감에 넣을 문장을 찾아 수상소감을 만들어 본다.
기준(S) standard	수행과제를 해결한 결과에는 다음 내용이 포함되어야 한다. ① 독립운동에 앞장선 역사적 인물을 탐색한다. ② 그들의 말을 선정하고 그 뜻을 해석한다.

■ 수행과제

나는 방탄소년단 리더로 우리 팀은 광복절날 큰 상을 받습니다. 광복절을 기념하여 우리나라 독립에 힘쓴 분들의 말을 인용하여 수상소감을 전하고 싶습니다. 광복절을 맞이하여 ① 독립운동에 앞장선 역사적 인물을 탐색하고 ② 그들의 말을 선정하고 그 뜻을 해석한 수상소감을 준비해봅시다.

■ 분석적 루브릭

내용 요소 성취 수준	지식 · 이해 상황맥락	과정 · 기능 내용 조직하기
잘함	독립운동에 앞장선 역사적 인물을 찾고 인물로 선정한 명확한 이유가 드러나게 표현한다.	역사적 인물을 통해 인용하고 싶은 문장을 선택한 후 선택한 이유를 논리적으로 연결한 글을 쓸 수 있다.
보통	독립운동에 앞장선 역사적 인물을 찾고 선정한 이유를 찾아 표현한다.	역사적 인물을 통해 인용하고 싶은 문장을 선택한 후 선택한 이유를 쓸 수 있다.
노력 필요	교사와 친구의 도움을 받아 독립운동에 앞장선 역사적 인물을 찾는다.	역사적 인물을 통해 인용하고 싶은 문장을 선택하는데 어려움을 느낀다.

🔹 GRASPS를 활용한 수행과제 문항

평가 문항	815 광복절날 대상 타는 방탄의 수상소감 준비하기
평가 요소	문장 선택, 인용, 해석

■ 문항1: 독립운동에 앞장선 역사적 인물을 찾고 인용하고 싶은 문장을 선택하고 해석하시오.

역사적 인물:	역사적 인물:
선정한 이유:	선정한 이유:
인용하고 싶은 문장:	인용하고 싶은 문장:
문장을 선택한 이유:	문장을 선택한 이유:

■ 문항2: 우리나라 독립에 힘쓴 인물들의 말을 인용하여 수상소감을 준비해보시오.

저는 방탄소년단 리더입니다. 광복절을 기념하여 우리나라 독립에 힘쓴 분들의 말을 인용하여 수상소감을 전하고 싶습니다.
1) 역사적 인물
2) 인용하고 싶은 문장

나. 3개 교과간 (국어과 + 사회과 + 수학과) 통합 교수·학습 과정

핵심아이디어	화자와 청자는 듣기·말하기에 흥미를 가지고 적극적으로 참여하면서 담화 공동체 구성원으로 성장하고, 상호 존중하고 공감하는 소통 문화를 만들어 간다.
성취기준	[6국01-05] 자료를 선별하여 핵심 정보를 중심으로 내용을 구성하고 매체를 활용하여 발표한다. [6사08-01] 민주주의에서 선거의 의미와 역할을 파악하고, 시민의 주권 행사를 위해 선거에 참여하는 태도를 기른다. [6수04-03] 탐구 문제를 설정하고, 그에 맞는 자료를 수집, 정리하여 적절한 그래프로 나타내고 해석할 수 있다.
핵심 질문	서로의 생각은 어떻게 나누고 타협하면 좋을까?

평가기준	지식·이해	실생활에서 그래프가 사용된 사례를 찾아 해석할 수 있는가?
	과정·기능	투표에 대한 다양한 의견을 비교하고 나의 생각을 조정하여 표현할 수 있는가?
	가치·태도	소통에 적극적으로 참여하는가?

개념적 렌즈	내용 요소 (지식·이해/과정·기능/가치·태도)	평가 방법
그래프 해석	실생활에서 그래프가 사용된 사례 찾아보기	서술형

↓

다수결과 소수의견	다수결과 소수의견의 의미 찾아보기	서술형 관찰 체크리스트

↓

투표율	우리나라 투표율 알아보기 친구의견 조사해서 발표자료 만들기	서술형

↓

투표	투표에 대한 나의 생각 발표하기 내가 원하는 우리나라 발표하기	서술형 관찰 체크리스트

교과간 교수·학습 과정은 생각을 효과적으로 전달하는 방법 찾기 → 민주적 의사결정의 의미와 필요성 찾기 → 투표의 의미와 필요성 찾기→ 더 좋은 우리나라를 만들기 위한 방법 나누기 등으로 이루어진다. 전체 학습내용을 간파하는 핵심 질문은 '서로의 생각은 어떻게 나누고 타협하면 좋을까?'로 이는 사람들의 다양한 생각이 모아지는 것에 대해 낯설고 비판적인 안목으로 생각해 보기 위함이다.

'개념 기반 평가 (1)'은 수학과와 사회과를 연결하여 구성하였다. 그래프와 실제 생활을 연결하고 투표에 관한 서로의 생각을 수집, 분석하고 해석하도록 평가를 설계하였다.

'개념 기반 평가 (2)'는 만다라트를 이용하여 우리 나라 미래를 상상해보는 것으로 구성하였다.

'실제 상황에서의 수행과제'는 투표에 대한 자신의 생각을 표현하는 평가를 통해 실제 생활 속에서 실천하는 방법을 학습하는 데 목적이 있다.

🐝 3개 교과간 개념 기반 평가 (1)

평가 문항	친구들의 의견을 조사하고 자료 정리하기
평가 요소	투표, 자료 분석

■ 문항: 다음 뉴스를 읽고 투표에 관한 친구들의 의견을 조사하고 자료를 정리하시오.

⊙ 김민진 앵커: 이번 총선의 투표율이 얼마나 될지에 관심이 모아지고 있습니다만 호주에서는 정당한 이유없이 투표를 하지 않으면 과태료를 물리는 투표의무제가 정착되어 있습니다. 그래서 선거 때마다 투표율이 95%를 웃돈다고 합니다.

⊙ 이준식 특파원: 호주인들에게 투표는 권리 행사이자 법적으로도 교육과 납세의 의무와 동등합니다. 정당한 사유 없이 기권하면 20달러의 과태료를 물어야 합니다. 기소될 경우 법정 비용 때문에 배보다 배꼽이 커집니다. 따라서 역대 투표율이 95%에서 97%를 기록했습니다.

요소 \ 주제	투표는 꼭 해야 하는 것인가?				
투표 결과	투표내용	투표율을 올리기 위해 벌금제도를 만들어야 한다.	투표는 중요하나 벌금 내는 것은 반대한다.	투표를 다 할 필요는 없다.	합계
	득표수(명)				
	득표율(%)				
결과 해석하고 나의 생각 표현하기					

■ 분석적 루브릭

성취 수준 \ 내용 요소	과정 · 기능 내용 확인 · 추론 · 평가	가치 · 태도 성찰
잘함	친구들의 투표에 대한 생각을 정확하게 해석하고 투표는 꼭 해야 하는가에 대한 찬성과 반대 의견을 바탕으로 자신의 생각을 잘 표현한다.	친구들의 의견을 조사하는 활동에 소통하면서 적극적으로 참여한다.
보통	친구들의 투표에 대한 생각을 해석하고 투표는 꼭 해야 하는가에 대한 찬성과 반대 의견을 잘 표현한다.	친구들의 의견을 조사하는 활동에 적극적으로 참여한다.
노력 필요	투표는 꼭 해야 하는가에 대하여 치우친 생각을 하고 있다.	친구들의 의견을 조사하는 활동에 참여한다.

🔷 3개 교과간 개념 기반 평가 (2)

평가 문항	더 좋은 우리나라 만들기
평가 요소	우리나라 미래

■ 문항1: '만다라트'로 내가 꿈꾸는 우리나라 미래모습을 단어로 표현해 보시오.

■ 문항2: 내가 꿈꾸는 우리나라 미래모습을 정리해보시오.

> 내가 꿈꾸는 우리나라 미래모습은...

■ 분석적 루브릭

성취 수준 ＼ 내용 요소	지식 · 이해 상황 맥락	과정 · 기능 표현과 전달
잘함	상상력 발휘하여 내가 원하는 우리나라 미래모습을 다양한 단어로 표현한다.	내가 원하는 우리나라 미래모습을 구체적인 표현을 사용하여 문장으로 정리할 수 있다.
보통	내가 원하는 우리나라 미래모습을 다양한 단어로 표현한다	내가 원하는 우리나라 미래모습을 문장으로 정리할 수 있다.
노력 필요	내가 원하는 우리나라 미래모습을 친구들의 도움을 받아 표현한다.	내가 원하는 우리나라 미래모습을 문장으로 정리하는데 어려움이 있다.

실제 상황에서의 평가를 위한 수행과제 개발

수행과제명	부모님 투표 참여 설득 대작전

목표(G) goal	투표 참여 프레젠테이션을 하는 것이다.
역할(R) role	나는 선거 때마다 여행가는 부모님을 둔 장래희망이 정치인인 딸이다.
대상(A) audience	대상은 한 번도 투표를 안해 본 부모님이다.
상황(S) situation	부모님은 '나 하나쯤은 투표 안 해도 돼'라고 하며 여행을 준비한다. 나는 꼭 우리 부모님이 민주시민으로 투표에 참여하길 원한다.
수행(P) performance	나는 발표 자료를 만들어 부모님 투표 참여를 설득해야 한다.
기준(S) standard	프레젠테이션 발표에는 다음 내용이 포함되어야 한다. ① 우리나라와 외국의 투표 사례 ② 나의 투표에 대한 생각 ③ 효과적으로 구성된 표와 사진

■ 수행과제

나는 선거 때마다 여행을 준비하는 부모님을 둔 딸입니다. 장래 희망이 정치인인 나는 부모님이 이번 선거부터는 꼭 투표에 참여하여 자신의 생각을 표현하길 희망합니다. 부모님은 투표를 꼭 해야 하는 근거를 들어 본인들을 설득시키라고 합니다. 설득하기 위해서 ① 우리나라의 저조한 투표율과 해외 사례 ② 나의 투표에 대한 생각을 ③ 효과적으로 제시하는 것이 필요합니다.

■ 분석적 루브릭

내용 요소 성취 수준	지식·이해 상황맥락	과정·기능 표현과 전달	가치·태도 공감적 소통 문화
잘함	우리나라와 해외의 투표 사례가 표와 그래프로 잘 표현되고 정확하게 해석한 내용이 발표 자료에 포함되어 있다.	발표를 위한 시나리오가 실제 발표 자료의 내용(글과 사진 등)에 적합하게 잘 작성되어 효과적으로 구성되었고, 듣는 사람이 이해하기 쉽게 효과적으로 발표한다.	투표에 대한 다양한 생각과 나의 생각을 비교하여 조정, 정리, 표현하는 활동에 적극적으로 참여하였다.
보통	우리나라와 해외의 투표 사례가 표와 그래프로 표현되고 해석한 내용이 발표 자료에 포함되어 있다.	실제 발표 내용에 맞추어 시나리오가 구성되었고 정해진 시나리오대로 발표한다.	투표에 대한 다양한 생각을 구체적으로 해석하고 나의 생각과 비교할 수 있다.
노력 필요	우리나라와 해외의 사례를 표와 그래프로 표현한다.	발표를 위한 시나리오가 실제 발표 자료의 내용(글과 사진 등)과 적합하지 않은 부분이 있다.	투표에 대한 다양한 생각을 해석하는데 어려움이 있다.

GRASPS를 활용한 수행과제 문항

평가 문항	여행 가자는 부모님 투표 참여 설득하기
평가 요소	투표, 프레젠테이션, 시나리오

■ 문항: 아래의 예시를 참고하여 별도의 종이에 발표할 내용에 대한 시나리오와 프리젠테이션을 구성하여 작성하시오.

시나리오 쓰기(예시)	프레젠테이션 구성하기(예시)
안녕하십니까? 저는 ○○○입니다. 지금부터 '투표는 꼭 해야 하나?'에 대한 저의 생각을 발표하겠습니다. 저는 우리나라 선거의 투표율을 먼저 알아보았습니다. 그리고는 '투표, 서로의 생각 모아 더 좋은 우리나라 만들기'라는 제목으로 글을 정리하였습니다. 그러면 발표를 시작하겠습니다.	**1쪽** 투표, 서로의 생각을 모으다 그러나 **2쪽** | 선거 종류	투표율 | |---|---|
제20대 대통령 선거 - 2022. 03. 09. (수)	77.1
제21대 국회의원 선거 - 2020. 04. 15. (수)	66.2
제19대 대통령 선거 - 2017. 05. 09. (화)	77.2 | **3쪽**

02

수학과(5~6학년) 평가의 실제

01 5학년: 가능성 탐구를 통해 예측한 미래 주거 환경

❶ 평가의 개관

가능성 탐구를 통해 예측한 미래 주거 환경	
수학과 (도형과 측정)	수학과 (도형과 측정+자료와 가능성)
• 땅의 넓이를 구하는 방법은 무엇인가?	• 쾌적한 생활이 가능한지를 예측하는 방법은 무엇인가?
수학과+사회과	수학과+사회과+국어과
• 독특한 주거 형태가 등장하게 된 이유는 무엇인가?	• 미래의 주거 환경을 예측하는 방법은 무엇인가?

'가능성 탐구를 통해 예측한 미래 주거 환경'은 다각형의 넓이 측정을 시작으로 땅의 넓이 측정, 주거면적 측정 등을 통해 미래의 주거 환경을 예측하도록 평가를 제시하며, 특히 협소주택처럼 독특한 주거 형태가 등장하게 된 원인 등을 측정, 통계자료 해석 등의 수학적 근거에 토대를 두어 탐색할 수 있도록 한다. 이를 통해 학생은 사람이 사는 데 꼭 필요한 요소 중 하나인 집에 대해 새롭게 생각할 수 있다.

수학과 영역내 평가에서는 다각형의 넓이 구하는 방법을 탐색한 뒤 실제로 계산하는 과정을 평가하도록 하고, 영역간 평가에서는 도형과 측정 영역을 자료와 가능성 영역과 연계하여 쾌적한 생활이 가능한 땅의 넓이는 얼마인지 계산하도록 평가과제를 구성하였다. 세 나라의 1인 가구 최소 주거면적을 계산하고 이를 통해 생활 가능성을 예측하도록 하며, 영역간 평가는 특정 땅의 넓이에서의 생활 가능성을 말로 표현할 수 있는지를 평가한다.

교과간 평가는 수학과와 사회과를 연계하여 우리나라의 지역별 인구분포의 특징을 알아보고, 이에 따른 문제점을 파악할 수 있는지를 평가하며, 최종적으로 국어과와도 연계하여 주거와 관련된 문제를 해결할 방법을 제시하도록 한다.

❷ 영역내 및 영역간 개념 기반 평가

가. 영역내 (도형과 측정) 교수·학습 과정

핵심아이디어	측정은 여러 가지 속성의 양을 비교하고 속성에 따른 단위를 이용하여 양을 수치화함으로써 여러 가지 현상을 해석하거나 실생활 문제를 해결하는 데 활용된다.	
성취기준	[6수03-14] 평행사변형, 삼각형 사다리꼴, 마름모의 넓이를 구하는 방법을 다양하게 추론하고, 이와 관련된 문제를 해결할 수 있다.	
핵심 질문	땅의 넓이를 구하는 방법은 무엇인가?	
평가기준	지식·이해	다각형의 둘레와 넓이에 대해 알고 있는가?
	과정·기능	다각형의 둘레와 넓이를 계산하여 땅의 넓이를 구할 수 있는가?
	가치·태도	넓이와 부피를 구하는 방법의 편리함을 알고 있는가?

개념적 렌즈	내용 요소 (지식·이해/과정·기능/가치·태도)	평가 방법
다각형의 둘레	정다각형·사각형의 둘레 알기	관찰 평가
↓		
표준 단위	$1\,cm^2$의 필요성 설명하기	구술평가
↓		
직사각형의 둘레와 넓이	직사각형의 둘레와 넓이 알기	서술형 평가
↓		
표준 단위	$1\,m^2$의 필요성 설명하기	구술평가
↓		
다각형의 넓이	다각형의 넓이 구하는 방법 탐구하기	서술형 평가
↓		
다각형의 넓이	다각형의 넓이 계산하기	서술형 평가

> 영역내 교수·학습 과정은 다각형의 넓이를 구하는 방법을 바탕으로 실제 땅의 넓이를 측정해보도록 구성하였다. 개념적 렌즈로는 다각형의 둘레, 표준 단위, 다각형의 넓이 등이 활용되며, 개념 기반 평가에서는 서로 다른 방법으로 다각형 넓이를 계산하고, 주어진 넓이에 해당하는 다각형을 그려보면서 다각형의 넓이에 대해 이해한 것을 표현할 수 있는지를 평가한다. 실제 상황에서의 수행과제에서는 부동산 중개인이 되어 땅의 넓이를 계산하고 고객에게 여러 종류의 땅을 소개하도록 구성하였다.

❇️ 영역내 개념 기반 평가 (1)

평가 문항	평행사변형 넓이 구하기
평가 요소	다양한 방법으로 평행사변형 넓이 구하기

■ 문항: 다음 평행사변형의 넓이를 구하려고 합니다. 서로 다른 방법으로 (가), (나)의 넓이를
계산하고, 편리한 방법이 무엇인지 설명하시오.

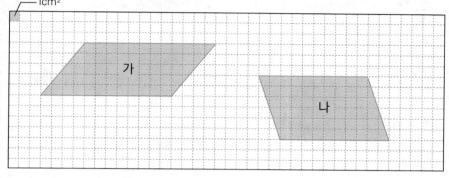

• 평행사변형 넓이 계산

(가) 답:　　　　 cm^2	(나) 답:　　　　 cm^2
따라서, 넓이를 구하는 편리한 방법은 (　　　　　　　　　　　　　　)입니다.	

■ 분석적 루브릭

성취 수준 ＼ 내용 요소	지식 · 이해 다각형의 넓이	과정 · 기능 넓이 구하는 방법 탐구	가치 · 태도 넓이 구하는 방법의 편리함
잘함	평행사변형 (가), (나)의 넓이를 정확히 계산했다.	서로 다른 방법으로 평행사변형의 넓이를 계산했다.	넓이를 구하는 편리한 방법을 알맞게 제시하였다.
보통	평행사변형 (가) 또는 (나)의 넓이를 정확히 계산했다.	한 가지 방법으로 평행사변형의 넓이를 계산했다.	넓이를 구하는 편리한 방법을 제시하였다.
노력 필요	평행사변형의 넓이를 계산하는 데 어려움이 있다.	평행사변형의 넓이를 계산하는 데 어려움이 있다.	넓이를 구하는 편리한 방법을 제시하는 데 어려움이 있다.

🐾 영역내 개념 기반 평가 (2)

평가 문항	$45m^2$ 다각형 그리기
평가 요소	다각형의 둘레와 넓이를 적용해 다각형 그리기

■ 문항: 한국 1인 가구의 최저 주거면적은 $45m^2$입니다. 아래 빈칸에 $45m^2$의 다각형을 그리고, 각 변의 길이를 표시하시오. 또 다각형의 넓이가 $45m^2$가 맞는지를 식을 세워 검토하시오.

〈다각형 그리기〉

〈넓이 검토〉식: _____ $= 45m^2$

■ 분석적 루브릭

성취수준 / 내용 성취 요소	지식 · 이해 다각형의 둘레와 넓이	과정 · 기능 평면도형 그리기	가치 · 태도 비판적으로 사고하는 태도
잘함	모든 변의 길이를 정확히 표시하여 다각형을 그렸다.	$45m^2$의 다각형을 정확하게 그릴 수 있다.	자신이 그린 다각형의 넓이가 $45m^2$가 맞는지 확인하기 위해 정확한 식을 세웠다.
보통	변의 길이 일부를 정확히 표시하여 다각형을 그렸다.	다각형을 그릴 수 있다.	다각형의 넓이 확인을 위해 식을 세웠다.
노력 필요	변의 길이를 표시하거나 다각형을 그리는 데 어려움이 있다.	다각형을 그리는 데 어려움이 있다.	다각형 넓이 구하는 식을 만드는 데 어려움이 있다.

🔲 실제 상황에서의 평가를 위한 수행과제 개발

수행과제명	땅을 소개할 자료 만들기

목표(G) goal	땅을 소개할 자료를 만든다.
역할(R) role	나는 부동산 중개인이다.
대상(A) audience	대상은 가족과 함께 살 집을 지을 손님이다.
상황(S) situation	손님에게 여러 종류의 땅을 소개해야 하는 상황이다.
수행(P) performance	손님에게 각 땅의 넓이를 구하여 알려주어야 한다.
기준(S) standard	수행과제를 해결한 결과에는 다음 내용이 포함되어야 한다. ① 땅의 넓이를 계산하는 과정이나 식 나타내기 ② 표준 단위($1cm^2$, $1m^2$) 활용하기

■ 수행과제

　나는 고객에게 땅을 소개하는 부동산 중개인입니다. 내가 소개할 땅은 총 3종류이며, 소개할 자료에는 ① 땅의 넓이를 계산하는 과정이나 식 포함하기 ② 표준 단위 활용하기가 포함되어야 합니다. 고객에게 땅을 소개하기 위한 자료를 만들어봅시다.

■ 분석적 루브릭

내용 요소 성취 수준	지식 · 이해 다각형의 넓이	과정 · 기능 실생활 문제 해결하기	가치 · 태도 넓이 구하는 방법의 편리함
잘함	모든 땅의 넓이를 정확하게 계산할 수 있다.	땅의 넓이를 바탕으로 구매할 땅을 추천할 수 있다.	정확한 식을 세워 넓이를 구할 수 있다.
보통	1~2개의 넓이를 정확하게 계산할 수 있다.	구매할 땅을 추천할 수 있다.	자신만의 방법으로 넓이를 구할 수 있다.
노력 필요	땅의 넓이를 계산하는 데 어려움이 있다.	구매할 땅을 추천하는 데 어려움이 있다.	넓이를 구하는 데 어려움이 있다.

GRASPS를 활용한 수행과제 문항

평가 문항	땅을 소개할 자료 만들기
평가 요소	다각형의 넓이를 계산하여 땅의 넓이 제시하기

■ 문항: 주어진 땅의 넓이를 계산하시오.

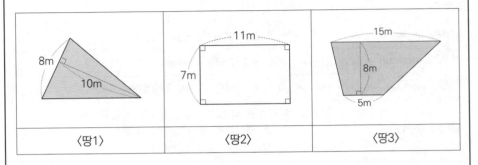

〈땅1〉	〈땅2〉	〈땅3〉

• 땅의 넓이 계산

1번	풀이 과정	(삼각형의 넓이) = (삼각형의 밑변) × (높이) ÷ 2 따라서 계산 식은 8 × 10 ÷ 2 = 40이고, 답은 40m²이다.
	답	40m²
2번	풀이 과정	
	답	( )m²
3번	풀이 과정	
	답	( )m²
결론		위와 같은 계산 과정을 통해 1번, 2번, 3번 땅의 넓이는 각각 ( )m², ( )m², ( )m²입니다. 따라서 저는 세 땅 중에서 ( )번 땅을 살 것을 추천합니다.

나. 영역간 (도형과 측정 + 자료와 가능성) 개념 기반 평가

🐝 영역간 교수 · 학습 과정

핵심아이디어	자료를 이용하여 통계적 문제해결 과정을 실천하고 생활 속의 가능성을 탐구하는 것은 미래를 예측하고 합리적인 의사 결정을 하는 데 기반이 된다.
성취기준	[6수03-14] 평행사변형, 삼각형, 사다리꼴, 마름모의 넓이를 구하는 방법을 다양하게 추론하고, 이와 관련된 문제를 해결할 수 있다. [6수04-04] 사건이 일어날 가능성을 말로 표현하고 비교할 수 있다.
핵심 질문	쾌적한 생활이 가능한지를 예측하는 방법은 무엇인가?

평가기준	지식 · 이해	다각형의 넓이를 정확하게 계산할 수 있는가?
	과정 · 기능	통계에 근거하여 쾌적한 생활의 가능성을 설명할 수 있는가?
	가치 · 태도	가능성 탐구를 통해 합리적으로 판단할 수 있는가?

개념적 렌즈	내용 요소 (지식 · 이해/과정 · 기능/가치 · 태도)	평가 방법
다각형의 넓이	다각형의 둘레를 알고 다각형 넓이 구하기	지필평가

↓

가능성	사건이 일어날 가능성을 비교하고 표현하기	구술평가

↓

다각형의 둘레와 넓이, 가능성	다각형의 둘레나 넓이를 구하여 비교하고 가능성 표현하기	서술형 평가

영역간 교수 · 학습 과정은 다각형의 넓이를 구하고, 이를 바탕으로 실제 생활 가능성을 예측할 수 있는지를 평가하기 위한 과정이다. 수학의 도형과 측정 영역은 다각형의 둘레와 넓이에 대해 알고 이를 구하는 방법을 통해 실제로 계산해낼 수 있도록 교수 · 학습이 이루어져야 하며, 특히 정확한 측정값을 계산해내는 것에 강조점이 있다.

따라서 다각형의 넓이를 계산하도록 평가 문항을 제시하여 다각형 넓이 개념을 정확하게 알 수 있도록 하며, 이를 바탕으로 쾌적한 생활의 가능성을 '불가능하다', '~아닐 것 같다', '반반이다', '~일 것 같다' 등의 표현으로 나타낼 수 있는지를 평가하고자 한다.

🔶 영역간 개념 기반 평가 (1)

평가 문항	텐트의 넓이를 구하고 적절한 텐트 선택하기
평가 요소	다각형의 넓이 구하기, 적절한 텐트 선택하고 설명하기

■ 문항: 나는 주말에 가족 1명과 함께 캠핑을 떠날 예정입니다. 텐트를 빌리려고 할 때, 다음 중 적절한 텐트를 고르고 그 이유를 텐트 바닥의 넓이와 관련하여 쓰시오. (단, 텐트의 높이는 같고, 텐트 바닥의 모양과 크기는 아래 그림과 같다.)

(가로: 3m, 세로: 2m)
〈텐트1〉

(가로: 2m, 세로: 2m)
〈텐트2〉

• 더 나은 텐트 선택하기

〈텐트1〉의 넓이는 (　　　)이고, 〈텐트2〉의 넓이는 (　　　)입니다.
따라서 내가 선택한 텐트는 〈　〉이고, 그 이유는 (　　　　　　　　　　).

■ 분석적 루브릭

성취 수준 \ 내용 요소	지식 · 이해 다각형의 둘레와 넓이	과정 · 기능 다각형의 넓이 계산	가치 · 태도 가능성 탐구에 근거한 판단
잘함	직사각형 2개의 넓이를 표준 단위로 나타냈다.	직사각형 2개의 넓이를 계산했다.	계산 결과를 비교하여 적절한 텐트를 선택했다.
보통	직사각형 1개의 넓이를 표준 단위로 나타냈다.	직사각형 1개의 넓이를 계산했다.	계산 결과를 비교하거나 적절한 텐트를 선택했다.
노력 필요	직사각형의 넓이를 표준 단위로 나타내는 데 어려움이 있다.	직사각형 넓이를 계산하는 데 어려움이 있다.	적절한 텐트를 선택하는 데 어려움이 있다.

🔹 영역간 개념 기반 평가 (2)

평가 문항	다각형의 둘레를 이용해 가구 배치하기
평가 요소	다각형의 둘레 구하기, 가능한 가구 배치 방법 선택하기

■ 문항: 직사각형 방의 크기는 가로 270cm, 세로 200cm입니다. 다음과 같은 둘레를 가진 침대와 책상을 방에 놓고자 할 때, 침대는 A 또는 B 위치에 놓을 수 있습니다.

〈가구의 둘레〉
침대는 가로 180cm, 세로 100cm입니다.
책상은 가로 150cm, 세로 100cm입니다.

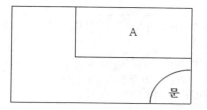 

• 침대 외 공간의 둘레를 계산하고, 책상과 침대를 모두 배치할 방법을 설명하시오.

◆ 나머지 공간의 둘레 계산하기

◆ 나머지 공간의 둘레 비교하여 침대 · 책상 배치가 가능한 방법 설명하기

■ 분석적 루브릭

내용 요소 성취 수준	지식 · 이해 다각형의 둘레	과정 · 기능 실생활 문제 해결하기	가치 · 태도 가능성 탐구에 근거한 판단
잘함	A, B의 나머지 공간 둘레를 정확히 계산할 수 있다.	나머지 공간의 둘레를 비교하여 설명할 수 있다.	나머지 공간의 둘레를 고려해 책상 배치가 가능한 침대의 위치를 선택하였다.
보통	A 또는 B의 나머지 공간 둘레를 정확히 계산할 수 있다.	A, B 경우에 남는 공간의 둘레를 알고 있다.	나머지 공간의 둘레를 고려하였으나, 적절하지 않은 침대 위치를 선택하였다.
노력 필요	나머지 공간의 둘레를 계산하는 데 어려움이 있다.	둘레를 비교하는 데 어려움이 있다.	침대 위치 선택에 어려움이 있다.

🍃 실제 상황에서의 평가를 위한 수행과제 개발

수행과제명	이주할 국가 검증하기

목표(G) goal	1인 가구별 최소 주거면적과 주거가격을 비교해 〈A국가〉의 적절성을 검증한다.
역할(R) role	나는 정착할 나라를 선택하려는 세계시민이다.
대상(A) audience	대상은 나를 포함해 정착할 나라를 선택하려는 사람들이다.
상황(S) situation	〈A국가〉로의 이주를 최종적으로 검토하는 상황에서, 〈B국가〉의 최소 주거면적과 주거가격을 구하여 〈A국가〉로의 이주가 적절한지를 검증하고자 한다.
수행(P) performance	각 나라의 최소 주거면적과 주거가격을 계산하고 이를 비교하여 〈A국가〉의 적절성을 예측한다.
기준(S) standard	수행과제를 해결한 결과에는 다음 내용이 포함되어야 한다. ① 1인 가구의 최소 주거면적과 주거가격 계산하기 ② ①에 근거해 〈A국가〉의 적절성 예측하기

■ 수행과제

나는 정착할 나라를 선택하려는 세계시민입니다. 최종적으로 〈A국가〉를 선택하려는 상황에서 그것이 적절한 선택인지를 검토하고자 하며, 여기에는 ① 1인 가구의 최소 주거면적과 주거가격 계산하기 ② ①에 근거해 〈A국가〉 선택의 적절성 예측하기가 포함되어야 합니다.

■ 분석적 루브릭

성취 수준 ＼ 내용 요소	지식 · 이해 다각형의 둘레와 넓이	과정 · 기능 주거금액 계산	가치 · 태도 가능성 탐구에 근거한 판단
잘함	두 다각형의 넓이를 정확히 구할 수 있다.	다각형의 넓이를 토대로 두 국가의 주거금액을 정확히 계산할 수 있다.	1인 가구의 최소 주거면적과 주거가격을 비교해 A국가의 적절성을 설명했다.
보통	1개의 다각형 넓이를 정확히 구할 수 있다.	A 또는 B국가의 주거금액을 정확히 계산할 수 있다.	근거를 들어 A국가의 적절성을 설명했다.
노력 필요	다각형의 넓이 계산에 어려움이 있다.	주거금액을 계산하는 데 어려움이 있다.	A국가의 적절성을 설명하는 데 어려움이 있다.

🔷 GRASPS를 활용한 수행과제 문항

수행과제	이주할 국가 검증하기
평가 요소	다각형의 넓이 구하기, 가능성 표현하기

■ 문항: 아래의 도형은 1인 가구의 최소 주거면적을 나타냅니다. A국가의 1m²당 가격은 50만원이고, B국가의 1m²당 가격은 100만원입니다. 다른 주거 환경은 동일하고 주거면적과 주거가격만을 고려하여 A국가의 적절성을 예측하시오.

(밑변: 2m, 높이: 6m)	(밑변: 5m, 높이: 5m)
〈A국가〉	〈B국가〉

◆ 주거면적 계산하기

A국가	〈식〉	〈답〉	m²
B국가	〈식〉	〈답〉	m²

◆ 주거가격 계산하기

A국가	〈식〉	〈답〉	원
B국가	〈식〉	〈답〉	원

◆ 사람들이 A국가를 선택할 가능성 선택하기

매우 낮다.	낮을 것 같다.	반반이다.	높을 것 같다.	매우 높다.

이유:

❸ 교과간 개념 기반 평가

가. 2개 교과간 (수학과 + 사회과) 통합 교수 · 학습 과정

핵심아이디어	자료를 이용하여 통계적 문제해결 과정을 실천하고 생활 속의 가능성을 탐구하는 것은 미래를 예측하고 합리적인 의사 결정을 하는 데 기반이 된다.		
성취기준	[6수04-04] 사건이 일어날 가능성을 말로 표현하고 비교할 수 있다. [6사02-02] 우리나라의 지역별 인구분포의 특징을 알아보고, 이에 따른 문제점과 해결 방안을 탐색한다.		
핵심 질문	독특한 주거 형태가 등장하게 된 이유는 무엇인가?		
평가기준	지식 · 이해	여러 형태의 그래프를 알고, 의미를 해석할 수 있는가?	
	과정 · 기능	탐구 자료에 근거하여 특정한 주거 형태가 등장한 이유를 설명하였는가?	
	가치 · 태도	인구 자료 등을 토대로 가능성 탐구 과정을 실천하였는가?	

개념적 렌즈	내용 요소 (지식 · 이해/과정 · 기능/가치 · 태도)	평가 방법
인구 구성의 변화	우리나라 인구 구성의 변화 알아보기	지필평가

↓

인문환경의 특징	우리 국토의 인문환경 특징 알아보기 (도시발달, 산업 · 교통발달)	관찰 평가

↓

인문환경의 변화에 따른 생활 모습	인문환경 변화에 따른 생활 모습의 변화 확인하기	서술형 평가

↓

미래의 인문환경	미래 인문환경의 변화 예상하기	구술평가

교과간 교수 · 학습 과정은 인문환경을 중심으로 그 변화에 따른 생활 모습을 파악하도록 구성하였다. 개념 기반 평가에서는 다양한 자료를 통해 주거 형태, 인구 변화 등의 인문환경 변화를 확인하고, 이를 바탕으로 실제 상황에서의 수행과제에서 협소주택이 등장하게 된 적절한 이유를 예상할 수 있는지를 평가한다. 즉 다양한 통계자료를 탐색하고 변화의 원인을 '~인 것 같다.' 등의 가능성으로 표현하도록 문항을 구성하였다.

모든 평가 문항에서 인구 변화나 주거 형태 등 생활 모습의 변화 요인을 인문환경 관련 자료에 근거하여 추측하도록 하며, '~인 것 같다.'와 같은 가능성 표현을 사용할 수 있는지를 중점적으로 평가한다.

❖ 2개 교과간 개념 기반 평가 (1)

평가 문항	주거 형태 변화 요인 추측하기
평가 요소	인구 자료를 바탕으로 인구문제 파악하기, 가능성 표현하기

■ 문항: 서울은 한국에서 가장 많은 사람이 모여 사는 대표적인 도시입니다.

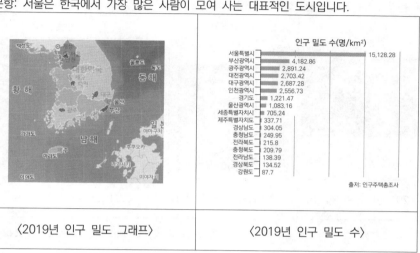

〈2019년 인구 밀도 그래프〉	〈2019년 인구 밀도 수〉

출처: 통계지리정보서비스(https://sgis.kostat.go.kr/)

• 위의 자료와 관련하여 인구문제를 제시하고, 아파트가 등장한 이유를 추측하시오.

■ 분석적 루브릭

내용 성취요소 수준	지식 · 이해 그래프 이해	과정 · 기능 인구문제 파악(사회)	가치 · 태도 가능성 탐구에 근거한 판단
잘함	시도별 인구의 차이를 파악할 수 있다.	주어진 자료와 연관된 인구문제를 제시하였다.	인구문제와 관련된 아파트 등장 이유를 제시하였다.
보통	시도별 인구를 파악할 수 있다.	자료와 무관하나 발생가능한 인구문제를 제시하였다.	사회변화와 관련된 아파트 등장 이유를 제시하였다.
노력 필요	시도별 인구 파악에 어려움이 있다.	인구문제 제시에 어려움이 있다.	아파트의 등장 이유 설명에 어려움이 있다.

🐝 2개 교과간 개념 기반 평가 (2)

평가 문항	자료에 나타난 인구문제 예측하기
평가 요소	인구 자료를 바탕으로 인구문제 파악하기, 가능성 표현하기

■ 문항: 다음 자료를 참고하여 물음에 답하시오.

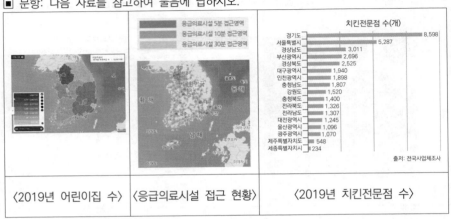

〈2019년 어린이집 수〉	〈응급의료시설 접근 현황〉	〈2019년 치킨전문점 수〉

출처: 통계지리정보서비스(https://sgis.kostat.go.kr/)

• 도시의 특징과 이에 따라 발생할 수 있는 인구문제를 쓰시오.

◆ 자료에 나타난 도시의 장점
◆ 발생할 수 있는 인구문제

■ 분석적 루브릭

내용 성취 요소 수준	지식 · 이해 그래프 이해	과정 · 기능 인구문제 파악(사회)	가치 · 태도 가능성 탐구에 근거한 판단
잘함	시도별 차이를 토대로 도시의 장점을 제시하였다.	도시로의 인구 집중 문제를 제시하였다.	자료를 서로 연관 지어 인구문제를 제시하였다.
보통	시도별 차이를 제시하였다.	인구 변화를 설명하였다.	자료 한 가지를 토대로 인구문제를 제시하였다.
노력 필요	자료를 이해하기 어렵다.	인구 변화 예측에 어려움이 있다.	인구문제를 추측하기 어렵다.

🐝 실제 상황에서의 평가를 위한 수행과제 개발

수행과제명	주거 형태의 변화에 관한 수업 자료 만들기

목표(G) goal	주거 형태의 변화와 관련된 수업 자료를 만든다.
역할(R) role	나는 주거 형태의 변화를 관찰하고 변화의 원인을 밝히는 연구자이 자 교수이다.
대상(A) audience	대상은 주거 형태 변화를 공부하는 건축학과 학생들이다.
상황(S) situation	도시에 사람들이 모여 살면서, 여러 가지 형태의 주거 공간이 탄생했다. 1개의 좁은 방이 곧 1개의 층을 이루는 협소주택도 이 중 하나이다. 이러한 주택이 등장하게 된 이유를 도시 변화와 관련지어 설명해야 하는 상황이다.
수행(P) performance	건축학과 학생들에게 보여줄 자료를 만든다.
기준(S) standard	수행과제를 해결한 결과에는 다음 내용이 포함되어야 한다. ① 교통 및 산업발달, 서울로의 인구 집중 등 도시 변화의 특징 설명하기 ② 협소주택의 등장 원인을 '~아닐 것 같다', '~일 것 같다', '확실하다' 등 가능성으로 표현하기

■ 수행과제

나는 주거 형태 변화를 관찰하고 그 원인을 분석하는 연구자이자 교수입니다. 연구 결과에는 ① 지금까지의 교통 및 산업발달, 인구 변화 등 도시발달 과정 설명하기 ② 협소주택의 등장 원인을 '~아닐 것 같다', '~일 것 같다', '확실하다' 등 가능성으로 표현하기를 포함해야 합니다. 수업을 기다리는 학생들을 위해 자료를 만들어봅시다.

■ 분석적 루브릭

성취 수준 \ 내용 요소	지식 · 이해 그래프 이해	과정 · 기능 인구문제 파악(사회)	가치 · 태도 가능성 탐구에 근거한 판단
잘함	그래프에서 찾을 수 있는 내용을 모두 제시하였다.	자료 내용을 서로 연관 지어 인구문제를 제시하였다.	인구문제와 연관해 협소주택 등장 원인을 제시했다.
보통	그래프에 나타난 1~2개의 내용을 제시하였다.	자료 내용 한 가지를 토대로 인구문제를 제시하였다.	인구변화와 연관해 협소주택 등장 원인을 제시했다.
노력 필요	그래프를 읽고 해석하기 어렵다.	자료 내용을 토대로 인구문제를 파악하기 어렵다.	협소주택 등장 원인을 추측하기 어렵다.

⬡ GRASPS를 활용한 수행과제 문항

평가 문항	주거 형태의 변화에 관한 수업 자료 만들기
평가 요소	인구 자료를 바탕으로 인구문제 파악하기, 가능성 표현하기

■ 문항: 다음 자료를 참고하여, 협소주택이 등장하게 된 이유를 쓰시오.

〈2009년 서울 잠실역〉

〈2019년 서울 잠실역〉 〈서울의 연도별 인구 변화〉 〈주택 가격 상승 비율(전국)〉
출처: 통계지리정보서비스(https://sgis.kostat.go.kr/), 네이버지도(map.naver.com)

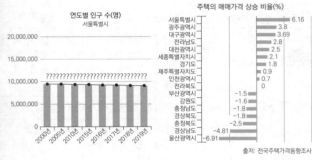

〈밖에서 본 협소주택의 모습〉	〈협소주택 1층 전체의 모습〉

◆ 서울의 다양한 변화 모습과 그에 따른 문제점

◆ 인구문제와 관련한 협소주택의 등장 이유

나. 3개 교과간 (국어과 + 사회과 + 수학과) 통합 교수 · 학습 과정

핵심아이디어	자료를 이용하여 통계적 문제해결 과정을 실천하고 생활 속의 가능성을 탐구하는 것은 미래를 예측하고 합리적인 의사 결정을 하는 데 기반이 된다.		
성취기준	[6국01-07] 절차와 규칙을 지키고 타당한 이유와 근거를 제시하며 토론한다. [6사02-02] 우리나라의 지역별 인구분포의 특징을 알아보고, 이에 따른 문제점과 해결 방안을 탐구한다. [6수04-04] 사건이 일어날 가능성을 말로 표현하고 비교할 수 있다.		
핵심 질문	미래의 주거 환경을 예측하는 방법은 무엇인가?		
평가기준	지식 · 이해	통계자료를 올바르게 이해하였는가?	
	과정 · 기능	인구 변화에 따라 발생할 수 있는 주거 문제를 제시하고, 해결 방법을 탐색하였는가?	
	가치 · 태도	통계적 문제해결 과정을 실천하여 그 가치를 확인하였는가? 가능성을 표현하는 말을 적용해 인구 변화를 예측하였는가?	

개념적 렌즈	내용 요소 (지식 · 이해/과정 · 기능/가치 · 태도)	평가 방법
헌법의 의미와 역할	헌법의 의미와 역할 알기	구술평가

⬇

주거 관련 법	주거에 관한 국민의 의무와 권리 탐색하기	관찰 평가

⬇

인구 변화와 인구문제	인구 변화에 따른 주거 문제 예측하기	서술형 평가

⬇

미래 주거 환경의 변화	주거 환경의 변화에 따른 미래 주거 환경의 문제점과 해결 방법 제시하기	조사 보고서

3개 교과간 교수 · 학습 과정은 인구분포의 특징을 알고, 이를 바탕으로 인구 변화를 예측해 주거에 관한 국민의 의무와 권리가 어떻게 달라질 것인가를 예상해보도록 구성하였다. 다만 원활한 학습 및 평가를 위해 헌법의 의미와 역할에 대한 학습이 우선 이루어져야 한다.

자료와 가능성 영역은 가능성 예측 상황에서 '불가능하다', '~아닐 것 같다', '반반이다', '~일 것 같다' 등의 표현을 활용하는 것이 핵심이므로 이를 적용할 수 있는지를 평가하고자 했으며, 문제해결을 위해 다양한 자료를 활용할 수 있는지를 평가함으로써 본 수업과 관련된 국어, 사회의 내용 요소를 두루 포함하여 평가할 수 있다.

모든 과제는 교과서 내용에 근거하여 작성될 수 있다. 다만 최종 수행과제 해결에는 교과서를 포함하여 다양한 뉴스 기사를 자율적으로 검색하는 기회를 제공할 수 있다.

🐝 3개 교과간 개념 기반 평가 (1)

평가 문항	인구 변화에 따른 주거 형태 변화 예측하기
평가 요소	인구 자료를 바탕으로 인구문제 파악하기, 가능성 표현하기

■ 문항: 최근 영국에서는 주택 가격의 상승으로 건물이 아닌 배에서 생활하는 새로운 주거 형태인 '하우스 보트'가 늘었습니다.

〈주택 가격 상승 비율(전국)〉	〈2013년 주민등록 인구수〉	〈2019년 주민등록 인구수〉

출처: 통계지리정보서비스(https://sgis.kostat.go.kr/)

• 미래에 하우스 보트가 등장할 가능성이 높은 지역을 근거를 들어 예측하시오.

　◆ 시도별 주택 가격 상승 비율 비교하기
　◆ 시도별 주민등록 인구수 변화 비교하기
　◆ 하우스 보트가 등장할 지역 예측하기

■ 분석적 루브릭

내용 성취요소 수준	지식 · 이해 자료 정리하기(국어)	과정 · 기능 인구문제 파악(사회)	가치 · 태도 가능성 탐구에 근거한 판단
잘함	자료에서 찾을 수 있는 내용을 모두 제시하였다.	자료 내용을 서로 연관 지어 미래의 변화를 예측했다.	미래 변화와 연관해 하우스 보트가 등장할 지역을 예측했다.
보통	자료에 나타난 1~2개의 내용을 제시하였다.	자료 내용 한 가지를 토대로 미래 변화를 예측했다.	자료에 제시된 한 가지 지역을 선택하여 제시하였다.
노력 필요	자료를 읽고 해석하기 어렵다.	자료 내용을 토대로 미래 변화를 예측하기 어렵다.	하우스 보트가 등장할 지역을 예측하기 어렵다.

🍇 3개 교과간 개념 기반 평가 (2)

평가 문항	인구 변화에 따른 주거 문제와 해결 방법 토론하기
평가 요소	인구 자료를 바탕으로 인구문제 파악하기, 가능성 표현하기

■ 문항1: 다음 물음에 대한 자신의 의견과 그렇게 생각한 이유를 쓰시오.

> 1) 미래의 수도권(서울/경기/인천) 인구는 증가할 것인가? 감소할 것인가?
>
> 2) 수도권과 수도권 외의 지역에서 발생할 수 있는 주거 문제는 무엇인가?
>
> 3) 주거 문제를 해결할 방법은 무엇인가?

■ 문항2: 문항1에 쓴 내용을 모둠별로 공유하고 토론하여, 그 결과를 쓰시오.

> 1) 미래의 수도권(서울/경기/인천) 인구는 증가할 것인가? 감소할 것인가?
>
> 2) 수도권과 수도권 외의 지역에서 발생할 수 있는 주거 문제는 무엇인가?
>
> 3) 주거 문제를 해결할 방법은 무엇인가?

■ 분석적 루브릭

내용 요소 성취 수준	지식 · 이해 근거 제시하기(국어)	과정 · 기능 인구문제 파악(사회)	가치 · 태도 가능성 탐구에 근거한 판단
잘함	모든 질문에 대해 근거를 들어 의견을 제시하였다.	인구 집중과 관련해 주거 문제를 제시하고, 인구 분산과 관련해 주거 문제해결 방법을 제시하였다.	적절한 근거를 토대로 미래의 인구 변화를 예측하였다.
보통	1~2개의 질문에 대해 근거를 들어 의견을 제시하였다.	인구 변화와 관련해 문제점 또는 해결 방법을 제시하였다.	미래의 인구 변화를 예상하여 제시하였다.
노력 필요	근거를 들어 의견을 제시하는 데 어려움이 있다.	인구 변화 예측에 어려움이 있다.	미래의 인구 변화를 예상하는 데 어려움이 있다.

🐝 실제 상황에서의 평가를 위한 수행과제 개발

수행과제명	공약 발표 대본 작성하기

목표(G) goal	공약 발표 대본을 작성한다.
역할(R) role	나는 대통령 선거에 출마한 후보이다.
대상(A) audience	대상은 대통령 선거를 위한 투표에 참여할 국민이다.
상황(S) situation	대통령 선거를 앞두고 후보자로서 공약 발표 기자회견을 가질 예정이다. 득표율을 높일 수 있는 공약을 제시해야 하는 상황이다.
수행(P) performance	다양한 통계자료를 토대로 미래의 주거 환경을 예측하고, 발생가능한 문제의 해결책을 포함한 공약 발표 대본을 작성한다.
기준(S) standard	수행과제를 해결한 결과에는 다음 내용이 포함되어야 한다. ① 다양한 통계자료를 근거로 하여 교통 및 산업발달, 인구 변화 등 주거 환경의 변화 예측하기 ② 주거 환경 문제 예측하기 ③ 문제해결 방안 제시하기

■ 수행과제

> 나는 대통령 선거에 출마한 후보입니다. 공약을 발표할 기자회견을 앞두고 있으며, 이를 위한 대본에는 ① 다양한 통계자료를 근거로 하여 교통 및 산업발달, 인구 변화 등 주거 환경의 변화 예측하기 ② 주거 환경 문제 예측하기 ③ 문제해결 방안 제시하기를 포함해야 합니다. 득표율을 높이기 위해 신뢰할 만하고 실행가능한 공약을 제안해봅시다.

■ 분석적 루브릭

내용 성취 요소 수준	지식 · 이해 근거 제시하기(국어)	과정 · 기능 인구문제 파악(사회)	가치 · 태도 가능성 탐구에 근거한 판단
잘함	통계자료에 근거해 주거 환경의 변화를 예측하였다.	주거 환경 변화에 따른 문제점을 제시하였다.	대체로 실천이 가능한 문제해결 방안을 제시하였다.
보통	경험에 근거해 주거 환경의 변화를 예상하여 제시하였다.	주거 환경 변화와 관련이 있는 문제점을 제시하였다.	대체로 실천이 어려운 해결 방안을 제시하였다.
노력 필요	적절한 근거를 제시하는 데 어려움이 있다.	주거 환경 문제를 예측하는 데 어려움이 있다.	문제해결 방안을 제시하는 데 어려움이 있다.

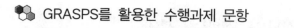 **GRASPS를 활용한 수행과제 문항**

평가 문항	공약 발표 대본 작성하기
평가 요소	주제에 적절한 의견과 이유 제시하기, 자료를 바탕으로 인구문제 제시하기, 가능성 표현하기

■ 문항: 적절한 통계자료를 활용하여 공약 발표 대본을 작성하시오.

첫인사	국민 여러분, 안녕하십니까. 이번 대통령 선거에 출마한 (　　　　　)입니다. 저는 인간다운 생활에 꼭 필요한 주거 환경과 관련하여 공약을 발표하겠습니다.	
주거 환경 변화	◆ 자료 제시하기 ◆ 자료를 토대로 위치에 따른 교통 및 산업발달, 상점 수의 변화 예측하기 ◆ 지역별 인구 증가/감소 예측하기 ◆ 주거 환경의 변화 종합하기	
주거 환경 문제	수도권	
	비수도권	
문제 해결 방안	이러한 문제를 해결하기 위해 저는 다음과 같은 방안을 실천하겠습니다.	
끝인사	국민 여러분, 저는 위의 문제해결 방안을 (　　　　)% 만큼 실천할 수 있다는 점을 말씀드립니다. 저의 발표는 여기까지입니다. 경청해주셔서 감사합니다.	

❶ 평가의 개관

비율 돋보기로 살펴보는 정의로운 세상

수학과(규칙성)	수학과(규칙성+자료와 가능성)
• 합리적인 의사결정 방법은 무엇인가?	• 정확한 정보 전달은 어떤 방법으로 나타낼 수 있는가?

수학과+국어과	수학과+사회과+도덕과
• 매체 속 정보는 타당한가?	• 지구촌 갈등을 해결하는 방법은 무엇인가?

본 평가과제의 전체 주제는 '비율 돋보기로 보는 정의로운 세상'이다. 학생들의 삶 속으로 수학을 끌어들여 수학으로 세상을 읽고, 수학으로 세상을 재창조하는 경험을 제공하는 데 초점을 두어 구성하였다. 학생들은 자신의 삶과 수학의 연결성을 인식하여 수학에 대한 필요성 및 흥미를 바탕으로 수학과의 실용적 가치를 함양하게 된다.

영역내 평가는 일상생활에서 비율을 이용하여 의사결정을 해야 하는 실세계 맥락 상황을 제시하여 비율에 대한 개념의 이해를 바탕으로 실생활에 적용할 수 있도록 평가과제를 구성하였다. 영역간 평가는 비율그래프를 활용하여 인구, 인권, 경제, 환경 등을 주제로 한 통계 그래프 그리는 활동을 제시하였다. 수학과와 국어과 중심의 2개 교과간 평가는 황금비율의 허구를 조사하여 뉴스 기사로 작성하고 보도자료를 만들어 발표하는 활동으로 구성하였다. 수학과, 도덕과, 사회과를 연계한 3개 교과간 평가는 공정한 세상을 만들기 위한 노력을 주제로 아동 인권 문제를 탐구하여 수학과를 통해 정의로운 세상을 만들 수 있는 경험을 제공하고자 평가과제를 구안하였다.

❷ 영역내 및 영역간 개념 기반 평가

가. 영역내 (변화와 관계) 교수·학습 과정

핵심아이디어	동치 관계, 대응 관계, 비례 관계 등은 여러 현상에 들어있는 대상들 사이의 다양한 관계를 기술하고 복잡한 문제를 해결하는 데 유용하게 활용된다.	
성취기준	[6수02-03] 비율을 이해하고, 비율을 분수, 소수, 백분율로 나타낼 수 있다.	
핵심 질문	합리적인 의사결정 방법은 무엇인가?	
평가기준	지식·이해	비율의 개념을 적용해 의사결정에 필요한 식을 만들 수 있는가?
	과정·기능	비율의 개념을 적용해 합리적으로 선택하였는가?
	가치·태도	계산 결과를 비교하며 합리적인 선택을 실천하였는가?

개념적 렌즈	내용 요소 (지식·이해/과정·기능/가치·태도)	평가 방법
비	비의 뜻을 알고 생활 속 문제 상황을 비로 나타내기	구술평가
	↓	
비율	비율의 개념을 이해하고 생활 속 비율이 사용되는 상황 알아보기	서술형 평가
	↓	
백분율	백분율의 뜻을 알고 생활 속 상황을 백분율로 나타내어 문제 해결하기	관찰평가
	↓	
비율, 의사결정	실생활에서 비와 비율이 적용된 사례를 이용해 문제 해결하기	서술형 평가

영역내 교수·학습 과정은 비율이라는 개념적 렌즈를 통해 실생활의 여러 현상을 탐구하고 이러한 과정을 통해 다양한 의사결정에 비율의 개념을 활용할 수 있도록 구성된다.

개념 기반 평가 (1)은 비율의 개념 이해를 바탕으로 할인된 금액을 이용하여 할인율을 구하는 평가과제로 실생활 연계 문제해결을 경험할 수 있도록 구성하였다.

개념 기반 평가 (2)는 실제 물건을 구매하는 과정에서 흔히 접할 수 있는 상황으로 할인율을 이용하여 할인 금액을 계산하고 두 물건의 가격을 비교하는 평가과제이다.

실제 상황에서의 수행과제는 실제 학생의 실세계 문제를 해결하는 과정을 통해 추론에 바탕을 두고 문제해결을 할 수 있도록 구성하였다. 특히 2+1을 비율로 바꾸어 30%와 비교할 수 있는지를 확인하는 과정에서 비율의 개념 이해와 문제 상황에의 적용 여부 등 내용 지식을 평가한다. 또한 자신의 문제해결 과정을 설명하는 과정을 통해 합리적 의사결정 및 비판적으로 사고하는 태도를 평가한다.

🐝 영역내 개념 기반 평가 (1)

평가 문항	할인 금액을 비교하여 더 저렴한 신발 선택하기
평가 요소	비율의 개념을 이용하여 할인 금액 구하기

■ 문항: 나연이는 두 개의 운동화 중 할인이 더 많이 되어 싸게 살 수 있는 운동화를 선택하려고 합니다. 두 운동화 모두 정가는 28,000원입니다. 편하다 운동화는 현재 50% 할인 중이고, 예쁘다 운동화는 30% 할인된 금액에서 다시 20%를 더 할인해 준다고 합니다. 두 운동화의 할인된 가격을 구하고 비교하시오.

편하다 운동화	예쁘다 운동화

• 두 운동화의 할인된 가격 계산

〈편하다 운동화〉	〈예쁘다 운동화〉
계산 결과 비교하기	

■ 분석적 루브릭

성취 수준 \ 내용 요소	지식 · 이해 비율의 개념	과정 · 기능 할인 금액 계산	가치 · 태도 계산 결과 비교
잘함	비율의 개념을 적용해 정확한 식을 만들 수 있다.	할인 금액을 정확하게 계산할 수 있다.	두 운동화의 할인 금액을 비교할 수 있다.
보통	비율의 개념을 적용해 식을 만들 수 있다.	할인 금액을 구하는 식을 만들었으나 운동화 가격을 정확하게 계산하지 못했다.	두 운동화의 할인 금액 비교를 시도하였다.
노력 필요	비율의 개념을 적용해 식을 만드는 데 어려움이 있다.	할인 금액을 구하는 식을 만들고 계산하는 데 어려움이 있다.	두 운동화의 할인 금액을 비교하는 데 어려움이 있다.

영역내 개념 기반 평가 (2)

평가 문항	할인율이 더 높은 식당 찾기
평가 요소	비율의 개념을 이용하여 할인율 구하기

■ 문항: 지호와 윤지의 대화를 보고 두 사람의 식사 비용을 비교하여 맛나 식당과 건강 식당의 할인율을 구하시오.

> ◆ 지호: 우리 가족은 맛나 식당에서 식사를 하고 32,000원을 냈어. 메뉴판의 가격대로 원래 음식값을 계산해 보니 40,000원이었어. 저렴한 가격으로 식사를 할 수 있어 좋았어.
>
> ◆ 윤지: 나는 어제 엄마랑 건강 식당에서 밥을 먹었거든. 식당 사장님 말씀이 원래 24,000원인데 18,000원만 내라고 하셨어.

• 식당의 할인율 계산

맛나 식당	건강 식당
할인율이 높은 곳	

■ 분석적 루브릭

내용 요소 성취 수준	지식 · 이해 비율의 개념	과정 · 기능 할인율 계산	가치 · 태도 계산 결과 비교
잘함	비율의 개념을 적용해 정확한 식을 만들 수 있다.	할인율을 정확하게 계산할 수 있다.	두 식당 중 할인율이 높은 곳을 찾아 쓸 수 있다.
보통	비율의 개념을 적용해 식을 만들 수 있다.	할인율을 구하는 식을 만들었으나 정확하게 계산하지 못했다.	두 식당의 할인율을 비교할 수 있다.
노력 필요	비율의 개념을 적용해 식을 만드는 데 어려움이 있다.	할인율을 구하는 식을 만들고 계산하는 데 어려움이 있다.	두 식당의 할인율을 비교하는 데 어려움이 있다.

✿ 실제 상황에서의 평가를 위한 수행과제 개발

수행과제명	아이스크림 가게 홍보 전단지 만들기

목표(G) goal	아이스크림 가게 홍보 전단지를 만든다.
역할(R) role	나는 아이스크림 가게 홍보 매니저이다.
대상(A) audience	대상은 아이스크림 가게를 이용할 고객이다.
상황(S) situation	가게의 이익과 소비자의 이익 중 어느 것을 택하여 아이스크림의 할인 방법을 정할 것인지 합리적 의사결정을 해야 하는 상황이다.
수행(P) performance	할인 방법을 정하여 홍보 전단지를 만든다.
기준(S) standard	수행과제를 해결한 결과에는 다음 내용이 포함되어야 한다. ① 할인율을 계산하여 비교하고 할인 방법을 정한 이유를 설명하기 ② 아이스크림 할인을 광고하는 홍보 전단지 만들기

■ 수행과제

나는 아이스크림 가게의 홍보 매니저입니다. 2 + 1로 구매하는 것과 1개당 30%를 할인해 구매하는 것 중 어느 것이 합리적인지 비교하여 홍보 전단지를 만들어봅시다. 수행과제 해결 결과에는 ① 할인율을 계산하여 비교하고 할인 방법을 선택한 이유 설명하기 ② 할인율이 잘 드러나도록 홍보 전단지 만들기가 포함되어야 합니다.

■ 분석적 루브릭

성취수준＼내용 요소	지식 · 이해 비율의 개념	과정 · 기능 할인율 계산	가치 · 태도 계산 결과 비교
잘함	비율의 개념을 적용해 정확한 식을 만들 수 있다.	할인율을 정확하게 계산할 수 있다.	선택의 이유를 포함하여 전단지를 완성할 수 있다.
보통	비율의 개념을 적용해 식을 만들 수 있다.	할인율을 구하는 식을 만들었으나 정확하게 계산하지 못했다.	선택의 이유가 드러나도록 하여 전단지 만들기를 시도하였다.
노력 필요	비율의 개념을 적용해 식을 만드는 데 어려움이 있다.	할인율을 구하는 식을 만들고 계산하는 데 어려움이 있다.	선택의 이유를 포함한 전단지 만들기에 어려움이 있다.

GRASPS를 활용한 수행과제 문항

평가 문항	아이스크림 가게 홍보 전단지 만들기
평가 요소	비율을 이용하여 할인 방법 결정하기

■ 문항: 여러분은 아이스크림 가게 홍보 전단지를 만들어야 합니다. 2 + 1로 광고를 하는 것과 1개당 30% 할인으로 광고를 하는 것 중 어느 방법이 공정하고 합리적인지 할인 방법을 정하여 이유를 설명하고 자신이 정한 할인 방법에 따라 홍보 전단지를 만드시오.

• 할인율을 계산하여 비교하고 할인 방법을 정한 이유를 설명하시오.

◆ 할인율 계산하기

◆ 할인율 비교하기

◆ 할인방법을 정한 이유 설명하기

• 아이스크림 할인을 광고하는 홍보 전단지를 만드시오.

◆ 할인 방법을 선택한 의도가 잘 드러나게 홍보 전단지 만들기

나. 영역간 (변화와 관계 + 자료와 가능성) 교수·학습 과정

핵심아이디어	자료를 수집, 정리, 해석하는 통계는 자료의 특징을 파악하고 두 집단을 비교하며 자료의 관계를 탐구하는 데 활용된다.	
성취기준	[6수02-03] 비율을 이해하고, 비율을 분수, 소수, 백분율로 나타낼 수 있다. [6수04-03] 탐구 문제를 설정하고, 그에 맞는 자료를 수집, 정리하여 적절한 그래프로 나타내고 해석할 수 있다.	
핵심 질문	정확한 정보 전달은 어떤 방법으로 나타낼 수 있는가?	
평가기준	지식·이해	백분율을 정확히 파악하여 정보 전달의 근거를 마련하였는가?
	과정·기능	띠그래프, 원그래프를 그려 정보를 정확하게 전달하였는가?
	가치·태도	자료를 이용한 통계적 문제해결 과정의 가치를 경험하였는가?

개념적 렌즈	내용 요소 (지식·이해/과정·기능/가치·태도)	평가 방법
백분율	백분율 구하기	관찰 평가

↓

띠그래프, 원그래프	비율그래프 그리기	서술형 평가

↓

띠그래프, 원그래프	통계 활용 포스터 만들기	서술형 평가, 포트폴리오

↓

비율, 의사소통	통계 활용 포스터 발표하기	관찰 평가, 동료평가

영역간 교수·학습 과정에는 '세계가 100명의 마을이라면'이라는 책이 활용된다. '세계가 100명의 마을이라면'은 기준량이 100인 소재들로 이루어져 있어 백분율의 개념을 학습하는데 좋은 학습 자료이다. 이 책의 내용을 활용하여 인구, 인권, 경제, 환경 등의 주제로 백분율을 구하고 비율그래프로 나타내어 통계 활용 포스터를 제작하는 과제를 통해 지식 및 기능을 평가한다. 통계 활용 포스터 발표 시에는 주제 선정의 이유와 통계 활용 포스터의 의도 등을 설득력 있게 설명할 수 있는가를 평가한다.

개념 기반 평가 (1)은 대륙별 인구수의 비율을 구하고 이를 바탕으로 원그래프와 띠그래프로 나타내는 활동을 하도록 구성하였다.

개념 기반 평가 (2)는 비율그래프의 구성요소를 이해하고 해석할 수 있는 능력을 바탕으로 주어진 문제를 해결할 수 있는 평가과제를 제시하였다.

실제 상황에서의 수행과제는 모둠 과제로 우리나라의 현실과 문제점 중 주제를 정하고, 통계 지표를 활용한 통계 포스터를 작성하는 평가과제이다. 통계 활용 포스터 작성 시 개별 활동으로 작성한 그래프는 모둠별로 작성한 통계 포스터와 함께 포트폴리오로 평가한다.

🔶 영역간 개념 기반 평가 (1)

평가 문항	대륙별 인구의 백분율을 구하고 원그래프와 띠그래프 그리기
평가 요소	백분율 구하기, 원그래프와 띠그래프 그리기

◼ 문항1: 2020년 기준 전 세계의 인구는 약 77억 명입니다. 다음 자료를 보고 각각의 대륙별 인구수의 백분율을 구하시오. 단, 계산기를 사용하여 소수 첫째 자리에서 반올림합니다.

구분＼대륙	아시아	아프리카	유럽	남아메리카	북아메리카	오세아니아
인구수(명)	약 46억	약 13억	약 7.4억	약 6.5억	약 3.7억	약 0.4억
백분율(%)						

◼ 문항2: 위의 자료를 원그래프와 띠그래프로 나타내시오. [2020년 대륙별 인구수]

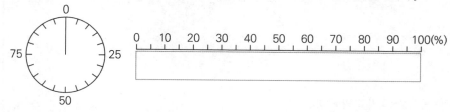

■ 분석적 루브릭

내용 요소＼성취 수준	지식 · 이해 비율의 개념	과정 · 기능 그래프로 나타내기	가치 · 태도 그래프의 편리함
잘함	비율을 백분율로 정확하게 나타낼 수 있다.	주어진 자료를 원그래프와 띠그래프로 정확하게 나타낼 수 있다.	그래프로 나타내는 과정에서 편리함을 느낄 수 있다.
보통	백분율을 구하는 식을 만들었으나 정확하게 계산하지 못했다.	원그래프와 띠그래프를 나타낼 수 있다.	그래프의 편리함을 알 수 있다.
노력 필요	백분율을 구하는 식을 만들고 계산하는 데 어려움이 있다.	원그래프와 띠그래프를 나타내는 데 어려움이 있다.	그래프의 편리함을 아는 데 어려움이 있다.

🐝 영역간 개념 기반 평가 (2)

평가 문항	원그래프를 이용한 문제 해결하기
평가 요소	원그래프 해석하기, 백분율을 이용하여 계산하기

■ 문항: 2015년 우리나라의 음식물쓰레기는 1만 5천 톤입니다. 다음은 음식물쓰레기의 구성 비율을 나타낸 원그래프입니다. 제시된 음식물쓰레기의 양을 구하시오.

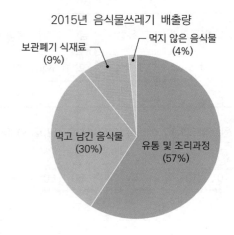

2015년 음식물쓰레기 배출량

• 음식물쓰레기의 양 구하기

먹고 남긴 음식물쓰레기의 양	톤
먹지 않은 음식물쓰레기의 양	톤

■ 분석적 루브릭

성취 수준 \ 내용 요소	지식 · 이해 원그래프 해석	과정 · 기능 음식물쓰레기 양 계산	가치 · 태도 통계적 문제해결의 가치
잘함	구하고자 하는 음식물쓰레기의 양을 원그래프에서 정확하게 찾을 수 있다.	백분율을 이용해 음식물쓰레기의 양 모두를 정확히 계산할 수 있다.	문제해결 과정에 적극적으로 참여하였다.
보통	원그래프의 내용을 읽을 수 있다.	백분율을 이용해 음식물쓰레기의 양 1개를 정확히 계산할 수 있다.	문제해결 과정에 참여하였다.
노력 필요	원그래프의 내용을 읽는 데 어려움이 있다.	백분율을 이용해 계산하는 데 어려움이 있다.	문제해결 과정에 참여하는 데 어려움이 있다.

🔷 실제 상황에서의 평가를 위한 수행과제 개발

수행과제명	'우리나라가 100명의 마을이라면' 통계 활용 포스터 만들기

목표(G) goal	통계자료를 활용하여 포스터를 만든다.
역할(R) role	나는 우리나라를 소개하는 기자이다.
대상(A) audience	대상은 기사를 읽는 독자이다.
상황(S) situation	우리나라와 관련하여 소개하고자 하는 주제가 잘 드러나도록 통계 활용 포스터를 제작해야 하는 상황이다.
수행(P) performance	백분율과 비율그래프를 이용하여 '우리나라가 100명의 마을이라면'을 주제로 한 통계 활용 포스터를 만든다.
기준(S) standard	수행과제를 해결한 결과에는 다음 내용이 포함되어야 한다. ① 주제에 관련된 통계자료를 검색하여 각 주제에 해당하는 백분율 구하기 ② 원그래프·띠그래프를 이용하여 통계 활용 포스터 만들기

■ 수행과제

나는 우리나라를 소개하는 기자입니다. 백분율과 원그래프·띠그래프를 이용하여 '우리나라가 100명의 마을이라면'을 주제로 한 통계 활용 포스터를 만들어 독자에게 정보를 전달합니다. 수행과제를 해결한 결과에는 ① 자신이 정한 주제에 관련된 통계자료를 검색하여 각 주제에 해당하는 백분율 구하기 ② 원그래프·띠그래프를 이용하여 통계 활용 포스터를 제작하기가 포함되어야 합니다.

■ 분석적 루브릭

내용 성취 요소 / 수준	지식·이해 비율의 개념	과정·기능 그래프로 나타내기	가치·태도 통계적 문제해결의 가치
잘함	자신이 정한 주제에 해당하는 통계자료를 백분율로 나타낼 수 있다.	백분율에 맞는 원그래프나 띠그래프를 그릴 수 있다.	통계 활용 포스터를 완성하였다.
보통	통계자료를 백분율을 나타낼 수 있다.	원그래프나 띠그래프를 그릴 수 있다.	통계 활용 포스터를 완성하기 위해 노력하였다.
노력 필요	통계자료를 백분율로 나타내는 데 어려움이 있다.	원그래프나 띠그래프를 그리는 데 어려움이 있다.	통계 활용 포스터를 완성하는 데 어려움이 있다.

✿ GRASPS를 활용한 수행과제 문항

평가 문항	'우리나라가 100명의 마을이라면' 통계 활용 포스터 만들기
평가 요소	백분율 구하기, 원그래프 또는 띠그래프 그리기

■ 문항: 여러분은 우리나라에 대한 정보를 알리는 기자입니다. '세계가 100명의 마을이라면'의 주제를 참고하여 '우리나라가 100명의 마을이라면' 통계 활용 포스터를 제작하시오.

• 모둠별 주제를 정하여 통계청 등 누리집을 활용하여 통계자료를 수집하고 필요한 통계치를 찾아 백분율을 구하시오.

> ◆ 우리 모둠 주제 정하기
>
> ◆ 주제에 맞는 통계자료 수집하기
>
> ◆ 주제에 해당하는 항목의 백분율 구하기

• 그래프를 이용하여 표현하고자 하는 주제에 맞는 통계 활용 포스터를 만드시오.

> ◆ 통계 활용 포스터 만들기
> (통계 활용 포스터 예시)
>
>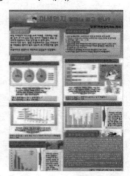
>
> 출처: 2015 개정 6학년 수학과 교과용도서(지도서) 291쪽.

❸ 교과간 개념 기반 평가

가. 2개 교과간 (수학과 + 국어과) 통합 교수·학습 과정

핵심아이디어	동치 관계, 대응 관계, 비례 관계 등은 여러 현상에 들어있는 대상들 사이의 다양한 관계를 기술하고 복잡한 문제를 해결하는 데 유용하게 활용된다.	
성취기준	[6수02-03] 비율을 이해하고, 비율을 분수, 소수, 백분율로 나타낼 수 있다. [6국02-03] 글이나 자료를 읽고 내용의 타당성과 표현의 적절성을 평가한다. [6국03-04] 독자와 매체를 고려하여 내용을 생성하고 표현하며 글을 쓴다.	
핵심 질문	매체 속 정보는 타당한가?	
평가기준	지식·이해	매체 속 정보의 비율을 계산하거나 소수로 나타낼 수 있는가?
	과정·기능	정보의 타당성에 대한 의견을 근거를 들어 표현할 수 있는가?
	가치·태도	매체 속 정보를 비판적으로 검토하였는가?

개념적 렌즈	내용 요소 (지식·이해/과정·기능/가치·태도)	평가 방법
비율	비율을 소수로 나타내기	지필 평가
	↓	
공정	매체 속 정보의 타당성 알아보기	서술형 평가
	↓	
비율, 표현	• 정보 해석하고 표현하기 • 상황에 맞는 뉴스 주제와 관점 쓰기	포트폴리오
표현	관점이 드러나게 뉴스 발표하기	관찰 평가

2개 교과간 교수·학습 과정은 가로와 세로의 비율이 1:1.618인 황금비율과 관련된다. 본 수업에서는 실제 예술작품과 같은 비율로 축소된 사진을 실측해 보거나 황금비율로 알려진 신용카드, 회사 로고, 휴대전화 액정 화면 등의 가로, 세로 비율을 구해 황금비율을 검증하여 황금비율의 진실을 탐구하도록 한다. 학생들은 맹목적으로 받아들여지는 사실을 비판적으로 읽고, 논리적인 뉴스 기사 작성 활동에 참여하게 된다.

개념 기반 평가 (1)은 교실 속 여러 가지 물건 중 황금비율을 찾는 과제이다. 기준량과 비교하는 양의 개념을 이해하고 생활 주변의 물건의 비율을 구하는 과정에서 수학의 유용성을 느낄 수 있도록 평가과제를 구성하였다.

개념 기반 평가 (2)는 황금비율을 이용한 실험을 통해 결과를 검증하는 과제이다. 매체의 정보를 무비판적으로 수용하는 것에 대한 문제의식을 인식할 수 있도록 평가과제를 구성하였다.

실제 상황에서의 수행과제는 비율을 소수로 나타내는 수학적 지식을 이용하여 생활 속 소재들의 비율을 황금비율과 비교하고 정보를 해석할 수 있는가에 초점을 두며 상황에 맞는 뉴스 주제를 선정하고 주제에 맞는 논리적 글쓰기를 할 수 있는가에 중점을 둔다. 수학과와 국어과의 통합 수업인 만큼 개념을 관통하는 교수·학습 및 평가 계획을 수립함과 동시에 추론, 의사소통 등 수학과 국어 교과에 필요한 핵심 요소를 고루 신장하도록 유의한다.

🐝 2개 교과간 개념 기반 평가 (1)

평가 문항	교실 속 물건들의 가로와 세로의 비율 구하기
평가 요소	비율 구하기

▣ 문항: 우리 교실 속 다양한 물건의 길이를 재어 짧은 쪽의 길이를 기준량, 긴 쪽의 길이를 비교하는 양으로 하여 각각의 비율을 구하고 물음에 답하시오.

- 내가 찾은 교실 속 물건의 비율을 구하시오. 단, 길이는 소수 첫째 자리까지 나타내고 비율은 소수 둘째 자리까지 나타냅니다. 계산기를 활용하여도 좋습니다.

물건의 이름	가로의 길이	세로의 길이	비율
예 동화책	17cm	12cm	$\dfrac{17}{12}=1.41666\ldots\ 1.42$

- 찾은 물건들 중 황금비율인 물건의 이름을 쓰시오.

- 찾은 물건들이 황금비율이라고 생각하는지 고르고 그 이유를 설명하시오.

황금비율이라고 생각한다 ( )	황금비율이라고 생각하지 않는다 ( )

이유:

■ 분석적 루브릭

성취요소 수준	지식 · 이해 비율의 개념	과정 · 기능 내용 생성 및 표현(국어)	가치 · 태도 비판적으로 사고하는 태도
잘함	짧은 쪽을 기준으로 한 비율을 정확히 구하였다.	자신의 관점을 근거를 들어 논리적으로 표현하였다.	관점을 표현하는 활동에 적극적으로 참여하였다.
보통	비율을 구하는 식을 만들 수 있다.	자신의 관점을 표현할 수 있다.	관점을 표현하는 활동에 참여할 수 있다.
노력 필요	비율을 구하는 데 어려움이 있다.	자신의 관점을 표현하는 데 어려움이 있다.	활동을 참여하는 데 어려움이 있다.

🔶 2개 교과간 개념 기반 평가 (2)

평가 문항	매체 속 황금비율 살펴보기
평가 요소	비율을 소수로 나타내기, 내용 평가하기, 쓰기에 적극적으로 참여하기

■ 문항1: 독일의 심리학자 페히너는 10개의 사각형 중 가장 많은 35%의 사람들이 황금비율의 사각형을 선택했다는 실험 결과를 언론에 발표하였습니다. 아래의 열 개의 사각형들 중에서 가장 마음에 드는 사각형을 하나 고르고 사각형의 길이를 재어 짧은 쪽의 길이를 기준량, 긴 쪽의 길이를 비교하는 양으로 하여 비율을 소수로 나타내어 보시오.

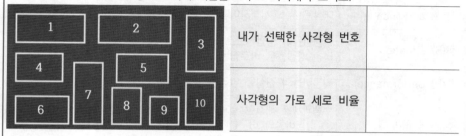

내가 선택한 사각형 번호	
사각형의 가로 세로 비율	

■ 문항2: 우리 반 학생 중 가장 많은 학생이 좋아하는 사각형의 번호를 쓰고 사각형의 짧은 변의 길이에 대한 긴 변의 길이의 비율은 얼마인지 구하시오.

사각형 번호			
선택한 학생수			
백분율(%)			
사각형의 가로 세로 비율			

■ 문항3: 페히너의 실험 결과와 우리 반의 실험 결과를 비교해 보고 페히너의 실험 결과에 대한 해석 및 언론 발표가 타당한지 자신의 의견을 제시하시오.

이유:

■ 분석적 루브릭

내용 성취 요소 수준	지식 · 이해 비율의 개념	과정 · 기능 내용 평가(국어)	가치 · 태도 쓰기에 적극적인 참여(국어)
잘함	비율을 소수로 정확하게 나타낼 수 있다.	페히너의 실험 결과에 대한 의견을 근거를 들어 표현할 수 있다.	의견을 표현하는 활동에 적극적으로 참여하였다.
보통	비율을 소수로 나타낼 수 있다.	페히너의 실험 결과에 대한 의견을 표현하였다.	의견을 표현하는 활동에 참여할 수 있다.
노력 필요	비율의 의미는 이해하나 계산상에 어려움이 있다.	자신의 의견을 표현하는 데 어려움이 있다.	활동을 참여하는 데 어려움이 있다.

🔷 실제 상황에서의 평가를 위한 수행과제 개발

수행과제명	황금비율의 진실을 알리는 뉴스 기사 작성하기

목표(G) goal	황금비율의 진실을 알리는 뉴스 기사를 작성한다.
역할(R) role	나는 뉴스의 기사를 쓰고 방송하는 기자이다.
대상(A) audience	대상은 뉴스 시청자이다.
상황(S) situation	황금비율이 상업적으로 사용되는 실태와 황금비율에 대해 잘못 알려진 사실들을 바로잡는 뉴스를 보도해야 한다.
수행(P) performance	황금비율의 진실을 알리는 뉴스 기사를 작성한다.
기준(S) standard	수행과제를 해결한 결과에는 다음 내용이 포함되어야 한다. ① 황금비율의 허구를 수학적 근거를 들어 설명하기 ② 황금비율의 진실을 알리는 뉴스 기사를 작성하기

■ 수행과제

> 나는 뉴스의 기사를 쓰고 방송하는 기자입니다. 황금비율이 상업적으로 사용되는 실태와 황금비율에 대해 잘못 알려진 사실들을 바로잡는 뉴스를 보도하려고 합니다. 수행과제를 해결한 결과에는 ① 황금비율의 허구를 수학적 근거를 들어 설명하기 ② 황금비율의 진실을 알리는 뉴스 기사를 작성하기가 포함되어야 합니다.

■ 분석적 루브릭

내용 요소 성취 수준	지식·이해 비율의 개념	과정·기능 내용 생성 및 표현(국어)	가치·태도 쓰기에 적극적인 참여(국어)
잘함	비율을 소수로 정확하게 나타낼 수 있다.	수학적 자료를 근거로 하여 기사를 작성할 수 있다.	뉴스 기사 작성에 적극적으로 참여하였다.
보통	비율을 소수로 나타낼 수 있다.	자신의 의견을 기사로 작성하였다.	뉴스 기사 작성에 참여하였다.
노력 필요	비율의 의미는 이해하나 계산상에 어려움이 있다.	의견을 표현하는 데 어려움이 있다.	뉴스 기사 작성에 어려움이 있다.

GRASPS를 활용한 수행과제 문항

평가 문항	황금비율의 진실을 알리는 뉴스 기사 작성하기
평가 요소	비율 구하기, 뉴스 기사 작성하기

■ 문항: 황금비율로 잘 알려진 광고에 나타난 황금비율, 비너스, 파르테논 신전, 모나리자 등 예술 작품에서의 황금비율, 신용카드, 기업 로고, 국기 등 일상생활 속 황금비율을 찾아 직접 측정하여 계산해 보고 황금비율 여부를 검증합니다. 여러분이 직접 탐구한 결과를 근거로 황금비율의 진실을 알리는 뉴스 기사를 작성하시오.

• 황금비율의 허구를 수학적 근거를 들어 설명하시오.

   ◆ 광고에 나타난 황금비율 검증하기

광고 속 황금비율	실제 비율	황금비율 여부
예 황금비율 커피	1.38	(○ ⊗)

   ◆ 예술 작품과 문화유산에 나타난 황금비율 검증하기

작품 속 황금비율	실제 비율	황금비율 여부
예 파르테논 신전	2.25	(○ ⊗)

   ◆ 일상생활 속 황금비율 검증하기

작품 속 황금비율	실제 비율	황금비율 여부
예 신용카드	1.42	(○ ⊗)

• 황금비율의 진실을 알리는 뉴스 기사를 작성하시오.

뉴스 제목	
기사 내용	

나. 3개 교과간 (수학과 + 사회과 + 도덕과) 통합 교수·학습 과정

핵심아이디어	동치 관계, 대응 관계, 비례 관계 등은 여러 현상에 들어있는 대상들 사이의 다양한 관계를 기술하고 복잡한 문제를 해결하는 데 유용하게 활용된다.		
성취기준	[6수02-03] 비율을 이해하고, 비율을 분수, 소수, 백분율로 나타낼 수 있다. [6수02-04] 비례식을 알고, 그 성질을 이해하며, 이를 활용하여 간단한 비례식을 풀 수 있다 [6사12-02] 지구촌을 위협하는 다양한 문제들을 파악하고, 지속가능한 미래를 위한 해결 방안을 탐색한다. [6도03-01] 정의에 관한 관심을 토대로 공동체 규칙의 중요성을 살펴보고 직접 공정한 규칙을 고안하며 기초적인 시민의식을 기른다.		
핵심 질문	지구촌 갈등을 해결하는 방법은 무엇인가?		
평가기준	지식·이해	지구촌에서 발생하는 문제는 무엇인가?	
	과정·기능	지구촌 문제해결을 위해 어떠한 노력이 필요한지 제시하였는가?	
	가치·태도	공정한 세상을 만들기 위한 의지를 다짐하였는가?	

개념적 렌즈	내용 요소 (지식·이해/과정·기능/가치·태도)	평가 방법
비율, 비례식	백분율 구하기/비례식으로 문제해결하기	지필 평가

↓

개념적 렌즈	내용 요소	평가 방법
지구촌 갈등	지구촌 갈등의 실태와 원인 알아보기	서술형 평가

↓

개념적 렌즈	내용 요소	평가 방법
공정을 위한 노력	공정한 세상을 만들기 위한 노력 알아보기	관찰 평가 동료평가

↓

개념적 렌즈	내용 요소	평가 방법
공정 실천	공정한 세상을 만들기 위한 방법을 찾고 실천 의지 다지기	관찰 평가

3개 교과간 교수·학습 과정은 정의의 관점에서 아동 인권에 관한 갈등에 관한 문제를 해결하고, 정의로운 공동체 형성 의지를 함양하도록 수업을 구성하였다. 평가의 중점은 중요 개념인 백분율과 비례식을 활용한 문제해결에 있다.

개념 기반 평가(1)은 백분율과 비례식이 필요한 실생활 맥락 갈등 상황을 제시하여 과제 수행을 통해 수학적 개념분 아니라 갈등과 공정의 개념까지 아우를 수 있도록 구성되었다.

개념 기반 평가(2)는 평소 인식하지 못하고 있는 사회 문제를 중심으로 공정하지 못한 사회 비정의 문제를 제시하여 갈등과 공정의 개념을 학습할 수 있도록 하는 데 중점을 둔다.

실제 상황에서의 수행과제는 자신이 살아가고 있는 사회와 공동체에서 일어날 수 있는 다양한 문제를 도덕적으로 탐구하고 성찰하도록 함으로써 공정함의 의미는 무엇이며, 공정하게 살아가기 위한 태도와 능력은 무엇이고, 이를 생활 속에서 어떻게 책임감 있게 행동할 수 있을까에 중점을 두고 과제를 제시하였다.

💠 3개 교과간 개념 기반 평가 (1)

평가 문항	백분율과 비례식을 이용하여 두 벌의 옷 비교하기
평가 요소	백분율 구하기, 비례식으로 문제 해결하기

■ 문항1: 두 벌의 같은 옷이 있습니다. 하나는 미국에서, 다른 하나는 방글라데시에서 만들어졌습니다. 각 나라의 옷의 가격을 구하고 각각의 옷의 인건비가 가격 대비 몇 퍼센트인지 백분율을 구해 비교하시오.

	옷 한 벌의 가격	옷 가격 대비 인건비의 비율
미국에서 만든 옷		
방글라데시에서 만든 옷		

■ 문항2: 미국의 옷 공장에서 일하는 스물 다섯살 매건은 인건비의 70%를 임금으로 받습니다. 매건이 생산하는 옷이 일주일에 28벌일 때, 매건이 일 년 동안 받는 임금은 얼마인지 구하시오.
  - 매건이 일 년 동안 받는 임금: (식)　　　　　　　　(답)　　　원

■ 문항3: 방글라데시의 패스트 옷 공장에서 일하는 열두살 라나는 인건비의 20%를 임금으로 받습니다. 라나가 생산하는 옷이 일주일에 72벌일 때, 라나가 일 년 동안 받는 임금은 얼마인지 구하시오.
  - 라나가 일 년 동안 받는 임금: (식)　　　　　　　　(답)　　　원

■ 분석적 루브릭

성취 수준　내용 　　요소	지식 · 이해 비율의 개념	과정 · 기능 비례식 풀기	가치 · 태도 비율의 유용성
잘함	비율을 백분율로 정확하게 나타낼 수 있다.	비례식을 세우고, 정확하게 계산할 수 있다.	비율의 유용성을 알 수 있다.
보통	비율을 백분율로 나타낼 수 있다.	비례식을 세울 수 있다.	비율의 유용성을 확인할 수 있다.
노력 필요	백분율의 의미는 이해하나 계산상에 어려움이 있다.	비례식을 세우고 계산하는 데 어려움이 있다.	비율의 유용성을 알기 어렵다.

🔷 3개 교과간 개념 기반 평가 (2)

평가 문항	저렴한 옷값의 비밀 알기
평가 요소	공정한 세상의 모습 알기, 공정한 세상을 만들기 위한 노력과 실천 의지

▣ 문항: 다음 글을 읽고 물음에 답하시오.

당신의 옷 누가 만드는지 알고 있습니까?

2013년 4월 24일 오전 8시 45분 방글라데시 수도 디카에서 8층짜리 건물 '라나 플라자'가 무너지는 사건이 발생했습니다. 라나 플라자는 대규모 의류 공장으로 사고 당시 28개 다국적 패션 브랜드의 옷을 만들고 있었습니다. 건물이 무너지는 시간 3분, 사망자 1,134명, 생존자 1,436명, 생존자 7명 중 1명은 저임금 노동이 가능한 18세 이하 아동 및 청소년이었습니다. 라나 플라자 붕괴 소식에 전 세계는 충격에 휩싸였지만, 이곳 사람들은 예견된 사고였다고 합니다. 지난 10여년 동안 이미 1,682명이 사망했으며, 건물이 무너지기 이전에 사망자가 발생한 이유는 바로 **저렴한 옷 가격** 때문이라고 합니다.

• 라나 플라자에서 만든 옷이 저렴한 이유는 무엇인지 설명하시오.

이유:

• 라나 플라자 사고와 같은 비극이 더 이상 일어나지 않으려면 어떤 노력이 필요한지 자신의 생각을 쓰시오.

이유:

■ 분석적 루브릭

내용 성취 요소 수준	지식 · 이해 비율의 개념	과정 · 기능 필요한 노력 설명(사회)	가치 · 태도 의지 다짐(도덕)
잘함	비율을 근거로 옷이 저렴한 이유를 설명할 수 있다.	공정한 세상을 만들기 위한 노력을 설명하였다.	공정한 세상을 만들기 위한 의지를 다짐할 수 있다.
보통	옷이 저렴한 이유를 설명하였다.	공정한 세상이 필요함을 설명하였다.	공정한 세상을 만들기 위한 의지를 다짐할 수 있다.
노력 필요	옷이 저렴한 이유를 설명하는 데 어려움이 있다.	공정한 세상을 위한 노력을 설명하기 어렵다.	공정한 세상을 만들기 위한 의지를 다지기 어렵다.

🐝 실제 상황에서의 평가를 위한 수행과제 개발

수행과제명	비정부기구 홍보 팸플릿 만들기

목표(G) goal	비정부기구 홍보 팸플릿을 만든다.
역할(R) role	나는 비정부기구에 근무하는 홍보팀 직원이다.
대상(A) audience	대상은 세계 시민이다.
상황(S) situation	세계 시민들에게 아동 노동 착취 현실을 알리고 아동 인권을 보장하며 기부에 동참하도록 하는 홍보 팸플릿을 만들어야 한다.
수행(P) performance	아동 노동 착취 현실을 알리고 아동 인권을 보장하며 기부에 동참하도록 하는 홍보 팸플릿을 만든다.
기준(S) standard	수행과제를 해결한 결과에는 다음 내용이 포함되어야 한다. ① 백분율과 비례식을 활용하여 홍보 글 작성에 필요한 자료 정리하기 ② 비정부 기구의 역할에 맞게 홍보 팸플릿 만들기

■ 수행과제

> 나는 비정부기구에 근무하는 홍보팀 직원입니다. 세계 시민들에게 아동 노동 착취 현실을 알리고 아동 인권을 보장하며 기부에 동참하도록 하는 홍보 팸플릿을 만들어야 합니다. 수행과제를 해결한 결과에는 ① 백분율과 비례식을 활용하여 홍보 글 작성에 필요한 자료 정리하기 ② 비정부기구의 역할에 맞게 홍보 팸플릿 만들기가 포함되어야 합니다.

■ 분석적 루브릭

내용 성취 요소 수준	지식 · 이해 비율의 개념	과정 · 기능 비정부기구 소개(사회)	가치 · 태도 의지 다짐(도덕)
잘함	백분율과 비례식을 활용해 모든 문제를 해결하였다.	비정부기구의 역할에 맞는 홍보 글을 작성할 수 있다.	공정한 세상을 만들기 위한 의지를 다짐할 수 있다.
보통	백분율과 비례식을 활용해 문제를 해결하였다.	비정부기구의 역할을 간단히 설명할 수 있다.	공정한 세상을 만들기 위한 의지를 다짐할 수 있다.
노력 필요	백분율과 비례식을 활용해 문제를 해결하기 어렵다.	비정부기구의 역할을 소개하는 데 어려움이 있다.	공정한 세상을 만들기 위한 의지를 다지기 어렵다.

🔷 GRASPS를 활용한 수행과제 문항

평가 문항	비정부기구 홍보 팸플릿 만들기
평가 요소	비정부기구의 역할 이해하기, 백분율과 비례식 활용하여 문제 해결하기

▣ 문항: 어린이 비정부기구를 홍보하는 팸플릿을 만드시오.
• 다음 글을 이용하여 홍보 글 작성에 필요한 자료를 정리하시오.

> 6월 12일은 세계아동노동반대의 날입니다. 아동 노동이란 18세 미만의 아동의 신체적, 정신적 발달을 해치는 경제활동을 의미합니다. 전 세계 168,000,000명의 아이들이 꿈을 빼앗긴 채, 일터로 향합니다. 그 중 85,000,000명의 아이들은 전쟁에 강제 동원하여 국제적으로 금지하는 약물 생산 및 밀매 등 건강과 안전, 도덕성을 해치는 가혹한 형태의 노동에 처해 있습니다.
>
> 아동 노동력 착취에 의해 생산되는 카카오 450g은 약 580원에 팔립니다. 이 아동은 580원 중 8%를 임금으로 받습니다. 코트디부와르의 한 농장에서 한 아동이 한 달에 생산하는 카카오의 양은 58kg입니다. 우리가 사먹는 초콜릿 70g에는 약 30%의 카카오가 함유되어 있습니다. 이 초콜릿의 권장소비자 가격은 2,000원입니다. 우리가 달콤하게 맛보는 초콜릿 한 개에는 코트디부와르 어린이가 받은 노동의 대가가 얼마나 들어 있을까요?
>
> 코트디부와르 어린이들이 공부를 하고 밥을 굶지 않도록 하기 위해서는 스쿨키트 50,000원, 놀이세트 50,000원, 경제동물 염소 한 마리는 40,000만원, 건강을 지켜주는 약품 5종은 10,000원, 비상식량은 30,000원입니다. 어린이들을 도울 방법은 무엇이 있을까요?
>
> 〈자료: 세이브 더 칠드런〉

아동 노동 현주소	◆ 전 세계 아동 인구 중 아동 노동 인구의 비율은 얼마일까요? ◆ 아동 노동 인구 중 생명에 위협을 받는 노동 인구의 비율은 얼마일까요?
아동 노동 착취 실태	◆ 우리가 달콤하게 맛보는 초콜릿 한 개에는 코트디부와르 어린이가 받은 노동의 대가가 얼마나 들어 있을까요?
도울 수 있는 방법	◆ 어린이들을 도울 방법에는 무엇이 있을까요?

• 비정부기구의 역할에 맞게 홍보 팸플릿을 만드시오.

팸플릿 제목	
팸플릿 내용	

03

사회과(5~6학년) 평가의 실제

5학년: 자연 · 인문 환경의 변화가 우리 생활에 미치는 영향

❶ 평가의 개관

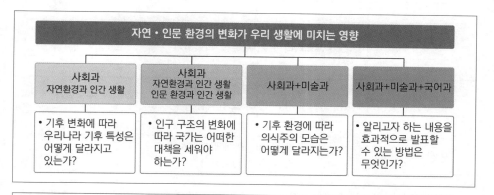

5학년 사회과 평가의 주제는 '자연 · 인문 환경의 변화가 우리 생활에 미치는 영향'이다. 우리가 사는 주변의 자연환경과 인문 환경이 빠르게 변화하고 있어 그 변화의 원인을 파악하고 적절하게 대처하는 방법을 이해하는 것은 우리가 안전하고 평안한 삶을 살 수 있도록 해주기 때문이다.

본 평가는 평가 주제와 관련성이 있는 사회과 영역과 타 교과를 찾아 영역내, 영역간, 두 개 교과간, 세 개 교과간의 평가로 구성하였다. 사회과의 해당 영역과 사회과와 연계한 교과간 학습 내용을 바탕으로 개념에 기반하여 일반화를 도출하는데 필요한 평가 문항을 제시하였다.

영역내 평가는 5학년 2학기 사회과 1단원의 기후 관련 내용으로 '우리나라의 기후 특성'과 '기후 변화'에 대해 다루었다. 영역간 평가는 사회과 1단원에서 '변화하는 인구 구조'와 2단원의 '기본권'을 연계하였고, 두 개 교과의 평가는 사회과의 '기후 환경 문제'와 미술과의 '다양한 표현 방법'을 융합하여 평가를 설계하였다. 세 개 교과의 평가는 사회과, 미술과, 국어과를 연계하여 우리 문화의 우수성을 이해하고 이를 효과적으로 알리기에 적절한 매체 자료를 선택 · 활용하는 것에 대한 평가로 구성하였다.

❷ 영역내 및 영역간 개념 기반 평가

가. 영역내 (자연환경과 인간 생활) 교수 · 학습 과정

핵심아이디어	지표상에는 다양한 기후 특성이 나타나며, 기후 환경은 특정 지역의 생활양식에 중요하게 작용한다.		
성취기준	[6사02-01] 우리나라의 계절별 기후 특징을 자료에서 탐구하고, 기후변화로 인한 자연재해의 심각성을 이해한다.		
핵심 질문	기후 변화에 따라 우리나라 기후 특성은 어떻게 달라지고 있는가?		
평가기준	지식 · 이해	기온과 강수량의 변화 내용을 비교하여 우리나라 기후의 특성과 변화를 설명하는가?	
	과정 · 기능	기상 상황 피해의 대처방법에 관해 안내 방송을 하는가?	
	가치 · 태도	기후변화에 관심을 갖고 자연재해 피해를 줄이도록 노력하는가?	

개념적 렌즈	내용 요소(지식 · 이해/과정 · 기능/가치 · 태도)	평가 방법
지형	지형모형을 만들어 우리나라의 지형적 특성 파악하기	실기평가

↓

기후 특성	기후도를 분석하여 우리나라의 기후 특성 파악하기	보고서

↓

기후 변화	기후 관련 자료를 분석하여 기후 변화 설명하기	구술평가

↓

안전 수칙	기후로 인한 자연재해에 대처하는 안전 수칙 안내하기	구술평가

영역내 교수 · 학습 내용은 성취기준 [6사02-01]의 내용으로 우리나라의 지형과 기후의 특징, 자연재해의 종류와 대책을 탐색하는 것이다. 교수·학습의 흐름을 보면 먼저 지형의 의미와 전반적인 우리나라 지형의 특징을 이해하고, 산맥과 하천의 이름과 해안의 특징을 살펴본다. 다음으로 기후 환경에 대한 것으로 기후의 전반적인 것을 탐색하고 우리나라 기온과 강수량의 특징을 알아본다. 마지막으로 우리나라의 자연재해와 그 피해를 줄이려는 노력에 대하여 다룬다.

'개념 기반 평가'는 최근 10년간과 과거 10년간의 기온, 강수량의 통계자료를 비교하여 우리나라의 기후가 어떻게 변화하고 있는지 알아보는 것이다. 통계자료를 비교 · 분석하는 능력과 이를 통해 얻게 된 정보를 통해 기후 변화를 설명하는 능력을 평가하고자 하였다. '실제 상황에서의 수행과제'는 기상캐스터가 되어 기상 정보를 분석하고 예상되는 피해와 대처 방안을 방송용 안내문으로 작성하는 것이다. 기후 변화로 인한 자연재해를 이해하고 예방과 대책을 모색하는 데 평가의 초점을 두었다. 이는 개념 기반 교육과정에서 강조하는 핵심 기능을 실제 생활과 연계하여 평가함으로써 학습자에게 문제해결력을 길러주기 위한 것이다.

❸ 영역내 개념 기반 평가

평가 문항	기후 자료를 비교하여 우리나라의 기후 변화를 설명하기
평가 요소	자료 분석, 기후 변화

■ 문항1: 우리나라 최근 10년간과 과거 10년간의 기온과 강수량의 변화 내용을 쓰시오.

최근 10년간과 과거 10년간의 기온 변화	변화 내용
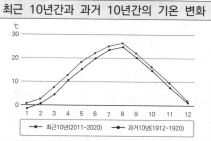	

최근 10년간과 과거 10년간의 강수량 변화	변화 내용

〈그래프 출처: 기후 정보 포털〉

■ 문항2: 기온과 강수량이 변화한 내용을 종합하여 우리나라 기후가 어떻게 달라지고 있는지 설명하시오.

■ 분석적 루브릭

내용 성취 요소 수준	지식 · 이해 우리나라 기후의 특성과 변화 이해하기	과정 · 기능 지형 모형 만들기	가치 · 태도 관심 및 참여
잘함	기온과 강수량의 변화 내용을 비교하여 우리나라 기후 변화에 대하여 구체적으로 설명할 수 있다.	우리나라 지형의 특성이 정확하게 나타나게 지형도를 만들 수 있다.	기후변화에 관심을 갖고 우리나라 자연재해의 피해를 줄이기 위해 적극적으로 노력한다.
보통	기온과 강수량의 변화 내용을 비교하여 우리나라 기후 변화에 대하여 설명할 수 있다.	우리나라 지형의 특성이 드러나게 지형도를 만들 수 있다.	기후변화에 관심을 갖고 우리나라 자연재해의 피해를 줄이기 위해 노력한다.
노력 필요	기온과 강수량의 변화 내용으로 설명할 수 있다.	우리나라 지형의 특성을 이해하는데 도움이 필요하다.	기후변화에 관심이 부족하고, 우리나라 자연재해의 피해를 줄이기 위한 노력이 부족하다.

❧ 실제 상황에서의 평가를 위한 수행과제 개발

수행과제명	기상 상황으로 인한 피해에 대처하는 방법을 주민에게 알리기

목표(G) goal	기상 상황으로 인한 피해에 대처하는 방법을 주민에게 알리기
역할(R) role	나는 기상캐스터이다.
대상(A) audience	대상은 해당 지역주민이다.
상황(S) situation	기상 정보를 분석하여 기상 상황으로 인한 피해를 예측하고, 대처 방법을 해당 지역주민에게 알려야 한다.
수행(P) performance	기상 정보를 분석하여 기상 상황으로 인한 피해를 예측하고, 대처 방법에 대한 안내문을 작성하여 주민에게 알린다.
기준(S) standard	수행과제를 해결한 결과에는 다음 내용이 포함되어야 한다. ① 기상 상황으로 인한 피해 예측 ② 예상되는 피해에 대처하는 방법

- **수행과제**

> 나는 기상캐스터입니다. 기상 정보를 분석하여 피해를 예측하고 이에 대처하는 방법을 안내문으로 작성하여 지역주민에게 알려야 합니다. 여기에는 ① 기상 상황으로 인한 피해 예측 ② 예상되는 피해에 대처하는 방법이 제시되어야 합니다.

- **분석적 루브릭**

내용 성취 수준 \ 요소	지식 · 이해 기상 상황으로 인한 피해 예측하기	과정 · 기능 방송 안내하기	가치 · 태도 기상 정보에 관심을 갖기
잘함	기상 정보를 분석하여 구체적인 피해를 예측할 수 있다.	예상되는 피해에 대한 적절하고 구체적인 대처 방법을 안내할 수 있다.	기상 정보와 일상생활과의 관련성을 구체적으로 설명하고, 기상 정보에 늘 관심을 갖는다.
보통	기상 정보를 분석하여 일반적인 피해를 예측할 수 있다.	예상되는 피해에 대한 일반적인 대처 방법을 안내할 수 있다.	기상 정보와 일상생활과의 관련성을 설명하고, 기상 정보에 관심을 갖는다.
노력 필요	기상 정보의 내용으로 보아 피해가 발생함을 이해할 수 있다.	예상되는 피해에 대한 대처가 필요함을 이해한다.	기상 정보와 일상생활과의 관련성을 이해하고 있으나, 기상 정보에 관심이 부족하다.

🐝 GRASPS를 활용한 수행과제 문항 (1)

▣ 수행과제(1)~(2)는 연계평가

평가 문항	기상 정보를 분석하여 기상 상황으로 인한 피해 예측하기
평가 요소	정보 분석, 자연재해 예측

▣ 문항1: 다음은 오늘 우리 지역(서울)의 기상 정보이다. 이를 통해 오늘 우리 지역의 기상 상황을 파악하시오.

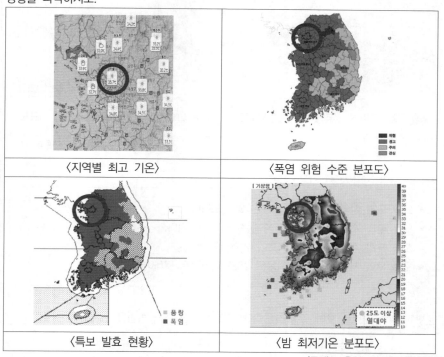

〈주제도 출처: 기상청 홈페이지〉

▣ 문항2: 다음 물음에 답을 하며 오늘 우리 지역(서울)의 기상 상황을 파악하시오.
- 오늘 우리 지역의 최고 기온은 몇 도인가?
- 오늘 우리 지역의 폭염 위험 수준은 어떠한가?
- 오늘 우리 지역에는 어떠한 특보가 발효되었는가?
- 오늘 우리 지역의 밤 최저기온은 몇 도 이상인가?

▣ 문항3: 위와 같은 기상 상황으로 인해 발생될 수 있는 피해를 예측하여 쓰시오.

🎴 GRASPS를 활용한 수행과제 문항 (2)

평가 문항	기상 상황으로 인해 예상되는 피해 및 대처 방법을 주민들에게 알리기
평가 요소	재해 피해, 재해 대처 방법

■ 자료1: 우리 지역(서울)의 기상 정보

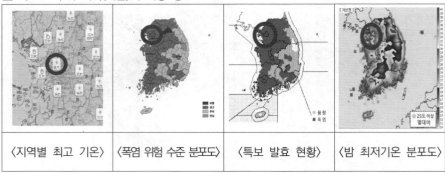

〈지역별 최고 기온〉	〈폭염 위험 수준 분포도〉	〈특보 발효 현황〉	〈밤 최저기온 분포도〉

〈주제도 출처: 기상청 홈페이지〉

■ 자료2: 우리 지역(서울) 기상 상황

- 오늘 우리 지역의 낮 최고 기온은 35.7도이다.
- 오늘 우리 지역의 폭염 위험 수준은 경고 단계이다.
- 오늘 우리 지역에는 폭염 특보가 발효되었다.
- 오늘 우리 지역의 밤 최저기온은 25도 이상으로 열대야이다.

■ 문항1: 위의 자료로 보아 예상되는 피해와 그에 대한 대처 방법을 쓰시오.

예상되는 피해	대처 방법

■ 문항2: 예상되는 피해에 대한 대처 방법을 방송용 안내문으로 쓰고 안내하시오.

나. 영역간 (자연환경과 인간 생활 + 인문 환경과 인간 생활) 교수 · 학습 과정

핵심아이디어	· 자연적, 인문적 특성은 특정 지역의 인구 분포, 인구 구성, 인구 이동에 영향을 미친다. · 인권 보장을 위해 헌법에 기본권을 규정하고, 국가와 시민은 기본권 보장을 위해 노력한다. · 도시와 촌락은 입지, 기능, 공간 구조와 경관 등의 측면에서 다양한 유형이 존재하며, 여러 요인에 의해 변화한다.		
성취기준	[6사02-02] 우리나라의 지역별 인구 분포의 특징을 알아보고, 이에 따른 문제점과 해결 방안을 탐색한다. [6사03-01] 일상 사례에서 법의 의미와 역할을 이해하고, 헌법에 규정된 인권이 일상생활에서 구현되는 사례를 조사하여 인권 친화적 태도를 기른다.		
핵심 질문	인구 구조의 변화에 따라 국가는 어떠한 대책을 세워야 하는가?		
평가기준	지식 · 이해	그래프를 보고 인구 구조의 변화를 설명하는가?	
	과정 · 기능	통계 자료 분석을 통한 저출산 및 고령 사회를 위한 복지 대책을 수립하는가?	
	가치 · 태도	인구 구조 변화에 대해 관심을 갖고, 인구문제 해결을 위해 노력하는가?	
개념적 렌즈	내용 요소(지식 · 이해/과정 · 기능/가치 · 태도)		평가 방법
인구분포, 인구구조	주제도와 통계를 해석하여 인구 분포와 구조 변화 파악하기		구술평가
	↓		
기본권, 의무	기본권과 의무가 일상생활에 적용된 사례 조사하기		조사보고서
	↓		
인구 구조의 변화	인구 구조의 변화(저출산)에 따른 대책 제시하기		보고서
	↓		
인구 구조의 변화	인구 구조의 변화(고령화)에 따른 대책 제시하기		보고서

영역간 교수 · 학습 내용은 성취기준 [6사02-02]와 [6사03-01]에 해당되며 우리나라의 인구 분포와 구조, 도시 발달과 국민의 기본권 및 의무에 대해 다룬다. 본 교수 · 학습 내용과 평가는 우리나라의 인구 분포, 인구 구조, 도시 발달뿐만 아니라 그 변화로 인한 문제와 기본권 및 의무와의 관계를 재구성하여 설계하였다.

'개념 기반 평가'는 저출산 문제 파악과 기본권 보장의 두 문항으로 구성되어 있다. 먼저 그래프 해석을 통하여 저출산 문제를 파악하고, 신문 기사를 통해 어린이들의 기본권 문제에 대해 생각해본다. 이어서 저출산 문제에 도움을 줄 수 있고 어린이들의 기본권을 지켜 줄 수 있는 합리적인 대책을 모색하도록 하는 것이 본 평가의 내용이다.

'실제 상황에서의 수행과제'는 자신이 복지담당 공무원이 되어 고령인구의 변화와 고령층의 생활 여건을 파악하고 적절한 복지 대책을 수립하는 것이다. 평가 문항에 제시된 자료인 그래프, 신문 기사, 통계청 발표 내용 등을 해석하고 분석하는 능력과 적절한 복지 대책을 수립하는 문제해결력을 평가하고자 하였다.

🔷 영역간 개념 기반 평가 (1)

■ 평가 (1)~(2)는 연계평가

평가 문항	자료를 분석하여 인구 구조의 변화 파악하기
평가 요소	인구 구조의 변화

■ 문항: 다음 제시된 자료의 내용을 보고 물음에 답하시오.

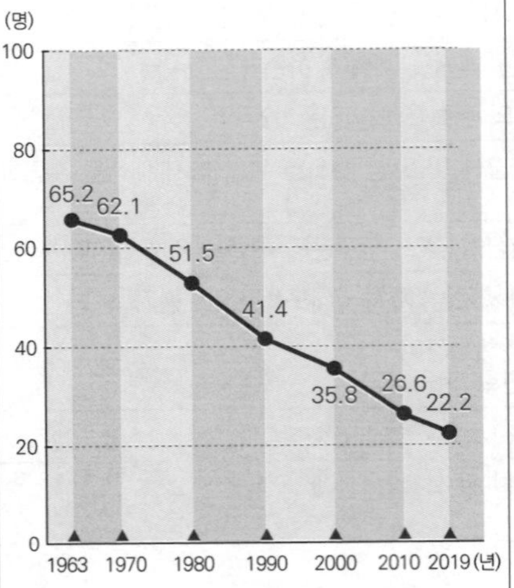

〈그래프 1〉 전국 초등학교의 학급당 평균 학생 수	〈그래프 2〉 연령별 인구 구성 비율의 변화

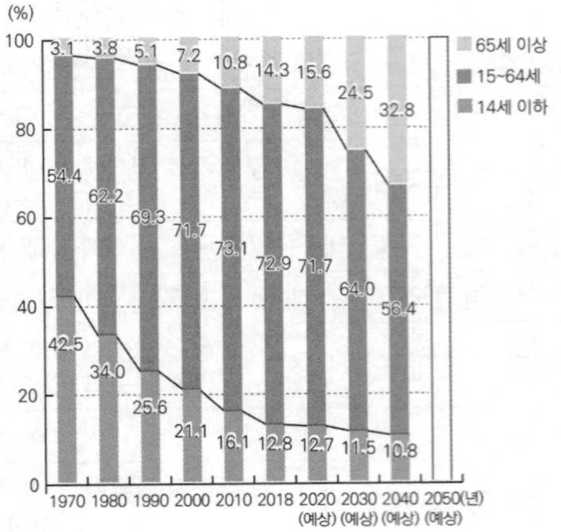

• 〈그래프 1〉로 보아 전국 초등학교의 학급당 평균 학생 수는 점차 어떻게 변화되고 있는가?

• 〈그래프 2〉로 보아 어떠한 연령대의 인구 비율이 지속적으로 줄어들고 있는가?

• 〈그래프 1〉과 〈그래프 2〉로 보아 우리나라 인구 중 어느 연령대의 인구가 줄고 있는가?

• 위의 두 그래프의 내용으로 보아 앞으로 예상되는 인구 문제는 무엇인가?

🔷 영역간 개념 기반 평가 (2)

평가 문항	어린이 손님의 권리를 보장할 수 있는 대책 제안하기
평가 요소	기본권 보장

▣ 문항1: 다음 내용을 읽고 물음에 답하시오.

　　　20개월 된 아들을 둔 A(34)씨 부부는 지난 9월 서울의 한 카페에 입장을 거절당했다. A씨는 "카페가 노키즈존이라 입장이 안 된다고 하더라"고 분통을 터뜨렸다. 그는 "분위기 좋다고 알려진 카페뿐 아니라 맛있다고 소문난 음식점도 노키즈존이 많아 예약할 수가 없었다"라고 말했다.

　　지난해 10월 B씨도 비슷한 경험을 했다. 그는 제주도의 펜션에서 자녀와의 동반 숙박을 거부당했다. B씨는 "어린이들을 위한 안전대책을 세우는 것이 아니라 일방적으로 출입을 막는 건 아동에 대한 부당한 차별이다"라고 주장하며 국가인권위원회에 진정을 제기했다.

- 어린이 손님을 거절하는 것은 기본권 중 어떤 권리의 침해라고 할 수 있는가?
- 노키즈 존의 주인들이 주장할 수 있는 권리는 무엇인가?

▣ 문항2: 저출산 문제가 심각한 상황에서 위와 같은 문제를 어떻게 해결해야 할까? 어린이 손님의 권리를 보장하고, 노키즈 존의 주인도 만족할 수 있는 대책 세 가지를 쓰시오.

대책 1	
대책 2	
대책 3	

■ 분석적 루브릭

내용 성취 요소 수준	지식 · 이해 우리나라 인구 구조의 변화 이해하기	과정 · 기능 노키즈 존 대책 제시하기	가치 · 태도 어린이 기본권 보장을 위한 토론에 참여하기
잘함	자료를 분석하여 청소년 인구가 줄고 있고 저출산 상황이 심화됨을 설명할 수 있다.	노키즈 존의 주인도 만족하고, 어린이의 권리도 보장할 수 있는 실천 가능한 대책을 구체적으로 세울 수 있다.	어린이 권리 보장에 관심이 높고, 기본권 보장을 위한 토론 시 합리적이고 구체적인 대책을 제시할 수 있다.
보통	자료를 분석하여 우리나라 인구 구성이 변화함을 설명할 수 있다.	노키즈 존의 주인도 만족하고, 어린이의 권리도 보장할 수 있는 실천 가능한 대책을 세울 수 있다.	어린이 권리 보장을 위한 토론활동에 관심을 보이며, 기본권 보장을 위한 일반적인 대책을 제시할 수 있다.
노력 필요	자료가 인구 구성의 변화를 나타냄을 이해할 수 있다.	노키즈 존의 문제점을 이해할 수 있다.	어린이 권리 보장을 위한 토론활동에 관심이 부족하고, 어린이 기본권 보장을 위한 대책이 필요함을 이해한다.

🔬 실제 상황에서의 평가를 위한 수행과제 개발

수행과제명	경제적으로 어려운 고령층의 생활을 보장할 수 있는 지원책 제시하기

목표(G) goal	경제적으로 어려운 고령층의 생활을 보장할 수 있는 지원책 제시하기
역할(R) role	나는 복지담당 공무원이다.
대상(A) audience	대상은 경제적으로 어려운 65세 이상의 고령층이다.
상황(S) situation	경제적으로 어려운 65세 이상 고령층의 생활을 보장하기 위한 지원책을 구상하고 제시해야 한다.
수행(P) performance	자료를 분석하여 고령인구의 변화와 고령층의 경제적 여건을 파악한다. 경제적으로 어려운 고령층의 생활을 보장할 수 있는 지원책을 구상하여 제시한다.
기준(S) standard	수행과제를 해결한 결과에는 다음 내용이 포함되어야 한다. • 우리나라 고령인구의 비율변화 파악 • 고령층의 경제적 여건 파악 • 경제적으로 어려운 고령층의 생활을 보장할 수 있는 지원책 제시

■ 수행과제

나는 복지담당 공무원입니다. 제시된 정보를 분석하여 고령층의 비율변화와 경제적 여건을 파악하고 생활이 어려운 65세 이상 고령층의 생활을 보장하기 위한 지원책을 구상하고 제시해야 합니다. 이 내용에는 ① 고령인구의 비율변화 ② 고령층의 경제적 여건 ③ 경제적으로 어려운 고령층의 생활을 보장할 수 있는 지원책이 포함되어야 합니다.

■ 분석적 루브릭

성취 수준 \ 내용 요소	지식 · 이해 고령인구 비율의 변화 이해하기	과정 · 기능 통계자료 분석하기	가치 · 태도 경제적으로 어려운 고령층의 생활에 관심갖기
잘함	그래프를 해석하여 고령층의 비율 추이와 변화를 파악하여 설명할 수 있다.	통계자료를 분석하여 고령층의 생활 여건을 구체적으로 조사할 수 있다.	경제적으로 어려운 고령층이 당면한 문제에 적극적인 관심을 갖고 적절한 지원책을 3가지를 제시할 수 있다.
보통	그래프를 해석하여 고령층의 비율변화를 설명할 수 있다.	통계자료를 분석하여 고령층의 생활 여건을 대략적으로 조사할 수 있다.	경제적으로 어려운 고령층이 당면한 문제에 관심을 갖고 적절한 지원책을 1~2가지를 제시할 수 있다.
노력 필요	그래프를 보고 고령층의 비율변화를 설명할 수 있다.	통계자료를 보고 고령층의 생활 여건을 정리할 수 있다.	고령층에게 지원책이 필요함을 이해할 수 있다.

🐝 GRASPS를 활용한 수행과제 문항 (1)

■ 수행과제(1)~(2)는 연계평가

평가 문항	자료를 분석하여 고령인구의 변화와 고령층의 경제적 여건 파악하기
평가 요소	고령인구의 변화, 고령층의 경제적 여건

■ 문항: 다음 세 가지 자료를 보고 물음에 답하시오.

자료1: 65세 이상 고령층의 비율 변화

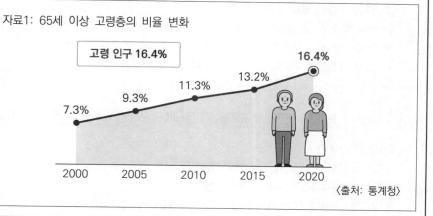

〈출처: 통계청〉

자료2: 2021년 통계청 발표 내용
▸ 65세 이상의 고령인구 100명 중 44명은 직업이 없다.
▸ 55세~79세의 연금을 받는 사람들 100명 중 60명은 50만원 미만의 연금을 받는다.

자료3: 신문 기사
　2020년 85세 이상의 고령인구가 지난해에 비하여 10% 이상 늘었다. 또한 65세 이상의 고령인구 가운데 20% 이상의 노인들이 혼자 사는 것으로 조사됐다.

• 우리나라 고령인구의 비율은 20년간(2000~2020년) 어떻게 변화되었는가?

• 65세 이상 고령층의 경제적 여건은 어떠한가?

• 65세 이상의 고령층이 겪을 수 있는 어려움은 어떠한 것이 있을까?

🔶 GRASPS를 활용한 수행과제 문항 (2)

평가 문항	경제적으로 어려운 고령층의 생활을 보장할 수 있는 지원책 제시하기
평가 요소	고령인구의 변화, 고령층 지원책층의 경제적 여건

■ 문항1: 다음 자료를 보고 물음에 답하시오.

> 〈2021년 통계청 발표 내용〉
> ‣ 65세 이상의 고령인구 100명 중 44명은 직업이 없다.
> ‣ 55세~79세의 연금을 받는 사람들 100명 중 60명은 50만원 미만의 연금을 받는다.
> ‣ 65세 고령인구 가운데 20%의 노인들이 혼자 산다.

• 위 내용으로 보아 65세 이상의 고령자에게 국가에서 지원할 것은 무엇이라고 생각하는가?

> 〈기본권의 의미〉
> ‣ 평등권: 법을 공정하게 적용받아 차별받지 않을 권리
> ‣ 자유권: 자유롭게 행동할 수 있는 권리
> ‣ 참정권: 국가의 정치 의사 형성 과정에 참여할 수 있는 권리
> ‣ 청구권: 기본권이 침해되었을 때 국가에 어떤 일을 해달라고 요구할 수 있는 권리
> ‣ 사회권: 인간답게 살 수 있도록 국가에 요구할 수 있는 권리

• 경제적으로 어려운 고령층에게 국가가 지원을 해야 하는 이유는 위의 기본권 중 어느 것과 관련이 있는가?

■ 문항2: 경제적으로 어려운 65세 이상 고령층의 생활을 보장하기 위한 지원책 세 가지를 쓰시오.

지원책 1	
지원책 2	
지원책 3	

❹ 교과간 개념 기반 평가

가. 2개 교과간 (사회과 + 미술과) 통합 교수·학습 과정

핵심아이디어	・지표상에는 다양한 기후 특성이 나타나며, 기후 환경은 특정 지역의 생활양식에 중요하게 작용한다. ・다양한 발상은 아이디어와 주제를 발전시키고 표현의 토대가 된다.		
성취기준	[6사01-01] 우리나라 산지, 하천, 해안 지형의 위치를 확인하고 지형의 분포 특징을 탐구한다. [6사02-01] 우리나라의 계절별 기후 특징을 자료에서 탐구하고, 기후변화로 인한 자연재해의 심각성을 이해한다. [6미02-04] 주제 표현에 의지를 갖고 표현 과정을 돌아보며 작품을 발전시킬 수 있다.		
핵심 질문	기후 환경에 따라 의식주의 모습은 어떻게 달라지는가?		
평가기준	지식·이해	기후 현황을 분석하여 우리나라 기후의 특성을 설명하는가?	
	과정·기능	기후 특성을 반영한 생활용품과 주택을 디자인하는가?	
	가치·태도	기후 특성을 반영한 생활용품과 주택을 디자인하는 데 관심을 갖고 참여하는가?	

개념적 렌즈	내용 요소(지식·이해/과정·기능/가치·태도)	평가 방법
지형 환경	지도와 모형을 해석하여 우리나라 지형 환경 파악하기	지필평가 실기평가
↓		
지형 특징	우리나라의 산지, 하천, 평야, 해안의 특징 파악하기	조사보고서
↓		
기후 환경	우리나라 기후 환경을 파악하고 기후에 적절한 생활용품 디자인하기	실기평가
↓		
표현 방법	기후 특성을 고려한 주택 모습을 다양한 방법으로 표현하기	포트폴리오

2개 교과간 평가는 성취기준 [6사01-01], [6사02-01], [6미02-04]를 통합하여 설계하였다. 교수·학습 내용은 사회과의 '기후 환경 및 지형 환경', 미술과의 '다양한 표현 방법의 탐색과 활용'을 재구성하였다. 우리나라의 기후 특성을 파악하고, 실생활에서 기후의 특성을 고려해야 할 경우를 찾아 이를 적용하는 것이 주요 내용이다.

'개념 기반 평가'의 첫 문항은 기온과 강수량에 대한 주제도를 분석하여 우리나라 사계절의 기후 특성을 파악하는 것이다. 둘째 문항에서는 첫 문항에서 탐색한 기후 특성으로 인하여 필요한 생활용품을 구상하고 디자인하는 것이다. 평가 과정을 통해 주제도의 분석력과 기후 특성과 관련된 생활용품의 디자인 능력을 평가하고자 하였다.

'실제 상황에서의 수행과제'는 자신이 주택 설계사가 되어 선택한 지역의 기후 환경을 파악하고 주택을 지을 때 고려할 기후 특성을 생각하여 주택을 디자인하는 것이다. 첫 문항은 선택한 지역의 기후 특성 파악, 두 번째 문항은 선택한 지역에 주택을 건축할 시 고려할 기후 특성 파악, 마지막으로 지역의 기후 특성에 맞는 주택을 설계하여 조감도로 표현하는 것이다. 이러한 평가를 통하여 주제도를 분석하는 능력과 파악한 정보를 실생활에 활용하는 능력, 구상한 내용을 표현하는 능력을 평가하고자 하였다.

🐝 2개 교과간 개념 기반 평가 (1)

▣ 평가(1)~(2)는 연계평가

평가 문항	기후 현황을 분석하여 우리나라 기후의 특성을 계절별로 서술하기
평가 요소	자료의 분석, 기후 특성

▣ 문항1: 다음 기후 현황을 분석하여 우리나라의 계절별 기후 특성을 쓰시오.

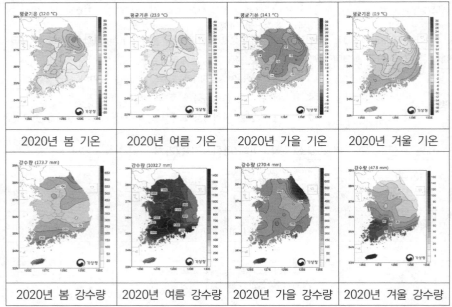

〈기후 현황 자료 출처: 기후 정보 포털〉

• 계절별 기후의 특성

계절	기후 특성
봄	
여름	
가을	
겨울	

🐢 2개 교과간 개념 기반 평가 (2)

평가 문항	계절별 기후 특성으로 인하여 필요한 생활용품 디자인하기
평가 요소	표현 방법의 특징과 과정의 탐색, 표현 방법의 활용

■ 문항1: 선택한 계절과 기후 특성을 쓰시오.

선택한 계절	기후 특성

■ 문항2: 선택한 계절의 기후 특성으로 인하여 필요한 생활용품을 구상하고 용도, 재료, 모양을 쓰시오.

생활용품	용도	재료	모양

■ 문항3: 구상한 생활용품을 다음 기준으로 평가하고 한 가지를 정하여 쓰시오.

장점	
단점	
창의적인 점	

■ 문항4: 선정된 생활용품을 자신이 선택한 표현 방법으로 나타내시오. - 별도 학습지

■ 분석적 루브릭

성취 수준 \ 내용 성취요소	지식 · 이해 계절별 기후 특성 파악하기	과정 · 기능 생활용품 디자인하기	가치 · 태도 표현 방법의 탐색과 활용하기
잘함	기후 현황을 분석하여 계절별 기후 특성을 구체적으로 정리할 수 있다.	기후 특성으로 인하여 필요한 생활용품을 쓰임과 아름다움을 고려하여 디자인할 수 있다.	기후에 적절한 생활용품에 관한 아이디어를 평가하고 선정하는 활동에 관심을 갖고, 구체적으로 실천 가능한 의견을 제시한다.
보통	기후 현황을 분석하여 계절별 기후 특성을 대략적으로 정리할 수 있다.	기후 특성으로 인하여 필요한 생활용품을 쓰임에 맞게 디자인할 수 있다.	기후에 적절한 생활용품에 관한 아이디어를 선정하고, 실천 가능한 의견을 제시한다.
노력 필요	기후의 현황을 해석하여 계절별 기온과 강수량을 이해할 수 있다.	기후 특성으로 인하여 필요한 생활용품을 구상할 수 있다.	생활용품에 관한 아이디어를 제시할 수 있다.

🔬 실제 상황에서의 평가를 위한 수행과제 개발

수행과제명	지역의 기후 환경을 고려하여 주택 디자인하기

목표(G) goal	지역의 기후 환경을 고려하여 주택 디자인하기
역할(R) role	나는 주택 설계사이다.
대상(A) audience	대상은 해당 지역주민이다.
상황(S) situation	그 지역의 기후 환경을 고려하여 주택을 디자인하고 지역주민들에게 제공해야 한다.
수행(P) performance	해당 지역의 계절별 평균기온, 평균강우량 등 기후 환경을 이해해야 한다. 주택을 지을 때 고려할 기후 환경적 특성을 생각하여 주택을 디자인한다.
기준(S) standard	수행과제를 해결한 결과에는 다음 내용이 포함되어야 한다. • 해당 지역의 기후 환경적 특성 • 주택을 건축할 때 고려할 기후 환경적 특성 • 해당 지역의 기후 환경적 특징에 맞는 주택 디자인

■ 수행과제

　나는 주택 설계사입니다. 선택한 지역의 계절별 평균 기온, 평균 강우량 등 기후 환경을 파악하고, 기후 특성을 고려하여 그에 적절한 주택을 디자인합니다. 여기에는 ① 해당 지역의 기후 환경적 특성 ② 주택을 건축할 때 고려할 기후 환경적 특성 ③ 해당 지역의 기후 환경적 특성에 맞는 주택 디자인이 포함되어야 합니다.

■ 분석적 루브릭

내용 요소 성취 수준	지식 · 이해 기후 환경적 특성 파악하기	과정 · 기능 주택 디자인하기	가치 · 태도 표현 및 참여
잘함	자료를 통하여 해당 지역의 기후 환경 및 주택을 건축할 때 고려할 기후 환경적 특성을 구체적으로 안내할 수 있다.	해당 지역의 기온, 강수량, 강우량, 강설량 등을 기후 환경적 특성에 맞게 주택으로 디자인할 수 있다.	기후 환경을 정확하게 반영하여 주택의 조감도를 표현하며, 매우 적극적인 자세로 참여한다.
보통	자료를 통하여 해당 지역의 기본적인 기후 환경 및 주택을 건축할 때 고려할 기후 환경적 특성을 안내할 수 있다.	해당 지역의 기온, 강수량 등 기본적인 기후 환경적 특성에 맞게 주택으로 디자인할 수 있다.	기후 환경을 반영하여 주택의 조감도를 표현하며, 적극적인 자세로 참여한다.
노력 필요	자료를 통하여 해당 지역의 기후 및 주택을 건축할 때 기후 환경적 특성을 고려해야 함을 대략적으로 이해한다.	해당 지역의 기후에 맞는 주택 구조를 이해한다.	기후 환경을 반영하여 주택의 조감도를 표현하는데 도움이 필요하다.

🐝 GRASPS를 활용한 수행과제 문항 (1)

■ 수행과제(1)~(3)은 연계평가

평가 문항	주어진 지역 중 한 지역을 선택하여 기후 환경적 특성 서술하기
평가 요소	지역의 기후 환경적 특성 파악

■ 문항1: 다음 각 그래프의 내용을 파악하시오.

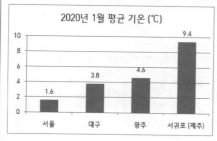

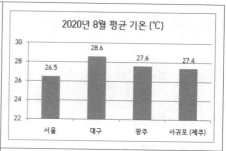

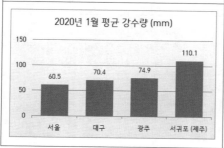

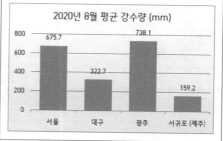

〈자료 출처: 기상청〉

■ 문항2: 다음 지역 중 한 지역을 선택하고 문항1의 그래프를 참고하여 기후 환경적 특징을 쓰시오.
〈지역〉 서울, 대구, 광주, 서귀포 (제주) 중 택1

선택한 지역	구분	기후 환경적 특성
	기온	
	강수량	

🍫 GRASPS를 활용한 수행과제 문항 (2)

평가 문항	선택한 지역에 주택을 건축할 때 고려할 기후 환경적 특성을 쓰시오.
평가 요소	주택을 건축할 때 고려할 기후 환경적 특성

■ 문항1: 다음 중 한 지역을 선택하여 여름철과 겨울철의 기후 특성과 주택을 건축할 때 고려할 점을 표로 작성하시오.

〈지역〉 서울, 대구, 광주, 서귀포 (제주) 중 택1
선택 지역:

계절	구분	기후 특성	주택을 건축할 때 고려할 점	
			주택 재료	주택 구조
여름	기온			
	강수량			
겨울	기온			
	강수량			

■ 문항2: 위 표의 내용을 종합하여 쓰시오.

🔹 GRASPS를 활용한 수행과제 문항 (3)

평가 문항	선택한 지역의 기후 환경을 고려한 주택을 디자인하고 조감도로 표현하시오.
평가 요소	표현 방법의 특징과 과정의 탐색, 표현 방법의 활용

◼ 문항1: 다음 사진을 보고 물음에 답하시오.

• 어떠한 내용을 표현했는가?

• 내용을 어떠한 방법으로 표현했는가?

• 위의 그림처럼 높은 곳에서 내려다본 모습을 그림으로 표현한 것 – 조감도
  (조감도: 위의 그림처럼 높은 곳에서 내려다 본 모습을 그림으로 표현한 것)

◼ 문항2: 선택한 지역의 기후 환경을 고려한 주택의 조감도를 그리시오.

나. 3개 교과간 (사회과 + 미술과 + 국어과) 통합 교수 · 학습 과정

핵심아이디어	· 각 시대의 모습에는 당시 사람들의 생활상과 사고방식이 반영된다. · 역사 정보나 자료의 분석 · 해석 · 판단을 통해 역사 지식을 형성한다. · 매체는 소통을 매개하는 도구, 기술, 환경으로 당대 사회의 소통 방식과 소통 문화에 영향을 미친다. · 감상은 다양한 삶과 문화가 반영된 미술과의 만남으로 자신과 공동체의 문화를 이해하게 한다.
성취기준	[6사04-03] 다양한 역사 자료를 활용하여 고려 시대 사회 모습과 사람들의 생활을 추론한다. [6미03-01] 미술 작품을 작품이 만들어진 시대적, 지역적 배경 등과 연결하여 이해할 수 있다. [6국06-01] 정보 검색 도구를 활용하여 자신의 목적에 맞는 매체 자료를 찾는다.
핵심 질문	알리고자 하는 내용을 효과적으로 발표할 수 있는 매체 자료는 무엇인가?

평가기준	지식 · 이해	고려 문화재를 다양하게 조사하고 과학적, 문화적 우수성을 이해하는가?
	과정 · 기능	적합한 매체 자료를 선택하여 문화재 전시에 활용하는가?
	가치 · 태도	문화재를 종류와 형태, 용도와 가치 등 다양한 측면에서 감상하는가?

개념적 렌즈	내용 요소(지식 · 이해/과정 · 기능/가치 · 태도)	평가 방법
매체 자료	여러 매체 자료의 특성과 장단점 분석하기	서술평가

↓

감상	고려 문화재의 우수성을 탐색하고 매체 자료를 활용하여 감상 나누기	서술평가, 구술평가

고려 문화재	고려 문화재 가상 전시회 기획하기	서술평가

매체 자료	매체 자료를 활용한 문화재 전시 및 설명하기	실기평가, 구술평가

3개 교과간 평가는 성취기준 [6사04-03], [6미03-01], [6국06-01]를 통합하여 설계하였다. 교수 · 학습 내용은 사회과의 '고려 문화유산의 우수성 탐색', 미술과의 '타 교과의 내용과 방법 활용', 국어과의 '매체 자료를 활용한 효과적 발표'를 융합한 것이다. 먼저 우리 문화재의 우수성을 탐색하고, 적절한 매체 자료를 활용하여 서로의 감상을 나눈다. 다음으로 문화재 전시와 설명에 효과적인 매체 자료를 활용하여 고려 문화재를 전시하고 작품을 설명하는 것이 평가의 주요 내용이다.

'개념 기반 평가'는 고려 문화유산의 우수성을 탐색하고 매체 자료를 통해 모둠 친구들에게 고려 문화재에 대한 내용과 자신의 감상을 전하는 것이다. 이 과정에서 고려 문화유산에 대한 이해 정도와 적절한 매체 자료를 선택하고 활용하는 능력을 평가하게 된다.

'실제 상황에서의 수행과제'는 자신이 미술관의 큐레이터와 도슨트가 되어 매체 자료를 활용하여 고려 문화재를 전시하고 작품을 설명하는 것이다. 먼저 고려 문화재를 조사하고, 전시 주제를 정하여 전시할 문화재를 선정한다. 둘째로 이를 적절한 매체 자료를 활용하여 전시하고 작품을 설명한다. 이 과정을 통하여 고려 문화재에 대한 탐색과 매체 자료를 활용한 전시 능력, 작품 설명 능력을 평가하고자 한다.

3개 교과간 개념 기반 평가

평가 문항	매체 자료를 활용하여 고려 문화재에 대한 내용과 감상 나누기
평가 요소	고려 문화재, 감상, 매체 활용

■ 문항1: 고려 문화재에 대하여 다음 내용을 조사하여 쓰시오.

순서	종류	문화재 이름	우수성
1			
2			
3			
4			

■ 문항2: 활용할 매체 자료를 정하여 쓰시오.

■ 문항3: 자신이 나누고 싶은 문화재의 내용 및 감상을 쓰시오.

■ 문항4: 친구가 소개한 문화재의 내용과 감상을 쓰시오.

■ 분석적 루브릭

성취 수준 \ 내용 요소	지식 · 이해 고려 문화재의 우수성 이해하기	과정 · 기능 매체 활용하기	가치 · 태도 문화재 감상하기
잘함	고려 문화재를 다양하게 조사하고 과학적, 문화적 우수성을 정리할 수 있다.	적합한 매체 자료의 특성을 살려 자신의 감상 내용을 효과적으로 발표할 수 있다.	문화재를 종류와 형태, 용도와 가치 등 다양한 측면에서 감상을 할 수 있다.
보통	고려 문화재를 조사하고 그 우수성을 정리할 수 있다.	매체 자료를 활용하여 자신의 감상을 발표할 수 있다.	문화재를 종류와 형태 중심으로 감상을 할 수 있다.
노력 필요	고려 문화재를 조사할 수 있다.	감상 발표에 매체 자료를 활용할 수 있음을 이해한다.	문화재에 대한 자신의 느낌을 표현할 수 있다.

💠 실제 상황에서의 평가를 위한 수행과제 개발

수행과제명	매체 자료를 활용하여 고려 문화재를 전시하고 작품 설명하기

목표(G) goal	매체 자료를 활용하여 고려 문화재를 전시하고 작품 설명하기
역할(R) role	나는 미술관 큐레이터와 도슨트이다.
대상(A) audience	대상은 미술관 관람객이다.
상황(S) situation	매체 자료를 활용하여 고려 문화재의 우수성을 알리는 전시회를 개최하고 문화재에 대한 설명을 해야 한다.
수행(P) performance	고려의 문화재를 조사하고 전시 주제를 정하여 전시할 문화재를 선정한다. 선정한 작품을 매체 자료를 활용하여 전시하고 작품을 설명한다.
기준(S) standard	수행과제를 해결한 결과에는 다음 내용이 포함되어야 한다. • 전시 문화재의 이름과 각 작품의 우수성 • 매체 자료를 활용한 고려 문화재 전시 • 매체 자료를 활용한 고려 문화재 설명

■ 수행과제

나는 미술관 큐레이터와 도슨트입니다. 고려 문화유산을 조사하고, 주제를 정하여 전시할 문화재를 선정하며 이를 매체 자료를 활용하여 전시하고 작품을 설명해야 합니다. 이 전시와 설명에는 ① 전시 문화재의 이름과 각 작품의 우수성 ② 매체 자료를 활용한 고려 문화재 전시 ③ 매체 자료를 활용한 고려 문화재의 설명이 포함되어야 합니다.

■ 분석적 루브릭

성취수준 \ 내용요소	지식 · 이해 고려 문화재와 작품의 우수성 이해하기	과정 · 기능 매체를 활용한 가상 전시회하기	가치 · 태도 가상 전시회 준비하기
잘함	고려 문화재와 문화재가 과학적, 문화적으로 우수한 점을 구체적으로 조사하고 정확하게 설명할 수 있다.	적절한 매체 자료를 활용하여 짜임새 있게 문화재를 전시하고, 문화재의 우수한 점을 효과적으로 설명할 수 있다.	매체 자료를 활용한 전시회를 기획하는 전 과정에 매우 적극적인 태도로 참여하여, 실천가능한 아이디어를 제안할 수 있다.
보통	고려 시대 문화재와 그 우수한 점을 조사하고 설명할 수 있다.	적절한 매체 자료를 활용하여 문화재를 전시하고, 문화재의 우수한 점을 설명할 수 있다.	매체 자료를 활용한 전시회를 기획하는 과정에 참여하고, 아이디어를 제안할 수 있다.
노력 필요	고려 시대의 문화재의 이름을 조사할 수 있다.	매체 자료를 활용하여 문화재를 전시하고, 문화재의 우수한 점을 설명할 수 있다.	매체 자료를 활용한 전시회를 기획하는 과정에 다른 사람의 도움이 필요하다.

🔷 GRASPS를 활용한 수행과제 문항 (1)

■ 수행과제(1)~(2)는 연계평가

평가 문항	고려 문화유산을 조사하고, 주제를 정하여 전시할 문화재 선정하기
평가 요소	고려 문화재, 고려 문화재의 우수성

■ 문항1: 고려 문화재 전시회의 주제를 정하여 쓰시오.

■ 문항2: 전시할 고려 문화재의 범위와 이름, 우수성을 정리·기록하시오.

순서	문화재 이름	시대	용도	문화재의 과학적, 문화적 우수성
1				
2				
3				
4				
5				
6				
7				
8				
9				
10				

🐝 GRASPS를 활용한 수행과제 문항 (2)

평가 문항	매체 자료를 활용하여 고려 문화재를 전시하고 작품 설명하기
평가 요소	매체 자료의 활용

■ 문항1: 매체 자료를 활용한 고려 문화재 전시회를 기획하시오.
　　• 고려 문화재 전시에 활용할 매체 자료를 정하여 쓰시오.

　　• 고려 문화재 전시 홍보문을 쓰시오.

　　• 고려 문화재의 배치 순서를 쓰시오.

　　• 각 고려 문화재의 작품 설명서를 쓰시오.

■ 문항2: 고려 문화재 전시물에 대해 설명할 내용을 쓰시오.

순서	고려 문화재 이름	고려 문화재 설명 내용
1		
2		
3		
4		
5		
6		
7		
8		
9		
10		

❶ 평가의 개관

우리가 자연환경과 조화롭게 살아가려면?	
사회과 (지속가능한 세계)	**사회과** (지속가능한 세계 + 자연환경과 인간생활)
• 지구촌의 환경과 인간 생활은 서로 어떤 영향을 끼치는가?	• 기후 환경과 인간 생활은 서로 어떤 영향을 끼치는가?
사회과 + 실과	**사회과 + 국어과 + 미술과**
• 지속가능한 미래 사회를 건설하기 위하여 인간은 어떤 선택을 해야 하는가?	• 지속가능한 미래 사회를 건설하기 위해 인간이 해야 할 일은 무엇인가?

6학년 사회과 평가의 주제는 '우리가 자연환경과 조화롭게 살아가려면?'이다. 지구촌이 당면한 환경문제는 온 인류에게 절박한 문제이다. 이 문제에 대한 인식과 해결을 위한 노력은 아무리 강조해도 지나치지 않는다. 지구촌의 환경문제와 인간의 상호작용을 이해하고 지속 가능한 미래 사회의 삶을 위한 세계 시민의 자세를 세우고자 한다.

영역내 평가는 지구촌에서 나타나는 다양한 환경변화의 원인과 그로 인한 영향이 사람들의 생활과 어떤 관계가 있는지를 파악하고 해결 방법을 모색하도록 하였다. 영역간 평가는 세계 주요 기후의 특성에 따라 지역마다 고유한 자연환경 및 생활 모습을 파악하고, 세계 기후 변화에 영향을 주는 지구온난화 현상이 사람들의 생활에 어떤 영향을 끼치는지 탐구하여 대처 방안을 찾아보는 활동으로 구성하였다.

사회과와 실과의 2개 교과간의 평가는 사회과의 지속 가능한 미래 사회를 건설하기 위한 과제 중 하나인 친환경적 생산과 소비 방식에 대한 인간의 선택 활동과 실과의 친환경 농업의 역할과 중요성의 교과 내용을 융합하여 지구환경과 인간 생활의 상호작용을 탐구하도록 하였다. 사회과, 국어과, 미술과를 연계한 3개 교과간의 평가는 지구촌 환경문제를 해결하기 위한 다양한 활동 중심의 평가로 구성하여 지속 가능한 미래 사회를 위하여 노력하는 세계 시민의 자세를 기르는 데 중점을 두었다.

❷ 영역내 및 영역간 개념 기반 평가

가. 영역내 (지속가능한 세계) 교수 · 학습 과정

핵심아이디어	· 인류는 공동의 번영과 공존을 위해 지역적 수준에서 지구적 수준까지 다양한 공간적 스케일에서 상호 협력 및 연대가 필요하다.	
성취기준	[6사12-02] 지구촌을 위협하는 다양한 문제들을 파악하고, 지속가능한 미래를 위한 해결 방안을 탐색한다.	
평가기준	지식 · 이해	지구촌 환경 변화를 통해 지구 온난화의 원인과 대처방안을 설명하는가?
	과정 · 기능	지구촌 환경변화에 관한 자료 조사와 낱말이어가기 활동으로 지구환경의 변화를 예측하는가?
	가치 · 태도	지구촌 환경 변화에 관심을 갖고 환경 문제 해결에 동참하는가?

개념적 렌즈	내용 요소(지식 · 이해/과정 · 기능/가치 · 태도)	평가 방법
지구촌 환경	다양한 지구촌 환경문제 알아보기	관찰평가

↓

개념적 렌즈	내용 요소	평가 방법
지구촌 환경이 끼치는 영향	지구촌 환경이 인간 생활에 끼치는 영향 예측하기	서술형 평가

↓

개념적 렌즈	내용 요소	평가 방법
인간 생활이 끼치는 영향	인간 생활이 지구촌 환경에 끼치는 영향 알아보기	서술형 평가

　6학년 사회과 영역내 활동의 핵심 질문을 '지구촌의 환경과 인간 생활은 서로 어떤 영향을 끼치는가?'로 제시하였다. 이는 지구촌의 환경과 인간 생활은 서로 영향을 주고받는 '상호작용'의 개념적 렌즈를 통하여 학생들이 사실들의 암기, 개념의 이해 차원을 뛰어넘어 사회생활에서 나타나는 여러 문제를 합리적으로 해결하기 위함이다.

　'개념 기반 평가 (1)'은 지구촌 환경변화와 관련된 다양한 자료를 조사하고 분석하여 지구촌의 환경이 변화된 원인 및 영향에 대하여 알아보고, 지구촌의 환경변화가 사람들의 의 · 식 · 주 생활 모습에 끼치는 영향을 예측하도록 하였다. '개념 기반 평가 (2)'는 '지구온난화'를 일으키는 원인과 대처 방안을 낱말 이어가기 활동으로 해 보고, 수질오염으로 인하여 바다의 자연환경이 어떤 변화를 일으킬지 예측함으로써 지구촌 환경 문제에 미리 대처하고 협력하는 인간 생활이 되어야 함을 자연스럽게 인지하도록 하였다.

　'실제 상황에서의 수행과제'는 주민자치센터 쓰레기 관련 업무 부서와 하는 일을 파악하고, 모둠별로 토의를 통해 문제해결을 할 수 있는 협력자 및 해결방법을 찾아보게 함으로써 인간 생활과 지구촌 환경은 상호작용하는 관계임을 이해하도록 한다.

🦠 영역내 개념 기반 평가 (1)

평가 문항	지구촌의 환경이 인간 생활에 끼치는 영향 예측하기
평가 요소	지구촌 환경변화의 원인 및 영향, 의·식·주 모습

■ 문항: 다음은 지구촌 환경변화와 관련된 자료입니다. 다양한 매체를 활용하여 관련된 자료를 더 조사하고 분석하여 물음에 답하시오.

• 지구촌 환경변화가 일어나는 원인을 설명하시오.

• 지구촌 환경변화로 인하여 일어나는 일들을 세 가지 이상 서술하시오.

• 지구촌 환경변화가 계속된다면 일어나게 될 사람들의 의·식·주 모습을 예측하여 구체적으로 서술하시오.
 – 의생활:
 – 식생활:
 – 주생활:

■ 분석적 루브릭

내용 성취 요소 수준	지식·이해 지구촌 환경변화의 원인과 변화에 따른 영향 이해하기	과정·기능 지구촌 환경변화와 관련된 다양한 자료를 조사하여 예측하기	가치·태도 지구촌 환경변화에 관심을 갖고 참여하기
잘함	지구촌 환경변화의 원인이 무엇인지 파악하고 근거를 제시하면서 자세하게 설명하고, 지구촌 환경변화로 인하여 일어나는 일들을 3가지 이상 자세하게 서술할 수 있다.	지구촌 환경변화와 관련된 다양한 자료를 조사하고 분석하여, 지구촌 환경변화로 인한 의·식·주 모습을 예측하여 구체적으로 서술할 수 있다.	지구촌 환경과 인간생활의 영향에 적극적인 관심을 갖고, 지구촌 환경 개선을 위한 노력에 열심히 참여할 의지가 있다.
보통	지구촌 환경변화의 원인을 파악하여 자세하게 설명하고, 지구촌 환경변화로 인하여 일어나는 일들을 파악하였으나 1가지만 자세하게 서술할 수 있다.	지구촌 환경변화와 관련된 자료를 조사하고 분석하여, 지구촌 환경변화로 인한 의·식·주 모습을 예측하여 서술할 수 있다.	지구촌 환경과 인간생활의 영향에 관심을 갖고, 지구촌 환경 개선을 위한 노력에 참여할 의지가 있다.
노력 필요	지구촌 환경변화의 원인과 지구촌 환경변화로 인하여 일어나는 일들을 파악하여 서술하는 데 어려움을 느낀다.	지구촌 환경변화와 관련된 자료를 정리하여, 지구촌 환경변화로 인한 의·식·주 모습을 예측하는 데 어려움을 느낀다.	지구촌 환경과 인간생활은 서로 영향을 준다는 사실을 이해한다.

🔷 영역내 개념 기반 평가 (2)

평가 문항	인간 생활이 지구촌의 환경에 끼치는 영향 알아보기
평가 요소	지구온난화 원인, 지구온난화 대처 방안, 수질오염의 영향

■ 문항1: 다음에 제시되는 글을 잘 읽고 낱말을 연결하여 쓰시오.

지구온난화란?	이산화탄소, 메탄가스 등 온실 기체가 하늘로 올라가 우주 공간으로 나가지 못하고 지구를 둘러싸는 바람에 지구 표면의 온도가 상승하여 올라가는 현상
활동 설명	문제를 통해 생각나는 낱말을 계속 연결하여 적기 〈보기〉 지구 → 육지 → 바다 → 공기 → 생물 → 무생물 → '……'
활동 조건	문제별로 낱말을 여섯 가지 이상 연결하여 적기

- 지구온난화가 일어나는 원인

- 지구온난화 대처 방안

■ 문항2: 수질오염으로 인하여 바다의 자연환경은 어떤 변화를 일으킬지 근거를 들어 세 가지 이상 서술하시오.

수질오염이란?	가정, 공장 등 사람들의 생활에서 나오는 폐수가 호수, 강, 바다, 지하수로 들어가 물이 오염되는 것

-
-
-

■ 분석적 루브릭

성취 수준 ＼ 내용 요소	지식·이해 지구온난화 원인과 대처방안 이해하기	과정·기능 낱말 이어가기 활동을 통한 수질오염의 바다 환경의 변화 예측하기	가치·태도 지구촌 환경문제에 대처하고 협력하는 생활에 동참하기
잘함	지구온난화가 일어나는 원인 및 대처 방안을 5~6가지 이상 제시할 수 있다.	'지구온난화'의 원인과 대처 방안에 관해 6가지 이상 낱말 이어가기 활동을 하고, 수질오염으로 인하여 바다의 자연환경 변화를 타당한 근거를 들어 예측할 수 있다.	지구촌 환경 문제에 관심을 갖고 적극적으로 대처하고, 실천 가능하고 협력적인 생활에 동참할 수 있다.
보통	지구온난화가 일어나는 원인 및 대처 방안을 3~4가지 제시할 수 있다.	'지구온난화'의 원인과 대처 방안에 관해 3~5가지 이상 낱말 이어가기 활동을 하고, 수질오염으로 인하여 바다의 자연환경 변화에 대한 근거를 들어 예측할 수 있다.	지구촌 환경 문제에 관심 있게 대처하고, 협력적인 생활에 동참할 수 있다.
노력 필요	지구온난화가 일어나는 원인 및 대처 방안을 0~2가지 제시할 수 있다.	'지구온난화'의 원인과 대처 방안에 관해 0~2가지 이상 낱말 이어가기 활동을 하고, 수질오염으로 인하여 바다의 자연환경 변화를 이해할 수 있다.	지구촌 환경 문제에 관심을 갖고 대처해야 하는 것을 이해할 수 있다.

🍀 실제 상황에서의 평가를 위한 수행과제 개발

수행과제명	골목길 쓰레기 문제 해결하기

목표(G) goal	분리수거가 되지 않고 쌓여만 가는 골목길 쓰레기 문제를 해결하는 것이다.
역할(R) role	나는 새로 임용된 주민자치센터 공무원이다.
대상(A) audience	대상은 동네 주민들이다.
상황(S) situation	동네 골목길에 쓰레기가 분리수거가 되지 않고 함부로 버려져 있어 벌레와 악취 등으로 주민들을 불쾌하게 하고 주민센터에 계속 민원이 들어오고 있다.
수행(P) performance	주민자치센터 쓰레기 담당 업무를 처음 맡아 부서 및 하는 일, 협력해야 할 사람들을 파악하고 쓰레기 문제를 합리적으로 해결하는 방안을 마련해야 한다.
기준(S) standard	골목길 쓰레기 문제를 해결하기 위하여 다음과 같은 내용이 포함되어야 한다. ① 담당 업무 파악하기 ② 협력해야 할 사람 파악하기 ③ 해결 방안 제시하기

■ 수행과제

　나는 새로 임용된 주민자치센터 공무원입니다. 민원으로 제기되는 골목길 쓰레기 문제를 해결해야 합니다. ① 담당 업무 파악하기 ② 협력해야 할 사람 파악하기 ③ 해결 방안을 제시해야 합니다.

■ 분석적 루브릭

내용 요소 성취 수준	지식 · 이해 담당 업무 파악	과정 · 기능 토의하여 해결방안 찾기	가치 · 태도 쓰레기 문제에 관심을 갖고 토의 활동에 참여하기
잘함	주민자치센터의 쓰레기 담당 부서와 업무 및 협력해야 하는 사람을 선정하여 이유를 자세히 설명한다.	모둠별로 토의하여 쓰레기 문제를 합리적으로 해결하는 방안을 찾아 80자 이상으로 서술한다.	쓰레기 문제에 관심을 갖고 실천가능한 쓰레기 문제 해결방안을 위한 토의 활동에 적극 참여한다.
보통	주민자치센터의 쓰레기 담당 부서와 업무 및 쓰레기 문제를 해결하기 위하여 협력해야 할 사람을 파악하나, 이와 관련된 이유를 자세하게 설명하지 못한다.	모둠별로 토의하여 쓰레기 문제를 합리적으로 해결하는 방안을 찾아 50자 이상으로 서술한다.	쓰레기 문제에 관심을 갖고 쓰레기 문제 해결방안을 위한 토의 활동에 참여한다.
노력 필요	주민자치센터의 쓰레기 담당 부서와 업무 및 쓰레기 문제를 해결하기 위하여 협력해야 할 사람을 파악하는 데 어려움을 느낀다.	모둠별로 토의하여 쓰레기 문제를 합리적으로 해결하는 방안을 찾지 못해 서술하는 데 어려움을 느낀다.	쓰레기 문제 해결방안을 위한 토의 활동에 소극적으로 참여한다.

🔹 GRASPS를 활용한 수행과제 문항

평가 문항	동네 골목길 쓰레기 문제 해결하기
평가 요소	직무 이해, 해결 방안

■ 문항: 다음에 제시된 내용을 보고 물음에 답하시오.

주민자치센터에서 쓰레기와 관련된 업무를 처음 하는 공무원이다. 동네 골목길에 쓰레기가 분리수거가 되지 않고 함부로 버려져 있어 벌레와 악취 등으로 주민들을 불쾌하게 하고 주민센터에 계속 민원이 들어오고 있다. 합리적으로 해결하는 방안을 제시해야 한다.

• 주민센터 홈페이지를 검색하여 쓰레기 업무와 관련된 부서 및 하는 일을 찾아 쓰시오.

부서명	
하는 일	

• 쓰레기 문제를 효과적으로 해결하기 위해 협력해야 할 사람들을 적고 그 이유를 쓰시오.

협력자	이유

• 동네 골목길 쓰레기 문제를 해결하는 방안을 생각하여 80자 내외로 쓰시오.

나. 영역간 (지속가능한 세계 + 자연환경과 인간 생활) 교수·학습 과정

핵심아이디어	· 지표상에는 다양한 기후 특성이 나타나며, 기후 환경은 특정 지역의 생활양식에 중요하게 작용한다. · 인간은 자연환경에 의존하고 적응하며, 자연환경을 변형시키기도 한다. · 인류는 공동의 번영과 공존을 위해 지역적 수준에서 지구적 수준까지 다양한 공간적 스케일에서 상호 협력 및 연대가 필요하다.		
성취기준	[6사10-02] 세계의 다양한 기후를 알아보고 기후 환경과 인간생활 간의 관계를 탐구한다. [6사12-02] 지구촌을 위협하는 다양한 문제들을 파악하고, 지속가능한 미래를 위한 해결 방안을 탐색한다.		
핵심 질문	기후 환경은 인간 생활과 서로 어떤 영향을 끼치는가?		
평가기준	지식·이해	기후 환경에 따른 인간 생활의 모습에 대해 이해하는가?	
	과정·기능	지구온난화를 위한 비정부기구 설립계획서를 작성하는가?	
	가치·태도	지구촌 환경보호 행동에 대한 실천 의지를 갖는가?	
개념적 렌즈	내용 요소(지식·이해/과정·기능/가치·태도)		평가 방법
기후 특성	세계의 다양한 기후 특성 파악하기		관찰평가

↓

기후 환경과 인간 생활	기후 환경에 따른 세계 여러 나라 사람들의 생활 모습 파악하기		지필평가

↓

기후 환경변화	기후 환경변화가 인간 생활에 끼치는 영향 알아보기		서술형 평가

↓

기후 환경변화	세계 기후 변화 대처 방안 알아보기		관찰평가, 구술평가

6학년 사회과 영역간 활동의 핵심 질문을 '기후 환경은 인간 생활과 서로 어떤 영향을 끼치는가?'로 제시하였다. 이는 세계 여러 나라는 다양한 기후 환경으로 생활 모습이 다르게 나타나고, 기후 환경변화는 인간 생활에 어떤 영향을 끼치는지 평가하기 위함이다.

'개념 기반 평가(1)'은 기후 환경에 따른 세계 여러 나라 사람들의 생활 모습을 살펴보기 위하여 사람들의 주거지 및 옷차림 등의 사진 자료를 제시하여 기후 환경이 끼치는 영향을 평가 항목으로 구성하였다. '개념 기반 평가(2)'는 기후 환경변화의 주된 원인인 지구온난화로 인하여 자연재해가 일어난 나라를 예시 자료로 제시하여, 지구온난화 현상으로 인하여 생기는 사회 문제를 알아보는 평가를 제시하였다. 사회 현상에 대하여 지식으로서의 이해가 아닌 사회 문제에 참여하고 책임감을 가지는 세계 시민으로서의 주인의식을 기를 수 있을 것이다.

'실제 상황에서의 수행과제'는 기후 환경변화를 일으키는 주된 원인인 지구온난화를 대처하기 위한 비정부기구를 만들기 위하여 설립계획서를 작성하는 활동을 하도록 구성하였다. 학생들이 주제와 관련된 문제해결 방안을 탐구하고 구체적인 실천계획을 작성해 봄으로써 지구촌 환경보호 행동에 대한 실천 의지를 갖는지 평가한다.

🔷 영역간 개념 기반 평가 (1)

평가 문항	기후 환경에 따른 세계 여러 나라 사람들의 생활 모습 파악하기
평가 요소	기후 환경 특징, 기후 환경과 인간 생활 모습

■ 문항: 다음에 제시된 문제를 읽고 물음에 답하시오.
• 세계 여러 나라 사람들의 생활 모습을 살펴보고, 기후 환경의 특징을 쓰시오.

생활 모습	기후 환경 특징

• 모둠별 토의를 통해 기후 환경은 사람들의 생활 모습에 어떤 영향을 끼치는지 적으시오.

■ 분석적 루브릭

성취 수준 \ 내용 요소	지식 · 이해 기후 환경의 특징	과정 · 기능 정보 검색하기	가치 · 태도 토의 참여하기
잘함	세계 여러 나라 사람들의 생활 모습에 따른 기후 환경의 특징을 자세하게 서술한다.	여러 나라 사람들의 다양한 생활 모습과 기후 환경에 대한 신속하고 정확한 정보를 검색하여 정리한다.	기후 환경이 사람들의 생활 모습에 어떤 영향을 끼치는지에 관해 적극적으로 토의 활동에 참여한다.
보통	세계 여러 나라 사람들의 생활 모습에 따른 기후 환경의 특징을 서술한다.	여러 나라 사람들의 생활 모습과 기후 환경에 대한 정보를 검색하여 정리한다.	기후 환경이 사람들의 생활 모습에 어떤 영향을 끼치는지에 관해 토의활동에 참여한다.
노력 필요	세계 여러 나라 사람들의 생활 모습에 따른 기후 환경의 특징을 서술하는 데 어려움을 느낀다.	여러 나라 사람들의 생활 모습과 기후 환경에 대한 정보를 검색하는데 도움이 필요하다.	기후 환경이 사람들의 생활 모습에 어떤 영향을 끼치는지에 관심이 부족하다.

🐝 영역간 개념 기반 평가 (2)

평가 문항	기후 환경변화가 인간 생활에 미치는 영향 알아보기
평가 요소	신문기사 검색, 환경변화 원인, 기후 환경변화 영향, 대처 방안

■ 문항1: 지구촌 곳곳에 바닷물이 점점 차오르는 현상으로 육지가 바닷물에 잠기고 있는 신문 기사를 검색하여 아래의 표를 작성하시오.

기사 제목		신문사	
발행 날짜			
내용 요약			
알게 된 점			

■ 문항2: 다음에 제시된 내용을 읽고 물음에 답하시오.

남태평양의 중앙에 위치한 작은 섬나라 투발루는 점점 바닷물에 잠겨가고 있다고 한다. 투발루는 9개의 섬 중에서 2개가 바닷물에 잠겼으며 바닷물이 점점 차오르면서 사람들이 마실 물도 지하수와 섞이면서 점점 없어진다고 한다. 불안해서 이민을 가고 싶으나 받아주는 나라가 많지 않고 노약자들은 이민을 갈 수도 없는 상황이다.

• 위와 같이 바닷물이 점점 차오르는 주요 원인은 무엇인가?

• 투발루와 같은 문제가 세계 곳곳에서 계속 일어난다면 사람들의 생활 모습에 어떤 변화가 일어날지 구체적으로 예상하여 3가지 이상 쓰시오.

• 위와 같은 일이 일어나지 않기 위해 구체적으로 내가 생활 속에서 실천할 수 있는 방법을 찾아보고, 3가지 이상 쓰시오.

■ 분석적 루브릭

내용 성취 요소 수준	지식 · 이해 기후 환경변화 영향과 대처방안 이해하기	과정 · 기능 정보 검색하기	가치 · 태도 지구온난화 문제해결 참여하기
잘함	환경변화의 주요 원인과 대처하는 생활모습을 구체적으로 3가지 이상을 정확하게 이해하여 서술한다.	주어진 문제의 정보에 해당되는 자료를 능숙하게 검색하여 자료를 작성한다.	지구온난화로 인해 발생하는 문제해결에 대해 적극 참여 하려는 의지가 있다.
보통	환경변화의 주요 원인과 대처하는 생활모습을 1~2가지 이해하여 서술한다.	주어진 문제의 정보에 해당되는 자료를 검색하여 자료를 작성한다.	지구온난화로 인해 발생하는 문제해결에 대해 참여하려는 의지가 있다.
노력 필요	환경변화의 주요 원인과 대처하는 생활모습을 이해하여 서술하는 데 어려움을 느낀다.	주어진 문제의 정보를 검색하는 것을 어려워한다.	지구온난화로 인해 발생하는 문제해결에 대해 이해한다.

❖ 실제 상황에서의 평가를 위한 수행과제 개발

수행과제명	지구온난화를 대처하기 위한 비정부기구 설립계획서 작성하기

목표(G) goal	세계 곳곳에서 일어나는 지구온난화로 인한 피해를 줄이기 위한 비정부기구 설립계획서를 작성하는 것이다.
역할(R) role	나는 비정부기구를 설립하고자 하는 학생이다.
대상(A) audience	대상은 세계 여러 나라의 또래 학생들이다.
상황(S) situation	세계 곳곳의 또래 학생들과 여러 나라에서 일어나고 있는 지구온난화의 상황들에 대처할 수 있는 비정부기구를 만들어 사람들에게 알리고자 한다. 사전 작업으로 비정부기구 설립계획서를 작성하여 함께 하고자 하는 또래 학생들에게 공유하고 추후 논의를 거쳐 비정부기구를 만들어야 한다.
수행(P) performance	지구촌 온난화 문제해결을 위한 비정부기구 설립 목적 및 운영 개요가 잘 드러나고, 구성요소 조건을 충족하는 설립계획서를 작성한다.
기준(S) standard	설립계획서에는 다음과 같은 내용이 포함되어야 한다. ① 비정부기구 이름과 만든 이유가 포함되어야 한다. ② 비정부기구 운영 계획이 포함되어야 한다. ③ 비정부기구의 주요 활동 내용을 상세하게 나타내어야 한다.

■ 수행과제

나는 세계 곳곳에서 일어나고 있는 지구온난화 문제를 해결하기 위한 비정부기구를 만들고 싶은 학생입니다. 함께 활동할 또래 학생들을 모으기 위해 비정부기구 설립계획서를 작성하여 공유하려고 합니다. ① 비정부기구의 이름과 만든 이유 ② 비정부기구의 운영 계획 ③ 비정부기구의 주요 활동 내용을 상세하게 나타내어야 합니다.

■ 분석적 루브릭

내용 요소 성취 수준	지식 · 이해 구성 요소(이름, 만든 이유, 활동 계획)이해하기	과정 · 기능 설립계획서 작성하기	가치 · 태도 설립계획서 작성 참여하기
잘함	비정부기구에 대한 목적 및 운영 개요를 정확하게 파악하여 설립계획서의 구성 요소(이름, 만든 이유, 활동 계획)의 내용을 명확하게 작성한다.	기후 환경변화를 일으키는 지구온난화를 대처하기 위한 비정부기구의 주요 활동을 구체적으로 분명하게 제시한다.	지구온난화 문제를 해결하기 위한 비정부기구 설립계획서 작성에 적극 참여하려는 의지가 있다.
보통	비정부기구에 대한 목적 및 운영 개요를 파악하여 설립계획서의 구성 요소(이름, 만든 이유, 활동 계획)의 내용을 작성한다.	기후 환경변화를 일으키는 지구온난화를 대처하기 위한 비정부기구의 주요 활동을 제시한다.	지구온난화 문제를 해결하기 위한 비정부기구 설립계획서 작성에 참여하려는 의지가 있다.
노력 필요	비정부기구에 대한 목적 및 운영 개요를 잘 파악하지 못하고, 설립계획서의 구성 요소(이름, 만든 이유, 활동 계획)의 내용을 작성하는 데 어려움을 느낀다.	기후 환경변화를 일으키는 지구온난화를 대처하기 위한 비정부기구의 주요 활동을 제시하는 데 어려움을 느낀다.	지구온난화 문제 해결을 위한 비정부기구 설립계획서 작성에 참여해야 함을 이해한다.

⬡ GRASPS를 활용한 수행과제 문항

평가 문항	지구온난화를 대처하기 위한 비정부기구 설립계획서 만들기
평가 요소	비정부기구 설립계획서

■ 문항: 지구온난화를 해결하기 위한 비정부기구를 만들려고 한다. 비정부기구를 만들기 위한 설립계획서를 만드시오.

> 비정부기구는 정부와 관계된 단체가 아닌 순수한 민간 조직으로, 공익을 목적으로 활동하며 기부와 자원봉사로 운영되는 비영리 단체이다. 지역, 국가, 종교에 상관없이 조직된 자발적인 시민 단체로 정치, 인권, 환경, 보건, 성차별 철폐 등 다양한 목적을 위해 활동한다.

비정부기구 이름	
만든 이유	
운영 계획	
주요 활동 내용	

❸ 교과간 개념 기반 평가

가. 2개 교과간 (사회과 + 실과) 통합 교수·학습 과정

핵심아이디어	· 조화를 이루며 살아가려는 인간의 신념 및 활동은 지구환경의 지속가능성을 가능하게 한다. · 인류는 공동의 번영과 공존을 위해 지역적 수준에서 지구적 수준까지 다양한 공간적 스케일에서 상호 협력 및 연대가 필요하다. · 생명기술은 다양한 기술과 융합하여 발달하고 있으며, 식량자원의 활용과 농업의 순환체험은 지속가능한 미래생활을 위한 기초가 된다.		
성취기준	[6사12-02] 지구촌을 위협하는 다양한 문제들을 파악하고, 지속가능한 미래를 위한 해결 방안을 탐색한다. [6실04-09] 동식물 자원의 친환경 농업 사례를 통해 지속가능한 농업이 순환되고 있음을 인식하고 농업의 미래가치를 인식한다.		
핵심 질문	지속 가능한 미래 사회를 건설하기 위해서 인간은 어떤 선택을 해야 하는가?		
평가기준	지식·이해	친환경 농업의 필요성을 이해하는가?	
	과정·기능	수입 음식 재료의 문제점을 조사하여 식생활에서 푸드 마일리지 해결 방안을 제시하는가?	
	가치·태도	지구촌 환경보호 행동에 대한 실천 의지를 갖는가?	
개념적 렌즈	내용 요소(지식·이해/과정·기능/가치·태도)		평가 방법
인간생활과 농업	농업에서의 환경오염 원인을 찾기		구술평가

⬇

먹거리와 농업	친환경 농업의 필요성 이해하기	서술형 평가

⬇

먹거리와 인간의 선택	식생활에서 푸드 마일리지 줄이는 방안 제시하기	서술형 평가

⬇

지속가능한 미래 사회	나와 지구가 행복한 식탁 차리기	실기평가

　　6학년 사회과와 실과의 2개 교과간 평가의 핵심 질문을 '지속가능한 미래 사회를 건설하기 위해서 인간은 어떤 선택을 해야 하는가?'로 제시하였다. 이는 지구환경 오염, 지구온난화 등 지속가능한 미래 사회를 건설하는 데 지장을 주는 다양한 변화 요인들 속에서 지구환경을 지켜 행복한 삶을 영위하기 위해서는 인간의 올바른 선택 활동과 실천이 중요하기 때문이다.

　　'개념 기반 평가 (1)'은 학생들에게 '지속 가능한 사회', '농업', '친환경 농업'의 세 가지 개념에 대한 정보를 제공하여 이전에 학습하거나 경험한 사전지식과 연결하여 주제에 대해 더 많이 예측하고 이해할 수 있도록 하였다. '개념 기반 평가 (2)'는 일상생활 속 식탁 위에 차려지는 음식의 재료를 예를 들어 '외국산 음식 재료의 수입 이유 및 문제점', '푸드마일리지 측정', '푸드 마일리지를 줄일 수 있는 방법'을 평가 문항으로 제시하여 초등학생들이 다소 이해하기가 힘든 내용을 쉽게 풀어내어 학생들의 사고력을 향상시키도록 하였다.

　　'실제 상황에서의 수행과제'는 로컬푸드 직매장을 소비자가 많이 이용할 수 있도록 홍보 제안서를 팀원들과 협력하여 작성하는 활동으로 구성하여 지속 가능한 미래 사회의 시민으로 성장하는 데 도움이 되고자 한다.

🐝 2개 교과간 개념 기반 평가 (1)

평가 문항	친환경 농업의 필요성 이해하기
평가 요소	농업, 친환경 농업, 지속가능한 미래 사회

■ 문항: 다음에 제시된 지속가능한 미래 사회, 농업, 친환경 농업에 대한 설명을 읽고 물음에 답하시오.

지속 가능한 미래 사회	농업	친환경 농업
미래 세대의 환경을 생각하면서 우리 세대의 생활도 함께 발전시키는 사회	사람이 살아가는 데 꼭 필요한 먹을거리를 공급해주는 중요한 역할을 하는 것으로 생활에 필요한 동식물을 기르는 산업	화학비료와 화학 농약 사용을 최소화하여 안전한 농축산물을 생산할 수 있게 하고 환경을 보전하는 농업

• 농업으로 발생하는 문제점은 무엇인가?
• 지속 가능한 미래 사회의 발전을 위해서 농업으로 발생하는 문제를 해결하는 방법은 무엇인가?
• 친환경 농업을 했을 때의 좋은 점을 쓰시오.
– 자연에 좋은 점

– 생산자에게 좋은 점

– 소비자에게 좋은 점

• 지속 가능한 미래 사회와 친환경 농업은 어떤 관계가 있는가?

■ 분석적 루브릭

성취 수준 \ 내용 요소	지식 · 이해 농업의 문제점 및 친환경 농업의 필요성 이해하기	과정 · 기능 정보 검색하기	가치 · 태도 지속 가능한 미래 사회에 대한 관심 및 실천
잘함	농업으로 발생하는 문제점과 이로 인한 친환경 농업의 필요성을 정확하게 서술한다.	정보 검색을 통해 친환경 농업을 했을 때의 좋은 점을 3가지 관점에서 모두 다 찾아내어 구체적으로 서술한다.	지속 가능한 미래 사회를 위한 노력이 중요함을 알고, 실천가능한 해결 방법을 제안하는데 적극 참여한다.
보통	농업으로 발생하는 문제점과 이로 인한 친환경 농업의 필요성을 서술한다.	정보 검색을 통해 친환경 농업을 했을 때의 좋은 점을 3가지 관점에서 찾아내어 서술한다.	지속 가능한 미래 사회를 위한 노력이 중요함을 알고, 실천가능한 해결 방법을 제안한다.
노력 필요	농업으로 발생하는 문제점과 이로 인한 친환경 농업의 필요성을 제시하는 데 어려움을 느낀다.	정보 검색을 통해 친환경 농업을 했을 때의 좋은 점을 1가지 관점에서 찾아내거나 찾는 데 어려움을 느낀다.	지속 가능한 미래 사회를 위한 노력의 필요성을 이해한다.

🔷 2개 교과간 개념 기반 평가 (2)

평가 문항	식생활에서 푸드 마일리지 줄이는 방안 제시하기
평가 요소	음식 재료 수입 원인 및 문제점. 푸드 마일리지 줄이는 방안

■ 문항: 다음에 제시된 내용을 읽고 물음에 답하시오.

> 저녁에 먹은 음식의 재료는 어디에서 생산된 것일까요?
>
> 맛있는 불고기의 재료인 쇠고기는 호주산, 샐러드 소스로 상큼한 맛을 더하는 레몬은 칠레산, 후식으로 먹은 오렌지는 미국산입니다.

- 우리나라 식탁에 외국산 음식 재료로 수입하여 저녁을 준비하는 까닭은 무엇인가?
- 외국산 음식 재료의 수입량이 증가할수록 일어날 수 있는 문제점은 무엇인가?
- 저녁 식탁에 차려진 음식 재료가 우리집 식탁 위에 차려지기까지 거리는 대략적으로 얼마인가?

음식 재료	이동 거리
호주산 쇠고기	
칠레산 레몬	
미국산 오렌지	

- 위 문항에서 푸드 마일리지를 줄이는 방법은 무엇인지 구체적으로 쓰시오.

> 푸드 마일리지란 식품이 생산된 곳에서 일반 소비자의 식탁에 오르기까지의 이동 거리이다.

■ 분석적 루브릭

내용 성취 요소 수준	지식 · 이해 수입 음식 재료의 원인과 문제점 이해하기	과정 · 기능 푸드 마일리지 제시하기	가치 · 태도 관심 및 실천
잘함	외국산 음식 재료의 수입 이유와 문제점에 대하여 구체적으로 서술한다.	푸드 마일리지 줄이는 방안을 구체적으로 잘 제시한다.	푸드 마일리지 문제해결에 대해 적극 참여하려는 의지가 있다.
보통	외국산 음식 재료의 수입 이유와 문제점에 대하여 대략적인 내용으로 서술한다.	푸드 마일리지를 줄이는 방안을 제시한다.	푸드 마일리지 문제해결에 대해 참여하려는 의지가 있다
노력 필요	외국산 음식 재료의 수입 이유와 문제점에 대하여 일부 서술한다.	푸드 마일리지에 대한 이해가 부족하고, 줄이는 방안을 제시하는 데 어려움을 느낀다.	푸드 마일리지 문제해결에 대해 이해한다.

🏵 실제 상황에서의 평가를 위한 수행과제 개발

수행과제명	로컬푸드 직매장을 소비자에게 알리는 홍보 제안서 작성하기

목표(G) goal	지속 가능한 미래 사회의 발전을 위하여 소비자에게 지역에서 생산·가공·소비되는 농식품인 로컬푸드를 살 수 있는 로컬푸드 직매장을 홍보하는 홍보 제안서를 작성하는 것이다.
역할(R) role	나는 로컬푸드 직매장을 운영하는 사람이다.
대상(A) audience	대상은 로컬푸드 직매장에서 일하는 직원들이다.
상황(S) situation	음식 먹거리를 사야 하는 소비자들이 로컬푸드의 개념과 아울러 로컬푸드 직매장에 대하여 잘 모르고 있다. 로컬푸드 직매장을 활성화할 수 있는 홍보를 해야 한다.
수행(P) performance	팀을 나누어 로컬푸드 직매장에 대한 홍보 제안서를 보석맵을 통하여 개인 → 팀원의 사고의 과정을 거쳐 홍보 제안서의 내용을 정리하고, 팀원 동료 평가가 이루어지도록 한다.
기준(S) standard	홍보 제안서 작성하기 활동에는 다음 내용을 포함해야 한다. ① 보석맵(홍보 일정, 홍보 방법, 홍보 예산, 홍보 전략, 기대 효과) 작성하기 ② 팀원과의 협업 및 의사소통으로 홍보 제안서 내용 정리하기 ③ 활동에 참여한 팀원 동료 평가하기

■ 수행과제

나는 로컬푸드 직매장을 운영하는 사람입니다. 지속가능한 발전을 위하여 로컬푸드 직매장을 소비자가 많이 이용할 수 있도록 홍보 제안서를 작성해야 합니다. ① 보석맵(홍보 일정, 홍보 방법, 홍보 예산, 홍보 전략, 기대 효과)을 작성하고 ② 팀원과의 협업 및 의사소통으로 결정된 사항을 정리하며 ③ 팀원 동료 평가하기 내용이 포함되어야 합니다.

■ 분석적 루브릭

내용 요소 성취 수준	지식 · 이해 보석맵 구성요소 이해하기	과정 · 기능 홍보 제안서 작성하기	가치 · 태도 관심 및 실천
잘함	보석맵에 로컬푸드 직매장 홍보 제안서에 들어갈 구성요소 5가지를 모두 작성하였으며 내용이 실현 가능성이 있다.	팀원과의 협의하여 결정된 로컬푸드 직매장 홍보 제안서 내용을 꼼꼼하게 잘 정리한다.	팀원의 의견을 존중하고 수용하는 태도로 로컬푸드 직매장 홍보 제안서 작성하기 활동에 적극적이고 능동적으로 참여한다.
보통	보석맵에 로컬푸드 직매장 홍보 제안서에 들어갈 구성요소 5가지를 작성하였으나 내용이 다소 실현 가능성이 부족하다.	팀원과의 협의하여 결정된 로컬푸드 직매장 홍보 제안서 내용을 정리한다.	팀원의 의견을 수용하는 태도로 로컬푸드 직매장 홍보 제안서 작성하기 활동에 참여한다.
노력 필요	보석맵에 로컬푸드 직매장 홍보 제안서에 들어갈 구성요소 5가지를 모두 작성하는 데 어려움을 느낀다.	팀원과의 협의하여 결정된 로컬푸드 직매장 홍보 제안서 내용을 정리하는 데 어려움을 느낀다.	팀원의 의견을 수용하는 것을 어려워하고 로컬푸드 홍보 제안서 작성하기 활동에 소극적으로 참여한다.

🔹 GRASPS를 활용한 수행과제 문항

평가 문항	로컬푸드 직매장을 소비자에게 알리는 홍보 제안서 작성하기
평가 요소	보석맵 작성, 팀원 협의 내용, 팀원 평가

▣ 문항1: 지속 가능한 미래 사회의 발전을 위하여 우리 주위에 로컬푸드 직매장이 많아지고 있다. 음식 먹거리를 사야 하는 소비자들이 로컬푸드 직매장을 많이 이용할 수 있도록 홍보 제안서를 팀원과 함께 보석맵(홍보 일정, 홍보 방법, 홍보 예산, 홍보 전략, 기대 효과)으로 작성하시오.

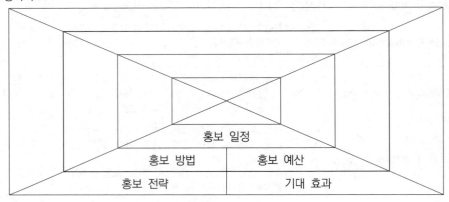

▣ 문항2: 팀원들과 협의하여 결정된 사항을 정리하시오.

- 홍보 일정:
- 홍보 방법:
- 홍보 예산:
- 홍보 전략:
- 기대 효과:

▣ 문항3: 홍보 제안서 작성 및 팀원 협의 활동에 얼마나 열심히 참여했는지 평가하시오.

평가 내용	팀원 명		
로컬푸드 직매장을 홍보할 수 있는 홍보 제안서 작성하기 활동에 열심히 참여하였나요?	☆ ☆ ☆	☆ ☆ ☆	☆ ☆ ☆
다른 사람들과 효과적으로 상호작용하며 자신의 의견을 분명하게 발표하고 활발하게 의견을 교환하였나요?	☆ ☆ ☆	☆ ☆ ☆	☆ ☆ ☆

나. 3개 교과간 (사회과 + 국어과 + 미술과) 통합 교수 · 학습 과정

핵심아이디어	· 조화를 이루며 살아가려는 인간의 신념 및 활동은 지구환경의 지속가능성을 가능하게 한다. · 인류는 공동의 번영과 공존을 위해 지역적 수준에서 지구적 수준까지 다양한 공간적 스케일에서 상호 협력 및 연대가 필요하다. · 쓰기는 언어를 비롯한 다양한 기호나 매체를 활용하여 인간의 생각과 감정을 글로 표현함으로써 의미를 구성하는 행위이다. · 다양한 발상은 아이디어와 주제를 발전시키고 표현의 토대가 된다.
성취기준	[6사12-02] 지구촌을 위협하는 다양한 문제들을 파악하고, 지속가능한 미래를 위한 해결 방안을 탐색한다. [6국03-04] 독자와 매체를 고려하여 내용을 생성하고 표현하며 글을 쓴다. [6미02-01] 다양한 방법으로 아이디어를 연결하여 확장된 표현 주제로 발전시킬 수 있다.
핵심 질문	지속 가능한 미래 사회를 건설하기 위해서 인간이 해야 할 일은 무엇인가?

평가기준		
	지식 · 이해	지속가능한 미래사회를 위해 실천할 수 있는 활동을 이해하는가?
	과정 · 기능	지속가능한 미래사회를 위한 지구촌 환경오염 사례를 담은 환경신문을 제작하는가?
	가치 · 태도	지속가능한 미래 사회를 위하여 행동에 대한 실천 의지를 갖는가?

개념적 렌즈	내용 요소(지식 · 이해/과정 · 기능/가치 · 태도)	평가 방법
지속 가능한 미래 사회와 지구환경 오염과의 관계	지속 가능한 미래 사회를 위한 지구환경 오염의 사례를 담은 신문 만들기	실기평가

↓

지속 가능한 미래 사회와 인간의 선택 활동	지속 가능한 미래 사회를 위한 실천 활동 목록 만들기	지필평가

↓

지속 가능한 미래 사회와 인간 활동의 영향	지속 가능한 미래 사회를 위한 인간 활동의 영향에 대하여 토의하기	구술 및 자기평가

　　6학년 사회과와 국어과, 미술과의 3개 교과간 평가의 핵심 질문을 '지속가능한 미래 사회를 건설하기 위해서 인간이 해야 할 일은 무엇인가?'로 제시하였다. 이는 특정한 교과에 얽매이지 않고 교과간 경계를 넘나드는 주제 탐색 활동을 통하여 자연환경과 조화를 이루며 살아가려는 인간의 신념 및 활동이 지구환경의 지속가능성을 보장하는 역할을 할 수 있다는 것을 평가하기 위함이다. 　　'개념 기반 평가 (1)'은 지구촌 환경오염의 사례를 담은 환경신문을 직접 제작하도록 하여, 학생들이 연구하고자 하는 자료를 수집하고 분류하며, 분류한 자료들을 분석 및 해석하여 환경신문을 작성하게 하였다. '개념 기반 평가 (2)'는 지속 가능한 미래 사회를 위하여 떠오르는 단어를 마인드맵 하기, 실천 활동 목록 만들기를 해 봄으로써 '알게 된 지식'을 '실천하는 실천가'의 기반을 다질 수 있도록 평가의 항목을 구성하였다.

　　'실제 상황에서의 수행과제'는 지속 가능한 미래 사회를 위한 그림책을 구상하는 작가가 되는 활동을 하도록 하였다. 이는 학생들이 끊임없이 주변 환경과 유기적인 관계를 맺으며 지속 가능한 미래 사회에서 살아가기 위한 모습을 그림책을 통하여 표현하도록 하기 위함이다. '자연환경과 조화를 이루며 살아가려는 인간의 신념 및 활동은 지구촌의 환경을 지속 가능하게 한다.'의 지식의 일반화를 꾀하기 위해 학생들이 어떤 일이나 사물에 대해 깊이 있게 이해하고 탐구하는 통합 탐구 과정에 대해 그림책을 매개체로 사용한 것이다.

🔬 3개 교과간 개념 기반 평가 (1)

평가 문항	지구촌 환경오염의 사례를 담은 환경신문 만들기
평가 요소	관련 자료, 내용의 충실성, 제작의 창의성

■ 문항: 다음에 제시된 조건에 맞는 환경신문을 만들고자 한다. 조건에 맞는 환경신문을 만드시오.

<조건>
- 주제: 지구촌 환경오염 문제로 인한 사람들의 피해 사례를 담은 환경신문 만들기
- 다양한 환경오염의 원인으로 인하여 세계 여러 나라 사람들이 피해를 담은 내용을 잘 나타내도록 할 것(유의사항: 주제에 적합하고 다양한 근거를 재구성하여 논리적으로 서술할 것)

○○초등학교 환경신문   발행일: 20○○년   월   일 요일   편집장:

신문 이름:

■ 분석적 루브릭

성취 수준　내용 요소	지식 · 이해 지구환경오염 사례에 관한 기사내용 이해하기	과정 · 기능 환경신문 제작하기	가치 · 태도 관심 및 실천
잘함	환경에 관련된 내용이 사실에 기초하여 구성되어 있으며, 논리적으로 일관성이 있다.	다양한 형식을 활용해 신문 제작의 완성도가 높고 신문 제작과 기사 내용의 표현, 편집이 짜임새가 있고 창의적이다.	지속가능한 미래 사회를 위해 구체적이고 실천 가능한 의견을 제시하며, 토의 활동에 적극 참여한다.
보통	기사 내용이 사실에 기초하여 구성되어 있으나 논리적 일관성이 부족하다.	다양한 형식을 활용해 신문을 구성하고 신문 제작과 기사 내용의 표현, 편집이 짜임새는 있으나 창의성이 부족하다.	지속가능한 미래 사회를 위해 의견을 제시하며, 토의 활동에 참여한다.
노력 필요	기사 내용이 사실에 기초하지 않았으며, 논리적 일관성도 부족하다.	형식이 단순하고 신문의 완성도가 떨어지며 신문 제작과 기사 내용의 표현, 편집이 엉성하고 창의적이지 못하다.	지속가능한 미래 사회에 관해 관심이 부족하고, 토의 활동에 소극적으로 참여한다.

🐝 3개 교과간 개념 기반 평가 (2)

평가 문항	지속 가능한 미래 사회를 건설하기 위한 실천 활동 목록 만들기
평가 요소	지속 가능한 미래 사회. 실천 활동

■ 문항: 4월 22일은 지구의 날입니다. 지속 가능한 미래 사회를 위한 나의 실천 활동을 목록으로 만들고자 합니다. 지속 가능한 미래 사회를 위하여 떠오르는 단어를 마인드맵 해 보고, 실천 활동 목록을 만들어 봅시다.

〈마인드맵 하기〉

1 _____

2 _____

3 _____

4 _____

5 _____

6 _____

■ 분석적 루브릭

성취 수준 \ 내용 요소	지식 · 이해 마인드맵 이해하기	과정 · 기능 실천 활동 목록 작성하기	가치 · 태도 관심 및 실천
잘함	지속 가능한 미래 사회를 위하여 떠오르는 단어를 마인드맵으로 자세히 작성한다.	지속 가능한 미래 사회를 위해 실천할 수 있는 일을 5가지 이상 적는다.	실천 방안과 실천과정이 현실적으로 점검가능하고 구체적이며 실천 가능하다.
보통	지속 가능한 미래 사회를 위하여 떠오르는 단어를 마인드맵으로 간단하게 작성한다.	지속 가능한 미래 사회를 위해 실천할 수 있는 일을 2~3가지 적는다.	실천 방안과 실천과정이 점검 가능하고 실천가능하다.
노력 필요	지속 가능한 미래 사회를 위하여 떠오르는 단어를 마인드맵으로 작성하는 데 어려움을 느낀다.	지속 가능한 미래 사회를 위해 실천할 수 있는 일을 1가지 적는다.	실천 방안과 실천과정이 구체적으로 잘 드러나지 않는다.

🔷 실제 상황에서의 평가를 위한 수행과제 개발

수행과제명	지속 가능한 미래 사회를 위한 그림책 구상하기

목표(G) goal	지속 가능한 미래 사회를 위하여 지구촌의 환경을 지키는 내용의 그림책을 구상하는 것이다.
역할(R) role	나는 그림책 작가이다.
대상(A) audience	대상은 그림책을 출판하는 출판사이다.
상황(S) situation	그림책 작가는 지속 가능한 미래 사회를 위한 내용의 그림책 구상안을 출판사에 제출하여 출판사와 계약하고자 한다.
수행(P) performance	그림책 작가가 되어서 지구촌의 여러 환경변화 요인들과 지구촌의 환경을 지키는 내용이 잘 어우러진 지속 가능한 미래 사회를 위한 그림책 구상안을 작성한다.
기준(S) standard	그림책 구상안에는 다음 내용을 포함한다. ① 지속 가능한 미래 사회를 담을 수 있는 주제 ② 그림책에 수록될 세 가지 문장 예시 ③ 그림책 표지

■ 수행과제

나는 그림책 작가입니다. 지속 가능한 미래 사회를 위하여 지구촌 환경변화 요인과 지구촌의 환경을 지키는 내용이 있는 그림책의 구상안을 작성하여 출판사에 보여주고자 합니다. 그림책 구상내용에는 ① 지속 가능한 미래 사회를 담을 수 있는 주제 ② 그림책에 수록될 세 가지 예시 문장 ③ 그림책 표지가 포함되어야 합니다.

■ 분석적 루브릭

내용 성취요소 수준	지식 · 이해 지구촌 환경에 관해 이해하기	과정 · 기능 그림책 구상안 작성하기	가치 · 태도 관심 및 참여
잘함	지구촌 환경변화 요인들과 지구촌 환경을 지키는 내용이 명확하게 나타나게 주제를 작성한다.	그림책의 주제가 잘 드러나게 3가지 예시 문장을 작성한다.	그림책을 구상하는 활동에 매우 관심이 높고, 그림책 표지를 그리는데 적극적으로 참여한다.
보통	지구촌 환경변화 요인들과 지구촌 환경을 지키는 내용이 드러나게 주제를 작성한다.	그림책의 주제가 드러나게 1~2가지 예시 문장을 작성한다.	그림책을 구상하는 활동에 관심을 보이고, 그림책 표지를 그리는데 참여한다.
노력 필요	지구촌 환경변화 요인들과 지구촌 환경을 지키는 내용이 드러나는 주제를 작성하는 데 어려움을 느낀다.	그림책의 주제가 드러나게 예시 문장을 작성하는 데 어려움을 느낀다.	그림책을 구상하는 활동에 관심이 부족하고, 그림책 표지를 그리는 데 어려움을 느낀다.

🐝 GRASPS를 활용한 수행과제 문항

평가 문항	지속 가능한 미래 사회를 위한 그림책 구상하기
평가 요소	주제, 주제 관련 문장 표현, 표지 표현

■ 문항: 다음 순서에 따라 지속 가능한 미래 사회를 위한 그림책의 구상안을 작성하시오.

> 지속 가능한 미래란 지구촌의 사람들이 오늘날의 발전뿐만 아니라 미래 세대의 환경과 발전을 위해 책임감 있게 행동해 지구촌의 지속가능성을 높여가는 것이다.

• 지속 가능한 미래 사회를 담을 수 있는 그림책 주제를 쓰시오.

• 그림책 주제와 관련하여 그림책에 수록될 세 가지 예시 문장을 쓰시오.

①

②

③

• 그림책의 주제와 책의 내용을 상징할 수 있는 그림책 표지를 그리시오.

과학과(5~6학년) 평가의 실제

5학년: 우리가 살고 있는 세상은 어떤 변화가 있는가?

❶ 평가의 개관

우리가 살고 있는 세상은 어떤 변화가 있는가?	
과학과 (열과 우리 생활)	과학과+미술과
• 열은 어디로 어떻게 이동하는가?	• 빛을 어떻게 활용할 수 있는가?
과학과 (날씨와 우리 생활+과학과 나의 진로)	과학과+국어과+미술과
• 환경은 생물과 무생물에게 어떤 영향을 주는가?	• 화석을 통해 알 수 있는 것은 무엇인가?

5학년 과학과의 평가 주제는 '우리가 살고 있는 세상은 어떤 변화가 있는가?'이다. 이 주제에 대한 학습을 통해 학생들은 열과 날씨, 빛, 화석의 특징에 대해 학습하고 인간의 생활에 어떤 변화와 영향을 주는지 알아봄으로써 변화와 활용에 대한 인식을 가질 수 있다.

과학과 영역내 평가에서는 물질의 종류에 따라 열의 전도율이 다름을 알아보고, 알게 된 내용을 생활 속에서 찾아보는 '참평가(GRASPS)'를 제시하였다.

영역간 평가는 '날씨와 우리 생활'과 '과학과 나의 진로' 영역을 연계하였다. 생물체는 여러 환경적 요인의 영향을 받게 되면서 외모, 생활모습, 사용 물품 등에서 변화를 가져왔고 그 중 날씨 변화와 관련된 진로를 생각해 볼 수 있다.

교과간 평가는 '빛을 어떻게 활용할 수 있는가?'의 핵심 질문을 토대로 빛의 성질에 대해 알아보고 미술과와 연계하여 빛의 성질을 이용하여 만들 수 있는 작품을 구상하게 된다.

우리가 살고 있는 세상의 동식물 등은 오랜 세월을 거치면서 변화되어 왔고 초기의 모습이나 환경 등은 화석을 통해 유추해 볼 수 있다. 교과간 평가를 통해 화석의 특징과 생성과정, 화석의 가치와 중요성을 알아보고 직접 화석을 만들어보며 내가 만든 화석을 소개하는 평가를 실시한다.

❷ 영역내 및 영역간 개념 기반 평가

가. 영역내 (열과 우리 생활) 교수·학습 과정

핵심아이디어	물체의 종류에 따라 열의 이동과 이동하는 방법 등이 다름을 알고 생활 속에서 다양한 방법으로 적용한다.		
성취기준	[6과07-03] 주위에서 열의 이동으로 나타나는 현상을 관찰하여 열의 이동 방식이 다양함을 설명할 수 있다.		
핵심 질문	열은 어디로 어떻게 이동하는가?		
평가기준	지식·이해	물체의 상태에 따라 열의 이동 방법과 이동 방향이 다름을 설명할 수 있는가?	
	과정·기능	열 전도율이 다른 것을 활용한 사례를 찾을 수 있는가?	
	가치·태도	물체의 온도 변화 원인을 추리할 수 있는가?	

개념적 렌즈	내용 요소 (지식·이해/과정·기능/가치·태도)	평가 방법
온도의 정도	온도계의 사용 방법을 알고 온도 측정하기	관찰평가

↓

온도 변화	온도가 다른 두 물체의 접촉에 따른 물체의 온도 변화와 원인 추리하기	실기평가

↓

열의 이동 방법	고체에서의 열의 이동 방법 알아보기	서술형 평가

↓

열의 이동 속도	물체의 종류에 따른 열의 이동 속도 알아보기	서술형 평가

과학과 '열과 우리 생활' 영역내 교수·학습 과정에서는 차갑거나 따뜻한 정도를 온도로 표현하며, 온도계를 이용하여 온도를 측정해 보고 온도가 다른 두 물체가 접촉했을 때 두 물체의 온도 변화를 실험을 통해 알아 본다. 물체의 상태 중 고체에서의 열의 이동 방법과 고체 물체의 종류에 따른 열의 이동 속도를 온도 변화 실험을 통해 알아볼 수 있도록 설계하였다.

'열과 우리 생활' 영역내 학습 내용을 아우르는 핵심아이디어는 '열의 이동'과 '이동하는 방법'이며 이를 해결하기 위한 핵심 질문은 '열은 어디로 어떻게 이동하는가?'이다.

고체로 된 물체의 온도 측정 실험 전 가설 설정과 실험을 통해 알게 된 결과를 통해 열의 이동과 이동 방법, 이동 속도가 다름을 이용한 생활 속 사례를 찾고 적용해 볼 수 있도록 평가 문항을 제시하였다.

🔷 영역내 개념 기반 평가 (1)

평가 문항	고체 물체에서의 열의 이동 방법과 이동 방향
평가 요소	열의 이동에 따른 변화

■ 문항1: 쇠막대 위에 일정 간격으로 온도계를 설치하고 열을 가했을 때, 처음에는 같던 온도계의 온도가 가장 왼쪽에 있는 온도계부터 온도가 올라가기 시작하였다. 이것을 보고 알 수 있는 고체 물체에서 열의 이동 방향에 대해 쓰시오.

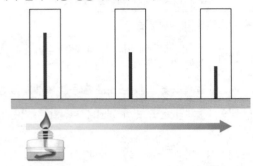

■ 문항2: 뜨거운 물이 담긴 컵 속에 숟가락을 넣어두었다가 잡으니 숟가락이 뜨거워져 있었다. 열을 직접 가하지 않은 숟가락이 뜨거워진 까닭을 열의 이동 방법과 관련하여 설명하시오.

■ 분석적 루브릭

성취 수준 \ 내용 요소	지식 · 이해	
	고체 물체에서 열의 이동 방향	고체 물체에서 열의 이동 방법
잘함	고체 물체에서 열의 이동 방향을 알고 설명할 수 있다.	고체 물체에서 열의 이동 방법을 알고 설명할 수 있다.
보통	고체 물체에서 열의 이동 방향에 대해 안다.	고체 물체에서 열의 이동 방법에 대해 안다.
노력 필요	교사나 친구의 도움을 받아 고체 물체에서 열의 이동 방향에 대해 안다.	교사나 친구의 도움을 받아 고체 물체에서 열의 이동 방법에 대해 안다.

🔶 영역내 개념 기반 평가 (2)

평가 문항	열의 이동 속도가 다름을 이용한 도구와 사례 알아보기
평가 요소	열의 이동 속도, 열전도율 이용 사례

■ 문항1: 주전자와 프라이팬이 두 가지 물체로 만들어진 까닭을 설명하시오.

■ 문항2: 물체마다 열전도율이 다른 것을 이용한 사례를 찾고 이유를 설명하시오.
    예 주방장갑은 열전도율이 낮은 옷감을 이용하여 뜨거운 것을 잡을 때 사용한다.

① _____

② _____

■ 분석적 루브릭

성취 수준 ＼ 내용 요소	지식 · 이해 열의 이동 속도	과정 · 기능 열전도율이 이용된 사례
잘함	고체 물체의 종류에 따라 열의 이동 속도가 다른 것을 예를 들어 설명할 수 있다.	물체마다 열전도율이 다른 것을 이용한 사례를 찾고 이유를 설명할 수 있다.
보통	고체 물체의 종류에 따라 열의 이동 속도가 다른 것을 설명할 수 있다.	물체마다 열전도율이 다른 것을 이용한 사례를 찾을 수 있다.
노력 필요	교사나 친구의 도움을 받아 고체 물체의 종류에 따라 열의 이동 속도가 다른 것을 안다.	교사나 친구의 도움을 받아 물체마다 열전도율이 다른 것을 이용한 사례를 안다.

🔹 실제 상황에서의 평가를 위한 수행과제 개발

수행과제명	열의 효율성을 높인 집 설계하기
목표(G) goal	친환경 자원과 에너지를 이용한 집을 설계하는 것이다.
역할(R) role	나는 건축 설계자이다.
대상(A) audience	대상은 자신이 살 집의 설계를 의뢰한 의뢰인이다.
상황(S) situation	친환경 자원과 에너지를 사용하여 집을 건축하기 위해 건축 설계를 의뢰한 상황이다.
수행(P) performance	친환경 자원과 에너지를 찾고 집의 설계에 이용할 수 있는 방법을 찾아 집을 설계한다.
기준(S) standard	수행과제를 해결한 결과에는 다음 내용이 포함되어야 한다. ① 친환경 자원과 에너지가 무엇인지 설명한다. ② 친환경 자원과 에너지를 어디에, 어떻게 이용하는지 제시한다. ③ 친환경 자원과 에너지의 가치와 중요성을 제시한다.

■ 수행과제

나는 건축 설계자입니다. 의뢰인은 친환경 자원과 에너지를 이용한 집의 건축 설계를 의뢰하였습니다. 설계를 할 때 ① 친환경 자원과 에너지가 무엇인지 설명하고 ② 친환경 자원과 에너지를 어디에, 어떻게 이용하는지 제시하며 ③ 친환경 자원과 에너지의 지속가능한 가치와 중요성을 제시해야 합니다.

■ 분석적 루브릭

성취수준 \ 내용요소	지식 · 이해 친환경 자원과 에너지의 의미와 종류	과정 · 기능 친환경 자원과 에너지의 이용	가치 · 태도 친환경 자원과 에너지의 가치와 중요성
잘함	친환경 자원과 에너지의 의미를 알고 다양한 종류를 예를 들어 설명할 수 있다.	친환경 자원과 에너지를 건물 설계에 효율적으로 이용할 수 있다.	친환경 자원과 에너지의 가치와 중요성을 잘 알고 있다.
보통	친환경 자원과 에너지의 의미와 종류를 설명할 수 있다.	친환경 자원과 에너지를 건물 설계에 이용할 수 있다.	친환경 자원과 에너지의 가치와 중요성을 알고 있다.
노력 필요	교사나 친구의 도움을 받아 친환경 자원과 에너지의 의미와 종류를 안다.	교사나 친구의 도움을 받아 친환경 자원과 에너지를 이용하는 것을 안다.	교사나 친구의 도움을 받아 친환경 자원과 에너지의 가치와 중요성을 안다.

❖ GRASPS를 활용한 수행과제 문항

평가 문항	친환경 자원과 에너지를 이용한 집 설계하기
평가 요소	친환경 자원과 에너지의 이용

■ 문항1: 친환경 자원과 에너지의 종류를 쓰시오.

■ 문항2: 친환경 자원과 에너지를 이용하면 좋은 점을 쓰시오.

■ 문항3: 집을 건축하기 위해 이용할 수 있는 친환경 자원과 에너지를 쓰고 이용하려는 이유를 쓰시오.

> 예 장마철에 비가 오면 빗물을 받아 정원의 식물을 줄 수 있도록 해야겠다- 물자원을 아낄 수 있다.

• 위에서 이용한 친환경 자원과 에너지를 이용한 집의 구조도를 그리고 어디에 어떤 친환경 자원과 에너지를 이용하는지 설명하시오.

나. 영역간 (날씨와 우리 생활 + 과학과 나의 진로) 교수 · 학습 과정

핵심아이디어	날씨는 생물 및 무생물의 변화를 가져오는 환경 요인 중 하나로 생활과 밀접한 관계를 가지고 있다.		
성취기준	[6과06-01] 기상 요소를 조사하고, 날씨가 우리 생활에 주는 영향을 인식할 수 있다. [6과16-02] 다양한 진로가 과학과 관련됨을 알고, 자신의 진로를 과학과 관련지어 설명할 수 있다.		
핵심 질문	날씨는 생활에 어떤 영향을 주는가?		
평가기준	지식 · 이해	날씨에 영향을 주는 요인을 알고 있는가?	
	과정 · 기능	날씨 변화에 따른 생활 모습의 변화와 적응을 알 수 있는가?	
	가치 · 태도	날씨 변화의 중요성을 알고 있는가?	
개념적 렌즈	내용 요소 (지식 · 이해/과정 · 기능/가치 · 태도)		평가 방법
온도의 변화	하루 동안의 온도 변화		실기평가
	↓		
바람이 부는 까닭	저기압과 고기압		실기평가
	↓		
날씨에 영향을 주는 요인	날씨에 영향을 미치는 요인		서술형 평가
	↓		
날씨와 생활	날씨가 생활에 주는 영향		보고서

　　과학과 영역간 교수 · 학습 과정은 '날씨와 우리 생활'과 '과학과 나의 진로' 영역을 연계하여 설계하였다.

　　생태계를 둘러싼 환경 중 날씨는 우리 생활에 많은 영향을 주는 요소이다. 바람, 습도, 강수량 등이 날씨의 변화 요인임을 알아보고 생물은 날씨에 적응하여 생김새, 생활모습 등을 변형시키며 생존한다는 것을 평가하게 된다.

　　통계에 의하면 지구의 평균 기온은 수십 년 동안 지속적으로 높아지고 있다. 기온 상승과 날씨의 변화에 따라 생물과 우리 생활에 미치는 영향 등에 대해 자료를 통해 예상해보고 과학과 관련된 진로와 연계하여 문제해결력을 평가하고자 하였다.

🍯 영역간 개념 기반 평가 (1)

평가 문항	생물이 날씨에 적응한 점
평가 요소	날씨와 생물

■ 문항1: 생물이 날씨에 어떻게 적응되었는지 쓰시오.

생물	환경	생물이 날씨에 적응한 점
낙타의 긴 눈썹	비가 적고 모래바람이 부는 지역	
북극여우의 짧고 둥근 귀	눈이 많이 내리고 기온이 매우 낮은 지역	
선인장의 가시	강수량이 매우 적은 지역	

■ 문항2: 아래 그림을 보고 날씨에 따라 사람의 체형이 다른 이유를 쓰시오.

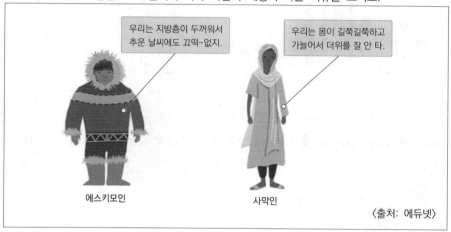

우리는 지방층이 두꺼워서 추운 날씨에도 끄떡~없지.

우리는 몸이 길쭉길쭉하고 가늘어서 더위를 잘 안 타.

에스키모인

사막인

〈출처: 에듀넷〉

■ 분석적 루브릭

성취 수준 \ 내용 요소	지식 · 이해 날씨가 우리 생활에 주는 영향	과정 · 기능 날씨에 적응한 점
잘함	날씨가 생물에게 주는 영향을 구체적으로 설명할 수 있다.	날씨에 따라 생물의 모습이 적응한 점을 예를 들어 비교할 수 있다.
보통	날씨가 생물에게 주는 영향을 설명할 수 있다.	날씨에 따라 생물의 모습이 적응한 점을 비교할 수 있다.
노력 필요	교사나 친구의 도움을 받아 날씨가 생물에게 주는 영향을 안다.	교사나 친구의 도움을 받아 날씨에 따라 생물의 모습이 적응한 점을 안다.

🍀 영역간 개념 기반 평가 (2)

평가 문항	여행지의 날씨와 필요한 생활용품 준비하기
평가 요소	날씨와 생활 모습과의 관계

■ 문항: 아래 ①, ②는 각 여행지의 기온과 강수량에 대한 그래프이다. 그래프를 보고 알 수 있는 여행지의 7~8월 날씨에 대해 쓰시오.

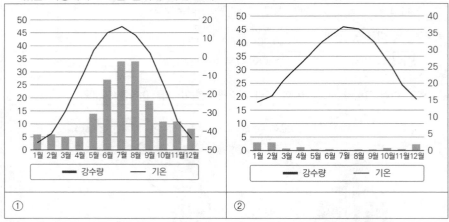

• 위의 여행지에서 7~8월 동안 생활을 하려고 할 때 준비해야 할 생활용품과 그 이유를 쓰시오.

여행지	준비해야 할 생활용품
①	
②	

■ 분석적 루브릭

성취 수준 \ 내용 요소	지식 · 이해 날씨에 대한 설명	과정 · 기능 날씨에 따라 준비해야 할 생활용품
잘함	날씨에 대한 그래프를 보고 여행지의 날씨에 대해 근거를 들어 설명할 수 있다.	날씨에 따라 준비해야 할 생활용품과 이유를 자세하게 설명할 수 있다.
보통	날씨에 대한 그래프를 보고 여행지의 날씨를 설명할 수 있다.	날씨에 따라 준비해야 할 생활용품과 이유를 설명할 수 있다.
노력 필요	교사나 친구의 도움을 받아 날씨에 대한 그래프를 보고 여행지의 날씨에 대해 안다.	교사나 친구의 도움을 받아 날씨에 따라 준비해야 할 생활용품과 이유에 대해 안다.

실제 상황에서의 평가를 위한 수행과제 개발

수행과제명	날씨의 변화에 따른 물품 생산 컨설팅하기

목표(G) goal	날씨의 변화에 따른 물품과 생산량을 연구하여 제안하는 것이다.
역할(R) role	나는 날씨의 변화에 따라 물품에 대해 컨설팅하는 담당자이다.
대상(A) audience	대상은 물품의 생산량을 결정하는 회사의 대표이다.
상황(S) situation	날씨의 변화에 따른 물품 수요의 발생 정도를 예측하여 회사에 컨설팅을 하는 상황이다.
수행(P) performance	날씨의 변화에 따라 필요한 물품을 예측하고 컨설팅을 한다.
기준(S) standard	수행과제를 해결한 결과에는 다음 내용이 포함되어야 한다. ① 날씨에 영향을 주는 요인과 날씨의 변화 ② 날씨의 변화에 따라 필요한 물품과 생산량 예측 ③ 날씨 변화의 중요성

■ 수행과제

나는 물품 생산을 하는 회사의 컨설팅 담당자로 날씨의 변화에 따른 물품, 물품생산에 대한 수요를 예측하여 회사에게 컨설팅을 합니다. 날씨의 변화에 대한 통계를 기반으로 그에 따른 물품 수요를 예측하고 물품 생산량을 최적화하여 회사의 손실이 최소화될 수 있도록 회사의 대표에게 설명합니다. 회사에게 컨설팅을 할 때에는 ① 날씨에 영향을 주는 요인과 날씨의 변화 ② 날씨 변화에 따라 필요한 물품과 생산량 예측 ③ 날씨 변화의 중요성에 대한 기준이 있어야 합니다.

■ 분석적 루브릭

내용 성취 요소 수준	지식 · 이해 날씨에 영향을 주는 요인과 날씨의 변화	과정 · 기능 날씨 변화에 따른 물품과 생산	가치 · 태도 날씨 변화의 중요성
잘함	자료를 보고 날씨에 영향을 주는 요인과 날씨의 변화를 연관지어 설명할 수 있다.	날씨의 변화에 따라 수요가 변하는 물품과 생산량에 대해 안다.	우리 생활에 영향을 주는 날씨 변화의 중요성에 대해 안다.
보통	자료를 보고 날씨에 영향을 주는 요인과 날씨의 변화를 설명할 수 있다.	날씨의 변화에 따라 수요가 변하는 물품에 대해 안다.	날씨 변화의 중요성에 대해 안다.
노력 필요	교사나 친구의 도움을 받아 자료를 보고 날씨의 변화에 대해 안다.	교사나 친구의 도움을 받아 날씨의 변화에 따라 수요가 변하는 물품에 대해 안다.	교사나 친구의 도움을 받아 날씨 변화의 중요성에 대해 안다.

🔷 GRASPS를 활용한 수행과제 문항

평가 문항	날씨의 변화에 따른 물품 생산, 날씨의 중요성
평가 요소	날씨 변화

■ 문항1: 아래 그림은 2018년 7월 날씨 보도 자료 중 일부입니다. 그림을 보고 알 수 있는 날씨의 특징을 쓰시오.

〈출처: 기상청〉

■ 문항2: 다음 두 사람의 대화를 읽고 생산을 늘려야 하는 물품과 줄여야 하는 물품을 각각 한 가지씩 들고 그 이유를 쓰시오.

> A: 올 여름은 20년 만에 찾아오는 폭염이라고 하네.
>
> B: 너무 더워서 매일 저녁마다 아이스크림을 먹고 있어.
>
> A: 나도 그래. 그런데 이렇게 더우니까 여름철 불청객 중 하나인 모기의 개체수는 크게 줄어들어서 모기에 물릴 걱정은 덜하겠어.

– 생산을 늘려야 하는 물품과 이유:
– 생산을 줄여야 하는 물품과 이유:

■ 문항3: 날씨에 영향을 주는 요인과 관련이 있는 물품과 그 이유를 쓰시오.
　　📋 햇빛이 강한 지역에서는 빛을 가릴 여러 가지 도구가 필요하다(양산, 차양막 등).

날씨에 영향을 주는 요인	날씨에 영향을 주는 요인과 관련이 있는 물품
기온	
습도	
바람	
강수량	

■ 문항4: 우리 생활에 미치는 영향과 관련하여 날씨 변화의 중요성에 대해 쓰시오.

❸ 교과간 개념 기반 평가

가. 2개 교과간 (과학과 + 미술과) 통합 교수 · 학습 과정

핵심아이디어	빛의 성질을 활용하여 새로운 관점에서 세상을 본다.		
성취기준	[6과02-02] 빛이 나아가는 현상을 관찰하여 빛이 직진, 반사, 굴절하는 성질이 있음을 말할 수 있다. [6미02-03] 조형 요소의 어울림을 통해 조형 원리를 이해하고 주제 표현에 연결할 수 있다.		
핵심 질문	빛을 어떻게 활용할 수 있는가?		
평가기준	지식 · 이해	빛이 직진, 굴절, 반사하는 성질을 알고 있는가?	
	과정 · 기능	빛의 성질을 활용할 수 있는가?	
	가치 · 태도	빛의 중요성과 가치를 느낄 수 있는가?	

개념적 렌즈	내용 요소 (지식 · 이해/과정 · 기능/가치 · 태도)	평가 방법
빛의 기능	빛으로 할 수 있는 일 알아보기	서술형 평가

↓

빛의 성질	빛의 직진, 굴절, 반사하는 성질 알아보기	서술형 평가

↓

거울의 성질	거울과 렌즈의 쓰임새 찾아보기	조사보고서

↓

빛의 활용	빛의 성질을 활용한 작품 만들기	실기평가

> 2개 교과간 평가에서는 과학과와 미술과를 연계하여 빛의 성질에 대해 알아보고 빛의 성질을 활용한 작품을 만드는 것을 평가한다.
>
> 빛은 생물이 살아가는데 중요한 요인 중 하나이며 빛이 없을 때와 빛으로 할 수 있는 일을 상상해보면서 빛의 중요성을 알아본다. 생활 속 사례를 통해 빛이 직진, 반사, 굴절하는 성질이 있음을 알게 된다. 빛의 성질에 대한 이해를 바탕으로 빛의 성질을 활용하여 만든 작품을 보고 빛의 성질을 생활 속에서 적용하는 작품을 구상하는 것을 평가하게 된다.
>
> 빛의 성질을 이용한 미술 작품을 구상해봄으로써 빛으로 할 수 있는 일에 관심을 가지고 아름다운 작품을 만드는 창의력에 중점을 두어 평가한다.

🐝 2개 교과간 개념 기반 평가 (1)

평가 문항	빛의 성질과 빛으로 할 수 있는 일 상상해보기
평가 요소	빛의 성질, 빛의 가치와 중요성

■ 문항1: 빛이 없을 때를 상상해보고 빛이 없다면 어떻게 될지 써 봅시다.

■ 문항2: 아래 사진을 보고 알 수 있는 빛의 성질에 대해 설명하시오.

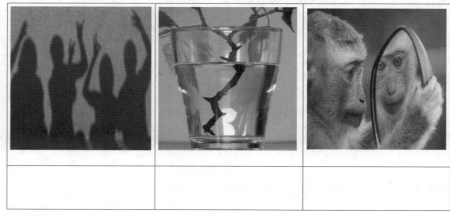

■ 문항3: 빛을 이용하여 할 수 있는 일을 상상하여 써 보시오.

■ 분석적 루브릭

성취 수준 ＼ 내용 요소	지식 · 이해 빛의 성질	과정 · 기능 빛의 기능	가치 · 태도 빛의 중요성과 빛에 대한 관심
잘함	빛의 직진, 반사, 굴절하는 성질을 구체적으로 설명할 수 있다.	빛의 각 성질을 이용한 예를 찾을 수 있다.	빛의 중요성을 알고 빛으로 할 수 있는 일에 관심을 가지고 자료를 찾는다.
보통	빛의 직진, 반사, 굴절하는 성질을 설명할 수 있다.	빛의 성질을 이용한 예를 찾을 수 있다.	빛의 중요성과 빛으로 할 수 있는 일에 관심을 가진다.
노력 필요	교사나 친구의 도움을 받아 빛의 성질을 안다.	교사나 친구의 도움을 받아 빛의 성질을 이용한 예를 안다.	교사나 친구의 도움을 받아 빛으로 할 수 있는 일에 관심을 가진다.

⬢ 2개 교과간 개념 기반 평가 (2)

평가 문항	빛의 성질을 활용한 사진 찍기
평가 요소	빛의 성질을 활용한 작품 만들기

■ 문항: 아래 사진과 같이 빛의 성질을 이용하여 그림자 사진을 찍고 사진에 대해 설명하시오.

〈빛의 성질을 활용한 사진〉　　　　　　　　〈사진에 대한 설명〉

■ 분석적 루브릭

성취 수준 ＼ 내용 요소	지식 · 이해 빛의 성질에 대한 이해	과정 · 기능 빛의 성질을 이용하여 사진 찍기
잘함	사진이나 그림 속의 빛의 성질에 대해 이해하고 사진을 찍은 후 설명할 수 있다.	빛의 성질을 활용하여 창의적으로 사진을 찍을 수 있다.
보통	사진이나 그림 속의 빛의 성질에 대해 설명할 수 있다.	빛의 성질을 활용하여 사진을 찍을 수 있다.
노력 필요	교사나 친구의 도움을 받아 사진이나 그림 속 빛의 성질에 대해 안다.	교사나 친구의 도움을 받아 빛의 성질을 활용하여 사진을 찍는다.

❀ 실제 상황에서의 평가를 위한 수행과제 개발

수행과제명	빛의 성질을 활용한 작품 만들기

목표(G) goal	빛의 성질을 활용한 작품을 전시회에 출품하는 것이다.
역할(R) role	나는 작품 디자이너이다.
대상(A) audience	빛의 성질을 활용한 작품 전시회 기획 담당자이다.
상황(S) situation	빛의 성질을 활용한 작품을 제작하여 전시회에 출품하려고 기획 담당자에게 작품에 대해 설명하는 상황이다.
수행(P) performance	빛의 성질을 활용한 작품을 만드는 것이다.
기준(S) standard	수행과제를 해결한 결과에는 다음 내용이 포함되어야 한다. ① 빛의 성질을 활용해야 한다. ② 작품에 개성과 창의적인 요소를 제시한다. ③ 심미적인 가치가 있어야 한다.

■ 수행과제

나는 작품 디자이너이며 빛의 성질을 이용한 작품 전시회에 작품을 제작하여 기획 담당자에게 설명하려고 합니다. 이번 작품 전시회에서 기획하는 작품은 ① 빛의 성질을 활용하며 ② 작품에 개성과 창의적인 디자인 요소를 제시하고 ③ 심미적인 가치가 있어야 합니다.

■ 분석적 루브릭

성취 수준 \ 내용 요소	지식 · 이해 작품 속 빛의 성질	과정 · 기능 개성과 디자인적 요소	가치 · 태도 작품의 가치
잘함	작품에 빛의 직진, 반사, 굴절하는 성질이 있다는 것을 구체적으로 설명할 수 있다.	빛의 성질을 잘 활용하여 개성과 창의적인 디자인 요소를 제시한다.	빛의 성질을 활용한 작품의 심미적인 가치를 느낄 수 있다.
보통	작품에 빛이 직진, 반사, 굴절하는 성질이 있다는 것을 설명할 수 있다.	빛의 성질을 활용하여 디자인적 요소를 제시한다.	빛의 성질을 활용한 작품의 가치를 느낀다.
노력 필요	교사나 친구의 도움을 받아 작품에 빛의 성질을 설명한다.	교사나 친구의 도움을 받아 디자인적 요소를 제시한다.	교사나 친구의 도움을 받아 빛의 성질을 활용한 작품의 가치를 느낀다.

🎲 GRASPS를 활용한 수행과제 문항

평가 문항	빛의 성질을 활용하여 개성있고 창의적인 작품 만들기
평가 요소	작품 구상하기

■ 문항1: 아래 작품을 보고 작품에 활용된 빛의 성질에 대해 쓰시오.

• 프리즘 볼	• 건물 외벽의 유리

■ 문항2: 빛의 성질을 활용하여 개성있고 창의적인 작품을 구상하고 작품에 대한 설명을 쓰시오.

내가 구상한 작품을 그려 봅시다.	작품의 특징
	• 빛의 성질: • 디자인적 요소: • 심미적인 가치: • 작품에 대한 설명:

나. 3개 교과간 (과학과 + 국어과 + 미술과) 통합 교수 · 학습 과정

핵심아이디어	화석을 통해 그 시대의 환경을 알 수 있다.		
성취기준	[6과01-01] 지층의 특징을 알고, 지층의 형성 과정을 모형으로 표현할 수 있다. [6국03-04] 독자와 매체를 고려하여 내용을 생성하고 표현하는 글을 쓴다. [6미02-03] 조형 요소의 어울림을 통해 조형 원리를 이해하고 주제 표현에 연결할 수 있다.		
핵심 질문	화석을 통해 알 수 있는 것은 무엇인가?		
평가기준	지식 · 이해	화석의 의미와 특징을 알고 있는가?	
	과정 · 기능	화석의 생성 과정을 알아보고 모형으로 만들 수 있는가?	
	가치 · 태도	화석의 가치와 중요성을 알고 있는가?	
개념적 렌즈	내용 요소 (지식 · 이해/과정 · 기능/가치 · 태도)		평가 방법
퇴적암	퇴적암의 생성 과정		구술평가
	↓		
화석	여러 가지 화석과 화석의 특징		보고서
	↓		
화석의 생성 과정	화석의 생성 과정과 가치		보고서
	↓		
화석 만들기	화석을 만들고 소개하기		실기평가

3개 교과간 평가에서는 과학과, 국어과, 미술과를 연계하여 평가를 구성하였다.

과학과의 '지층과 화석'에서는 퇴적암의 생성 과정과 퇴적암의 생성 과정에서 생긴 여러 가지 화석을 관찰하고 화석이 될 수 있는 조건과 특징을 살펴본다. 화석은 단순히 옛날에 살았던 생물의 몸체나 흔적이 암석이나 지층 속에 남아있는 것이 아니며 생물이 살았던 시대의 환경을 유추할 수 있는 중요한 가치가 있음을 알 수 있게 된다.

국어과와 연계는 내가 만들고 싶은 가치있는 화석을 생각해본 후 화석이 생성되기까지의 과정을 상상하여 글로 써보는 활동을 통해 의사소통 능력을 평가하며 미술과와의 연계는 만들고 싶은 화석을 만들고 화석을 소개하는 타이틀과 포스터를 창의적으로 제작하도록 한다.

3개 교과간 개념 기반 평가

평가 문항	화석의 특징과 화석을 보고 추리한 내용
평가 요소	화석의 생성 과정과 가치

■ 문항: 아래 화석 사진을 보고 화석의 특징, 추리한 내용, 화석의 중요성과 가치에 대해 쓰시오.

화석의 이름	암모나이트 화석	나뭇잎 화석	삼엽충 화석
화석의 모습			
화석의 특징			
화석을 보고 추리한 내용			
화석의 중요성과 가치			

■ 분석적 루브릭

내용 성취 요소 수준	지식 · 이해 화석의 특징	과정 · 기능 화석을 보고 추리한 내용	가치 · 태도 화석의 중요성과 가치
잘함	화석의 특징을 구체적으로 자세하게 설명할 수 있다.	화석을 보고 과거의 생물과 환경을 근거를 들어 추리할 수 있다.	화석의 중요성과 가치를 구체적으로 알고 있다.
보통	화석의 특징을 자세하게 설명할 수 있다.	화석을 보고 과거의 생물과 환경을 추리할 수 있다.	화석의 중요성과 가치를 알고 있다.
노력 필요	교사나 친구의 도움을 받아 화석의 특징을 안다.	교사나 친구의 도움을 받아 과거의 생물과 환경을 추리한다.	교사나 친구의 도움을 받아 화석의 중요성과 가치를 안다.

🦡 실제 상황에서의 평가를 위한 수행과제 개발

수행과제명	화석 홍보하기

목표(G) goal	기획전에서 만들고 싶은 화석을 만들고 홍보하는 것이다.
역할(R) role	나는 화석 박물관에서 근무하는 큐레이터이다.
대상(A) audience	대상은 화석 박물관에 온 관람객이다.
상황(S) situation	화석과 화석이 만들어지는 과정에 대해 설명하고 상상하여 화석을 만든다.
수행(P) performance	화석이 만들어지는 조건을 설명하고 관람객이 만들고 싶은 화석을 선택한 후 그 화석을 홍보하는 것에 대해 설명한다.
기준(S) standard	수행과제를 해결한 결과에는 다음 내용이 포함되어야 한다. ① 화석이 만들어지는 조건 ② 화석이 만들어지는 과정에 대한 글쓰기 ③ 화석을 소개하는 타이틀과 포스터를 만든다.

■ 수행과제

나는 화석 박물관에서 화석에 대해 설명하는 큐레이터입니다. 이번 기획전에서는 만들어 보고 싶은 화석을 선택하고 화석이 만들어지는 과정을 글로 쓰며 홍보하는 활동을 할 예정입니다. 여기에는 ① 화석이 만들어지는 조건 ② 화석이 만들어지는 과정에 대한 글쓰기 ③ 화석을 소개하는 타이틀과 포스터를 제시합니다.

■ 분석적 루브릭

성취수준 \ 내용요소	지식 · 이해 화석의 의미와 화석이 만들어지는 조건	과정 · 기능 화석이 만들어지는 과정에 대한 글쓰기	가치 · 태도 화석의 가치
잘함	화석의 의미를 알고 화석이 만들어지는 조건을 구체적 예를 들어 설명할 수 있다.	화석이 만들어지는 과정에 대한 상상하는 글을 쓸 수 있다.	화석의 중요성과 가치를 구체적으로 알고 있다.
보통	화석의 의미를 알고 화석이 만들어지는 조건을 설명할 수 있다.	화석이 만들어지는 과정에 대한 글을 쓸 수 있다.	화석의 중요성과 가치를 알고 있다.
노력 필요	교사나 친구의 도움을 받아 화석의 의미를 알고 화석이 만들어지는 조건을 안다.	교사나 친구의 도움을 받아 화석에 대한 글을 쓴다.	교사나 친구의 도움을 받아 화석의 중요성과 가치를 안다.

GRASPS를 활용한 수행과제 문항 (1)

평가 문항	화석이 만들어지는 과정을 상상하여 글쓰기
평가 요소	화석이 만들어지는 과정

■ 문항: 화석이 만들어지는 조건을 알아보고 내가 만들고 싶은 가치가 있는 화석과 그 이유를 쓰시오.

화석이 만들어지는 조건	내가 만들고 싶은 화석과 만들고 싶은 이유
• 생물의 몸체나 흔적 위로 퇴적물이 빠르게 쌓인다 • 동물의 뼈처럼 단단한 부분이나 식물의 줄기처럼 질긴 부분이 있으면 화석이 만들어지기 쉽다.	〈내가 만들고 싶은 화석〉 〈화석으로 만들고 싶은 이유〉

• 내가 만들고 싶은 화석이 만들어지는 과정을 상상하여 쓰시오.

■ 분석적 루브릭

내용 성취 수준＼요소	지식 · 이해 화석이 만들어지는 조건	과정 · 기능 화석이 만들어지는 과정에 대한 글쓰기
잘함	화석이 만들어지는 조건에 대해 구체적인 예를 들어 설명할 수 있다.	화석이 만들어지는 과정을 상상하여 글을 쓸 수 있다.
보통	화석이 만들어지는 조건에 대해 설명할 수 있다.	화석이 만들어지는 과정에 대해 글을 쓸 수 있다.
노력 필요	교사나 친구의 도움을 받아 화석이 만들어지는 조건에 대해 안다.	교사나 친구의 도움을 받아 화석이 되는 과정에 대한 짧은 글을 쓴다.

평가 문항	화석 홍보 타이틀과 홍보 포스터 만들기
평가 요소	화석 홍보하기

■ 문항: 내가 만든 화석과 화석의 가치를 홍보하는 타이틀과 포스터를 만드시오.

> 예 홍보 타이틀: 예 세상에 하나뿐인 화석!!

❶ 평가의 개관

세상을 움직이는 자원과 에너지의 활용	
과학과 (자원과 에너지)	과학과+국어과
• 자원과 에너지로 할 수 있는 일은 무엇인가?	• 자원과 에너지의 활용 가치를 어떤 방법으로 표현하는가?
과학과 (자원과 에너지+우리 몸의 구조와 기능)	과학과+실과+미술과
• 에너지를 어떻게 얻을 수 있는가?	• 자원과 에너지의 효율적인 활용 방법은 무엇인가?

6학년 과학과 학습의 주제는 '세상을 움직이는 자원과 에너지의 활용'이다. 구체적인 학습 내용은 '자원과 에너지의 의미와 필요성', '자원과 에너지의 형태와 이용 방법', '자원과 에너지의 효율적인 이용'으로 이를 통해 자원과 에너지는 생물과 물체를 움직일 수 있게 하며 인간이 생활하는 데 필요한 동력임을 학습한다. 더불어 자원과 에너지를 창출할 수 있는 재생에너지의 종류와 에너지를 지속가능하게 하는 이용 방법에 대해 생각해보고, 자원과 에너지의 사용이 우리 생활에 어떤 영향을 미치는지 탐구하게 된다.

영역내 평가는 '자원과 에너지' 영역으로 자원과 에너지의 의미와 필요성, 그리고 중요성에 대해 알아보고 여러 가지 자원과 에너지의 형태를 결합해보는 활동을 평가하게 된다. 영역간 평가는 '자원과 에너지', '우리 몸의 구조와 기능' 영역을 연계하였고, 두 개 교과의 연계 평가는 '자원과 에너지'와 국어과의 '매체에 따른 다양한 읽기 방법', '매체 자료'에 대해 다루었다. 마지막으로 세 교과의 연계 평가는 과학과의 '자원과 에너지의 효율성', 실과의 '친환경 건설 구조물의 이해', 미술과의 '아이디어의 구체화'를 융합한 것이다. 각각의 평가는 해당 교과의 개념에 대한 이해와 일반화에 대한 평가가 이루어질 수 있도록 설계하였다.

❷ 영역내 및 영역간 개념 기반 평가

가. 영역내 (자원과 에너지) 교수·학습 과정

핵심아이디어	다양한 자원과 에너지의 종류를 알고 지속가능한 이용 방법을 탐색하여 생활 속에서 활용한다.	
성취기준	[6과08—03] 자원과 에너지의 효율적인 이용 방법에 대해 탐색하고, 생활 속에서 실천할 수 있는 다양한 사례를 공유할 수 있다.	
핵심 질문	자원과 에너지로 할 수 있는 일은 무엇인가?	
평가기준	지식·이해	자원과 에너지의 의미와 종류, 필요성을 알고 있는가?
	과정·기능	자원과 에너지의 효율적인 이용 방법을 찾고 결합하여 적용하는가?
	가치·태도	자원과 에너지의 중요성을 알고 있는가?

개념적 렌즈	내용 요소 (지식·이해/과정·기능/가치·태도)	평가 방법
자원과 에너지	자원과 에너지의 의미와 종류, 필요성 설명하기	구술평가

↓

자원과 에너지의 형태	자원과 에너지의 형태 알아보기	조사보고서

↓

자원과 에너지를 얻는 방법	자원과 에너지를 얻는 방법 조사하기	조사보고서

↓

자원과 에너지의 결합	자원과 에너지를 결합하고 적용하기	조사보고서

> 영역내 교수·학습과정 내용의 핵심아이디어는 '다양한 자원과 에너지의 종류를 알고 지속가능한 이용 방법을 탐색하여 생활 속에서 활용한다'이다. 일상에서 볼 수 있는 문제 해결을 통해 생물, 무생물 등은 자원과 에너지가 있어야 살아가거나 움직일 수 있음을 알고 에너지의 의미와 필요성 그리고 중요성에 대해 알게 된다.
>
> 자원과 에너지의 의미와 필요성을 알고 이용 방법과 형태를 찾아 결합해보는 문제해결 평가 활동을 통해 자원과 에너지는 우리 생활과 밀접한 관련이 있으며 세상을 움직이게 하는 동력이 됨을 알 수 있도록 평가를 구성하였다.

🐝 영역내 개념 기반 평가 (1)

평가 문항	자원과 에너지의 의미와 필요성 및 중요성 알아보기
평가 요소	문제해결 방법

■ 문항: 다음 상황을 읽고 문제를 해결하기 위해 할 수 있는 일을 쓰시오.

순	상황	문제를 해결하기 위해 할 수 있는 일
1	건전지 약이 다 닳아서 시곗바늘이 움직이지 않습니다. 어떻게 해야 시곗바늘이 다시 움직일 수 있을까요?	
2	영민이는 배가 너무 고파서 활동을 할 수 없습니다. 영민이가 활동을 잘하기 위해서는 어떻게 해야 할까요?	
3	자동차가 멈추어 확인해보니 연료 표시등에 빨간 불이 들어와 있었습니다. 어떻게 해야 자동차가 다시 움직일 수 있을까요?	
4	농사를 짓는데 물이 많이 필요한 때를 대비하여 장마철 빗물을 활용할 수 있는 방법에는 어떤 것이 있을까요?	

• 위의 각 상황의 문제를 해결하기 위해 한 일을 생각하며 자원과 에너지의 의미와 필요성, 중요성에 대해 쓰시오.

> 자원과 에너지의 의미:
>
> 자원과 에너지의 필요성:
>
> 자원과 에너지의 중요성:

■ 분석적 루브릭

내용 성취 요소 수준	지식 · 이해 자원과 에너지의 의미와 필요성	가치 · 태도 자원과 에너지의 중요성
잘함	자원과 에너지의 의미를 이해하고 필요성을 사례에 맞게 구체적으로 설명할 수 있다.	구체적인 예시를 들어 자원과 에너지의 중요성을 알고 있다.
보통	자원과 에너지의 의미를 알고 필요성을 설명할 수 있다.	자원과 에너지의 중요성을 알고 있다.
노력 필요	교사나 친구의 도움을 받아 자원과 에너지의 의미와 필요성을 안다.	교사나 친구의 도움을 받아 자원과 에너지의 중요성을 안다.

🐝 영역내 개념 기반 평가 (2)

평가 문항	자원과 에너지의 형태와 이용 방법 알아보기
평가 요소	자원과 에너지의 이용 방법

■ 문항: 아래의 상황에서 볼 수 있는 자원과 에너지의 형태와 이용 방법을 쓰시오.
예 서핑을 하는 사람을 보고 운동에너지를 찾을 수 있다.

①
②
③
④
⑤

■ 분석적 루브릭

내용 성취 수준 \ 요소	지식 · 이해 자원과 에너지의 형태	과정 · 기능 자원과 에너지의 이용 방법
잘함	자원과 에너지의 형태를 5가지 이상 바르게 찾을 수 있다.	자원과 에너지의 이용 방법을 상황에 알맞게 구체적으로 찾는다.
보통	자원과 에너지의 형태를 3가지 이상 바르게 찾을 수 있다.	자원과 에너지의 이용 방법을 찾는다.
노력 필요	교사나 친구의 도움을 받아 자원과 에너지의 형태를 찾는다.	교사나 친구의 도움을 받아 자원과 에너지의 이용 방법을 찾는다.

🍀 실제 상황에서의 평가를 위한 수행과제 개발

수행과제명	자원과 에너지의 형태를 결합한 장난감 만들기

목표(G) goal	자원과 에너지의 형태를 결합한 어린이 장난감을 만들어 공모전에 응모하는 것이다.
역할(R) role	나는 어린이 장난감 공모전에 응모한 장난감 개발자이다.
대상(A) audience	장난감에 대해 심사하는 회사 디자이너들이다.
상황(S) situation	회사 디자이너들에게 자원과 에너지의 형태를 결합한 장난감에 대해 설명하는 상황이다.
수행(P) performance	자원과 에너지의 형태를 결합한 장난감을 만들어 회사 디자이너들에게 심사를 받는 것이다.
기준(S) standard	장난감에는 다음과 같은 내용이 포함되어야 한다. ① 자원과 에너지의 형태가 결합되어 있어야 한다. ② 자원과 에너지의 형태가 장난감에 표현되어야 한다.

■ 수행과제

나는 장난감 회사의 공모전에 응모한 장난감 개발자입니다. 어린이들이 좋아할 만한 새로운 장난감을 만들어 회사 디자이너들에게 설명하고 심사를 받게 됩니다. 이번 공모전의 장난감 개발 기준은 다음과 같습니다. ① 자원과 에너지의 형태를 결합하고, ② 자원과 에너지의 형태가 장난감에 표현되어야 합니다.

■ 분석적 루브릭

내용 성취 수준 \ 요소	지식 · 이해 자원과 에너지의 결합	과정 · 기능 자원과 에너지의 형태 표현
잘함	자원과 에너지의 형태를 알고 조화롭게 결합할 수 있다.	자원과 에너지의 형태를 장난감에 맞게 잘 표현한다.
보통	자원과 에너지의 형태를 알고 단순하게 결합할 수 있다.	자원과 에너지의 형태를 장난감에 표현한다.
노력 필요	교사나 친구의 도움을 받아 자원과 에너지의 형태를 결합한다.	교사나 친구의 도움을 받아 자원과 에너지의 형태를 장난감에 표현한다.

GRASPS를 활용한 수행과제 문항

평가 문항	자원과 에너지의 형태가 결합된 장난감 만들기
평가 요소	자원과 에너지의 결합

■ 문항1: 내가 만들려는 장난감에 있는 자원과 에너지의 형태에 대해 쓰시오.

자원과 에너지의 형태: (   ) + (   ) + (   )

예 빛에너지 + 운동에너지
눈에서 불빛이 나며(빛에너지) 스위치를 켜면 춤을 춘다(운동에너지)

① _____

② _____

③ _____

■ 문항2: 내가 구상한 장난감을 그리고, 장난감에 포함된 자원과 에너지의 형태를 쓰시오.

나. 영역간 (자원과 에너지 + 우리 몸의 구조와 기능) 교수 · 학습 과정

핵심아이디어	생물이 활동하기 위해서는 에너지가 필요하며 다양한 경로를 통해 에너지를 얻고 활용한다.	
성취기준	[6과08-03] 자원과 에너지의 효율적인 이용 방법에 대해 탐색하고, 생활 속에서 실천할 수 있는 다양한 사례를 공유할 수 있다. [6과04─02] 소화, 순환, 호흡, 배설 기관의 구조와 기능을 알아보고, 우리 몸의 여러 기관이 서로 관련되어 있음을 설명할 수 있다.	
핵심 질문	에너지를 어떻게 얻을 수 있는가?	

평가기준	지식 · 이해	생물이 에너지를 얻는 방법을 알고 있는가?
	과정 · 기능	에너지를 얻을 때 일어나는 변화에 대해 알고 있는가?
	가치 · 태도	에너지를 얻을 때 주의할 사항을 알고 있는가?

개념적 렌즈	내용 요소 (지식 · 이해/과정 · 기능/가치 · 태도)	평가 방법
움직임 원리	우리 몸이 움직이는 원리 알아보기	관찰평가

↓

호흡과 신체	숨을 쉴 때, 우리 몸의 변화 알아보기	관찰평가

↓

소화와 신체	소화 기관과 소화 과정 설명하기	구술평가

↓

에너지를 얻는 방법	에너지를 얻는 다양한 방법 탐구하기	포트폴리오

영역간 교수 · 학습 내용에 대한 핵심 질문은 '에너지를 어떻게 얻을 수 있는가?'이다. 핵심 질문의 해결을 위해 '개념 기반 평가'에서는 우리 몸의 여러 기관 중 소화 기관 각 부분의 역할과 소화의 과정을 알아보고 소화 기관은 음식물 섭취를 통해 에너지를 얻을 수 있도록 하는 소중한 기관임을 알게 된다. 또한 음식물 섭취를 통해 얻은 에너지로 다양한 활동을 할 수 있음을 유추할 수 있도록 한다.

'실제 상황에서의 수행과제'는 많은 에너지를 필요로 하는 청소년들에게 효과적인 에너지 간식을 만드는 것이다. 이러한 평가를 통해 알고 있는 과학적 지식을 실생활의 문제 해결에 활용하는 적용력, 문제해결력을 평가하고자 하였다.

🔷 영역간 개념 기반 평가 (1)

평가 문항	소화 기관의 역할과 각 부분이 하는 일
평가 요소	소화 기관의 역할 이해

■ 문항: 다음 설명에 알맞은 우리 몸의 기관을 찾아 번호를 쓰시오.(　　)번

> (　　)기관아, 고마워!
>
> 　내가 먹은 음식물을 잘게 분해해서 내 몸이 영양소를 흡수할 수 있도록 해주어서 고마워. 내 몸 속의 (　　)기관이 없으면 먹어도 소화시킬 수 없어서 에너지를 얻지 못하고 활동도 할 수 없었을 거야. 앞으로 몸에 좋은 음식을 많이 먹도록 노력할게.

① 소화 기관	② 호흡 기관	③ 순환 기관	④ 배설 기관

• 위의 정답에 해당하는 기관의 각 부분이 하는 일을 쓰시오.

입:

식도:

위:

작은창자:

큰창자:

항문:

■ 분석적 루브릭

성취 수준 \ 내용 요소	지식 · 이해 소화 기관의 부분과 역할	가치 · 태도 소화 기관의 중요성
잘함	소화 기관에 해당하는 각 부분의 이름과 역할을 자세하게 설명할 수 있다.	소화 기관의 중요성을 알고 소중하게 여기는 마음을 가지고 앞으로 할 일에 대해 안다.
보통	소화 기관에 해당하는 각 부분의 이름과 역할을 설명할 수 있다.	소화 기관의 중요성을 알고 소중하게 여기는 마음을 가진다.
노력 필요	교사나 친구의 도움을 받아 소화 기관의 역할에 대해 안다.	교사나 친구의 도움을 받아 소화 기관의 중요성을 안다.

영역간 개념 기반 평가 (2)

평가 문항	음식물의 소화 과정과 소화·흡수된 음식물의 역할
평가 요소	에너지의 역할

▣ 문항: 다음 그림을 보고 음식물의 소화 과정과 음식물이 어떻게 사용되는지 유추한 내용을 쓰시오.

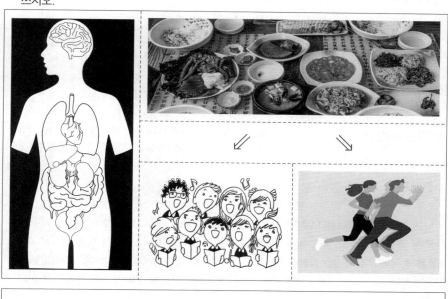

■ 분석적 루브릭

내용 성취 요소 수준	지식 · 이해 소화 과정	과정 · 기능 소화 · 흡수된 음식물의 역할
잘함	음식물의 소화 과정을 정확하게 구체적으로 설명할 수 있다.	소화 · 흡수된 음식물이 어떤 역할을 하는지 근거를 들어 추리한다.
보통	음식물의 소화 과정을 설명할 수 있다.	소화 · 흡수된 음식물이 어떤 역할을 하는지 추리한다.
노력 필요	교사나 친구의 도움을 받아 음식물의 소화 과정을 안다.	교사나 친구의 도움을 받아 소화 · 흡수된 음식물이 어떤 역할을 하는지 안다.

◈ 실제 상황에서의 평가를 위한 수행과제 개발

수행과제명	청소년을 위한 에너지 보충 간식 만들기

목표(G) goal	청소년을 위한 에너지 보충 간식을 개발하는 것이다.
역할(R) role	나는 식품회사 개발팀장이다.
대상(A) audience	대상은 간식을 먹는 청소년이다.
상황(S) situation	나는 식품회사 개발팀장으로 에너지 소비가 많은 청소년들을 위한 에너지 보충 간식을 개발하여야 한다.
수행(P) performance	빠른 시간에 소화·흡수되어 충분한 에너지를 낼 수 있는 형태의 유익한 식품을 선택하여 간식을 개발하는 것이다.
기준(S) standard	에너지 보충 간식은 다음 조건을 충족해야 한다. ① 유익한 식품을 사용하며 에너지를 충분히 낼 수 있어야 한다. ② 단시간 내에 소화·흡수되어 에너지를 보충해 주는 형태여야 한다.

■ 수행과제

나는 식품회사 개발팀장으로 에너지 소비가 많으나 이른 등교, 학원 수강 등으로 제때 식사를 못 하는 학생들을 위한 에너지 보충 간식을 개발해야 한다. 에너지 보충 간식은 다음 조건을 충족해야 한다. ① 청소년들을 위해 유익한 식품을 사용하며 에너지를 충분히 낼 수 있어야 한다. ② 단시간 내에 소화·흡수되어 에너지를 보충해 주어야 하는 형태여야 한다.

■ 분석적 루브릭

내용 성취 요소 수준	지식·이해 에너지 공급원	과정·기능 에너지 공급원의 형태	가치·태도 식품 선택 시 유의사항
잘함	에너지를 충분히 낼 수 있는 다양한 식품에 대해 설명할 수 있다.	단시간 내에 소화·흡수되어 에너지를 보충할 수 있는 형태로 구상할 수 있다.	에너지를 낼 수 있는 식품 중 학생에게 유익한 식품을 선택한다.
보통	에너지를 충분히 낼 수 있는 식품을 설명할 수 있다.	단시간 내에 에너지를 보충할 수 있는 형태로 구상할 수 있다.	학생에게 유익한 식품을 선택한다.
노력 필요	교사나 친구의 도움을 받아 에너지를 충분히 낼 수 있는 식품에 대해 안다.	교사나 친구의 도움을 받아 단시간 내에 소화·흡수되어 에너지를 보충할 수 있는 형태가 필요함을 안다.	교사나 친구의 도움을 받아 학생에게 유익한 식품 선택이 필요함을 안다.

🍂 GRASPS를 활용한 수행과제 문항

평가 문항	청소년을 위한 에너지 보충 간식 만들기
평가 요소	에너지 공급원, 빠른 에너지 공급을 위한 형태

■ 문항: 다음 식품별 에너지 함량표를 참고하여 에너지 공급원이 될 수 있는 유익한 식품을 선택하시오(표에 없는 것도 스스로 조사하여 선택할 수 있음).

식품명	kcal/100g	식품명	kcal/100g
가지	18	사과 큰 것	50
감	68	쇠고기	125
고구마	131	슈크림	283
고등어	150	소갈비	330
닭고기(2~3토막)	125	어묵 튀긴 것	150
돼지 족발	150	칼국수(1인분)	545
딸기(10알)	23	케이크(1조각)	330
라면(1봉)	454	키위(2개)	56
모카빵	305	튀김우동(1인분)	577
바나나	100	피자(1쪽)	250

청소년의 간식을 만들기 위해 선택한 식품들

• 소화·흡수가 잘 되기 위한 간식의 형태를 구상하시오.
   – 우리가 먹은 음식이 우리 몸에서 작게 분해되는 이유는 무엇인가?
   – 소화·흡수가 빠르게 되려면 식품의 형태를 어떻게 만들어야 할까?
   – 소화·흡수가 빠른 에너지 간식의 형태를 구상하시오.

• 간식의 재료와 형태 이외에 고려해야 할 것들은 무엇인지 쓰시오.

• 선택한 재료와 형태, 기타 고려사항을 종합하여 만든 간식에 대해 설명하시오.

❸ 교과간 개념 기반 평가

가. 2개 교과간 (과학과 + 국어과) 통합 교수·학습 과정

핵심아이디어	환경오염을 방지하며 지속가능한 발전을 위한 자원과 에너지의 효율적인 이용 방법을 찾아 생활에 적용한다.	
성취기준	[6과08-03] 자원과 에너지의 효율적인 이용 방법에 대해 탐색하고, 생활 속에서 실천할 수 있는 다양한 사례를 공유할 수 있다. [6국02-04] 문제 상황과 관련된 다양한 관점의 글을 읽고 이를 문제 해결에 활용한다. [6국01-05] 자료를 선별하여 핵심 정보를 중심으로 내용을 구성하고 매체를 활용하여 발표한다.	
핵심 질문	자원과 에너지의 효율적인 이용 방법은 무엇인가?	
평가기준	지식 · 이해	다양한 자원과 에너지에 대해 알고 있는가?
	과정 · 기능	자원과 에너지의 효율적인 이용 방법을 찾을 수 있는가?
	가치 · 태도	자원과 에너지의 활용 가치에 대해 알고 있는가?

개념적 렌즈	내용 요소 (지식 · 이해/과정 · 기능/가치 · 태도)	평가 방법
자원과 에너지	자원과 에너지 이용에 대한 자료 수집하기	관찰평가

↓

환경오염의 문제	자원과 에너지 이용 문제에 조사하기	조사보고서

↓

환경오염을 줄이는 방법	환경오염을 줄이는 방법 제안하기	관찰평가

> 2개 교과간 교수 · 학습 내용은 환경오염과 관련하여 과학과의 자원과 에너지를 효율적으로 사용하는 방법 알기, 국어과의 매체 읽기, 매체 자료 활용을 통한 내용 알기와 실천 방법의 제안을 융합한 것이다. 먼저 환경오염의 문제점을 매체 자료를 통해 조사하고, 일상에서 화석에너지 사용의 문제점을 파악하여, 해결 방법으로써 재생에너지 사용에 대해 의견을 제시하는 것이 평가의 주요 내용이다.
> '개념 기반 평가'는 현재 에너지 사용 방법의 문제점, 환경오염의 원인과 해결 방법을 매체를 활용하여 효과적으로 정보를 수집하는 능력을 평가하고자 하였다.
> '실제 상황에서의 수행과제'는 환경오염 문제에 대해 매체를 활용하여 강연 형식으로 발표하며 설득하는 활동이다. 매체를 통하여 얻은 지식을 바탕으로 해결 방법을 찾아, 청중들의 관심을 촉구하고 실천 내용을 제안할 수 있는지 평가한다.

🐝 2개 교과간 개념 기반 평가

평가 문항	환경오염, 어떻게 줄일 수 있을까?
평가 요소	환경오염 문제, 매체 활용하기, 환경오염 문제 정리하기

■ 문항1: 환경오염에 대해 궁금한 점을 질문으로 만드시오(세 가지 이상)

> 예 환경오염은 무엇인가?

- 위에서 질문한 내용을 인터넷 매체에서 찾으시오.
  - * 매체: 인터넷 뉴스, 동영상, 인터넷 사전 등
  - * 검색어: 환경오염, 지속가능한 지구. 에너지 자원, (   )
  - * 검색한 자료 평가하기
    - 주제와 관련이 깊은가? (필요한 정보인가?)
    - 알기 쉽게 설명하는가? (수준에 맞는가?)
    - 믿을 수 있는가? (근거를 제시하는가?, 제작자가 신뢰성이 있는가?, 비교적 최근 자료인가?)
- 매체를 통해 조사한 내용을 정리하시오.

```
  [의미]                        [일어나는 현상들]
  [문제점] ─── [환경오염] ───    [줄일 수 있는 방법]
  [원인]                        [        ?        ]
```

* 별도 용지에 자유롭게 정리하기, 출처 쓰기

■ 분석적 루브릭

내용 요소 성취 수준	지식 · 이해 환경오염 문제 조사하기	과정 · 기능 매체 활용하기
잘함	환경오염 문제의 심각성, 원인, 해결방법 등을 구체적인 근거와 함께 설명할 수 있다.	매체의 유형과 특성에 따라 효과적으로 읽고 필요한 정보를 찾아 정리할 수 있다.
보통	환경오염 문제의 심각성, 원인, 해결방법 등을 설명할 수 있다.	매체의 유형에 따라 필요한 정보를 찾아 정리할 수 있다.
노력 필요	교사나 친구의 도움을 받아 환경오염 문제를 안다.	교사나 친구의 도움을 받아 매체의 유형에 따라 정보를 찾는다.

❀ 실제 상황에서의 평가를 위한 수행과제 개발

수행과제명	'환경오염에서 지구를 구하는 방법' 강연하기

목표(G) goal	환경오염의 심각성을 깨닫고, 환경오염을 줄일 수 있는 방법을 실천하도록 설득하는 것이다.
역할(R) role	나는 환경오염 문제에 대해 강의하는 강연자이다.
대상(A) audience	환경오염 문제의 심각성을 잘 알지 못하는 사람들이다.
상황(S) situation	여러 사람 앞에서 환경오염에 대한 생각을 발표해야 한다.
수행(P) performance	적절한 매체자료(그림, 사진, 도표, 그래프, 동영상 등)를 활용하여 환경오염을 줄이는 방법에 대해 강연한다.
기준(S) standard	강연에는 다음 내용이 포함되어야 한다. ① 환경오염의 문제점, 원인, 해결 방법을 자원과 에너지 사용과 관련하여 제시한다. ② 1개 이상의 매체 자료를 제시하여 효과적으로 설득한다.

■ 수행과제

> 나는 '환경오염에서 지구를 구하는 방법'을 주제로 강의하는 강연자이다. 이번 강의에서는 사람들에게 환경오염 문제의 심각성을 알리고 이를 해결하는 방법을 제안하여 실천에 동참할 수 있도록 강의를 한다.
> 강의 시간 5분 동안 발표하는 내용은 다음 사항이 포함되어야 한다. ① 환경오염의 문제점, 원인, 해결 방법을 자원과 에너지 사용과 관련하여 제시 ② 1개 이상의 매체 자료 활용

■ 분석적 루브릭

내용 성취 요소 수준	지식·이해 문제 해결 제안	과정·기능 매체 자료의 활용	가치·태도 문제 해결의 중요성
잘함	환경오염 문제 해결책을 근거를 바탕으로 설명하고 해결 방법을 제시할 수 있다.	내용에 적합한 매체 자료를 효과적으로 활용하여 듣는 이가 이해하기 쉽게 발표할 수 있다.	환경오염 문제 해결의 중요성을 알고 적극적으로 실천하려는 태도를 가진다.
보통	환경오염 문제 해결책을 설명하고 해결 방법을 제시할 수 있다.	내용에 적합한 매체 자료를 활용하여 듣는 이가 이해하기 쉽게 발표할 수 있다.	환경오염 문제 해결의 중요성을 알고 실천하려는 태도를 가진다.
노력 필요	교사나 친구의 도움을 받아 환경오염 문제의 해결 방법을 제시한다.	교사나 친구의 도움을 받아 내용과 관련된 매체 자료에 관심을 가진다.	교사나 친구의 도움을 받아 환경오염 문제 해결의 중요성을 안다.

🐝 GRASPS를 활용한 수행과제 문항 (1)

■ 수행과제(1)~(2)는 연계 평가

평가 문항	환경오염의 문제점, 원인(화석에너지), 해결 방법(재생에너지), 매체 자료 활용
평가 요소	'환경오염에서 지구를 구하는 방법' 강연 준비하기

■ 문항1: '환경오염에서 지구를 구하는 방법'에 대한 강연 계획을 세우시오.

강연 제목		
강연 순서 (소제목)	강연 내용	매체 자료 내용 및 형식 (그림, 사진, 표, 그래프, 동영상 등)
1. 문제점 ( )		
2. 원인 ( )		
3. 해결 방법 ( )		
4. 실천할 일 ( )		

■ 문항2: 강연 준비 확인하기

점검할 내용	확인
1. 제목/소제목이 청중의 관심을 끌 수 있는가?	
2. 환경오염의 문제점을 나(청중)의 문제로 인식하도록 관련지어 설명하는가?	
3. 환경오염의 원인을 인간의 자원과 에너지 사용과 관련하여 알기 쉽게 설명하는가?	
4. 환경오염을 해결하는 방법을 자원과 에너지 활용과 관련하여 설명하는가?	
5. 타당한 근거를 제시하는가?(과학적 사실, 출처)	
6. 환경오염을 막기 위해 제안한 내용이 실천 가능한가?	
7. 사용한 매체 자료가 내용 전달에 효과적인가?	
8. 제한된 발표 시간(5분)을 지킬 수 있는가?	
9. 청중들이 실천에 동참할 수 있도록 설득력 있게 말하는가?	

GRASPS를 활용한 수행과제 문항 (2)

평가 문항	환경오염의 문제점, 원인(화석에너지), 해결 방법(재생에너지), 매체 자료 활용하여 발표하기
평가 요소	'환경오염에서 지구를 구하는 방법' 강연하기

■ 문항1: '환경오염에서 지구를 구하는 방법' 강연을 듣고 평가하시오.

평가대상	평가 내용			
이름	• 내용 및 조직(4점) – 주제에 맞는 내용이 잘 정리되어 있다. – 과학적 근거를 제시하며 논리적으로 설명한다. – 해결 방법이 실천 가능하다.	• 전달력(3점) – 말하는 내용이 이해하기 쉽다. – 매체 자료가 설명에 도움이 된다.	• 설득력(3점) – 말하는 내용에 관심이 간다. – 제안 내용이 설득력 있다.	합계

■ 문항2: 강연을 마친 후 느낀 점을 쓰시오.

* 나의 발표 되돌아보기

* 환경오염 문제 해결에 대해 나의 생각 쓰기

나. 3개 교과간 (과학과 + 실과 + 미술과) 통합 교수·학습 과정

핵심아이디어	자원과 에너지의 효율적인 이용 방법을 찾아 생활에 활용한다.		
성취기준	[6과08-03] 자원과 에너지의 효율적인 이용 방법에 대해 탐색하고, 생활 속에서 실천할 수 있는 다양한 사례를 공유할 수 있다. [6실04-01] 친환경 건설 구조물을 이해하고, 생활 속 건설 구조물을 탐색하여 간단한 구조물을 체험하면서 건설 기술에 대한 가치를 인식한다. [6미02-03] 다양한 자료를 활용하여 아이디어와 관련된 표현 내용을 구체화할 수 있다.		
핵심 질문	자원과 에너지의 효율적인 활용 방법은 무엇인가?		
평가기준	지식·이해	자원과 에너지의 효율적인 활용 방법을 알고 있는가?	
	과정·기능	자원과 에너지의 효율성을 건축 구조물에 활용할 수 있는가?	
	가치·태도	자원과 에너지 활용의 중요성을 알고 있는가?	
개념적 렌즈	내용 요소 (지식·이해/과정·기능/가치·태도)		평가 방법
자원과 에너지 이용	자원과 에너지의 효율적인 이용 방법		관찰평가

↓

자원과 에너지 탐색	건축물에 이용 가능한 자원과 에너지 탐색하기		포트폴리오

↓

건축물 구상	효율적인 건축물 구상하기		포트폴리오

↓

건축물 제작	효율적인 건축물 제작하기		실기평가

3개 교과간 평가는 과학과, 실과, 미술과의 성취기준을 통합하여 설계하였다. 평가의 주요 내용은 자원과 에너지 사용의 효율성을 점검하고, 효율을 높일 수 있는 제품이나 건물 구조 등을 구상하여 그림이나 모형으로 표현하는 것이다.

'개념 기반 평가'에서는 우리 학교 각 장소의 자원과 에너지 효율성을 조사하고 효율성을 높일 수 있는 제품이나 구조 개선 방안을 구상하여 리모델링을 계획하고 스케치로 표현하는 것을 평가하도록 하였다.

'실제 상황에서의 수행과제'는 학교에서 범위를 넓혀 주택 디자이너가 되어 에너지 효율을 높일 수 있는 건축 재료와 구조를 구상하고 이를 적용하여 건축물을 설계하고 제작하는 것으로 의사소통 능력, 창의적 문제 해결 능력, 다양한 표현 능력 등을 기르는 데 중점을 두었다.

✿ 3개 교과간 개념 기반 평가

평가 문항	우리 학교의 자원과 에너지 이용에 대한 개선 방안을 제안하기
평가 요소	자원과 에너지의 효율적인 이용 방법

■ 문항1: 다음 장소에서 사용되는 자원과 에너지를 조사하고 마인드맵으로 표현하시오.

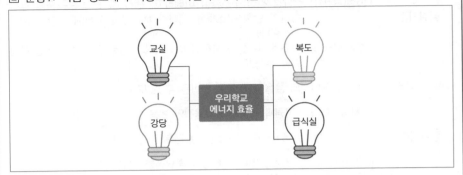

■ 문항2: 우리 학교의 자원과 에너지 효율을 높일 수 있는 제품 또는 구조를 구상하여 개선 방안을 제안하시오.

장소	자원과 에너지 효율이 떨어지는 사례	구상한 제품 또는 구조 개선 방안
교실		
복도		
강당		
기타		

■ 문항3: 위의 장소 중 한 곳을 선택하여 리모델링 모습을 스케치하시오. – 별도 학습지

■ 분석적 루브릭

내용 성취 수준	지식 · 이해 자원과 에너지 효율성	과정 · 기능 제품 또는 구조 구상	가치 · 태도 개선 방안 표현
잘함	자원과 에너지의 효율적인 이용 방법을 구체적으로 설명할 수 있다.	자원과 에너지 효율성을 높일 수 있는 창의적인 제품 또는 구조를 구상할 수 있다.	자원과 에너지 이용 개선 방안의 중요성을 표현한다.
보통	자원과 에너지의 효율적인 이용 방법을 설명할 수 있다.	자원과 에너지 효율성을 높일 수 있는 제품 또는 구조를 구상할 수 있다.	자원과 에너지 이용 개선 방안을 표현한다.
노력 필요	교사나 친구의 도움을 받아 자원과 에너지의 효율적인 이용 방법을 안다.	교사나 친구의 도움을 받아 자원과 에너지 효율성을 높일 수 있는 제품 또는 구조에 대해 관심을 갖는다.	교사와 학생의 도움을 받아 자원과 에너지 이용 개선 방안을 표현한다.

🔷 실제 상황에서의 평가를 위한 수행과제 개발

수행과제명	자원과 에너지를 효율적으로 활용할 수 있는 건축물 제작하기

목표(G) goal	자원과 에너지를 효율적으로 활용할 수 있는 건축물을 제작하는 것이다.
역할(R) role	나는 건축 디자이너이다.
대상(A) audience	대상은 자원과 에너지의 효율이 높은 집을 원하는 건축주이다.
상황(S) situation	자원과 에너지의 고갈과 환경 보호 등을 위해 자원과 에너지를 효율적으로 이용할 수 있는 건물을 설계하고 제작해야 한다.
수행(P) performance	자원과 에너지를 효율적으로 활용하기 위한 방법을 토의하고 효율을 높일 수 있는 건축 재료와 구조를 구상하여 이를 적용한 건축물을 설계하고 제작한다.
기준(S) standard	수행과제를 해결한 결과에는 다음 내용이 포함되어야 한다. ① 자원과 에너지를 효율적으로 활용하는 방법 토의 ② 자원과 에너지 효율을 높일 수 있는 건축 재료 및 구조 구상 ③ 자원과 에너지를 효율적으로 활용할 수 있는 건축물 설계 및 제작

■ 수행과제

> 나는 건축 디자이너입니다. 건축주의 바람에 따라 자원과 에너지의 효율을 높일 수 있는 건축 재료와 구조를 구상하고, 이를 적용하여 건축물을 설계하고 제작해야 합니다. 여기에는 ① 자원과 에너지를 효율적으로 이용하는 방법 토의 ② 자원과 에너지 효율을 높일 수 있는 건축 재료와 구조 구상 ③ 자원과 에너지를 효율적으로 활용할 수 있는 건축물 설계 및 제작이 포함되어야 합니다.

■ 분석적 루브릭

내용 성취 요소 수준	지식 · 이해 자원과 에너지의 이용 방법	과정 · 기능 건축 재료와 구조 구상	건축물 설계 및 제작
잘함	자원과 에너지를 효율적으로 활용하는 다양한 방법을 알고 토의할 수 있다.	자원과 에너지 효율을 효과적으로 높일 수 있는 건축 재료와 구조를 구상한다.	자원과 에너지를 효율적으로 활용할 수 있는 건축물의 설계 및 제작의 완성도가 높다.
보통	자원과 에너지를 효율적으로 활용하는 방법을 알고 토의할 수 있다.	자원과 에너지 효율을 높일 수 있는 건축 재료와 구조를 구상한다.	자원과 에너지를 효율적으로 활용할 수 있는 건축물의 설계 및 제작의 완성도가 보통이다.
노력 필요	교사나 친구의 도움을 받아 자원과 에너지의 활용 방법에 대한 토의에 참여한다.	교사나 친구의 도움을 받아 자원과 에너지 효율성을 높일 수 있는 건축 재료와 구조에 관심을 갖는다.	자원과 에너지를 효율적으로 활용할 수 있는 건축물을 간략하게 설계한다.

🍀 GRASPS를 활용한 수행과제 문항 (1)

평가 문항	자원과 에너지를 효율적으로 활용하는 방법 토의하기
평가 요소	자원과 에너지의 활용, 토의하기

■ 문항1: 자원과 에너지를 효율적으로 활용하는 사례를 알아보시오.
• 에너지 효율 표시가 붙어 있는 전기 기구를 쓰시오.

• 자원과 에너지 효율이 높은 전기 기구의 사례를 쓰시오.

• 건축물에서 자원과 에너지를 효율적으로 이용하는 예를 쓰시오.

• 식물이나 동물이 환경에 적용하여 자원과 에너지를 효율적으로 이용하는 예를 쓰시오.

■ 문항2: 자원과 에너지를 효율적으로 활용하는 구체적이고 다양한 방법을 토의하고 기록하시오.

🔷 GRASPS를 활용한 수행과제 문항 (2)

평가 문항	자원과 에너지 효율을 높일 수 있는 건축 재료와 구조 구상·표현하기
평가 요소	문제 해결력, 상상력, 표현력

■ 문항1: 자원과 에너지 효율을 높일 수 있는 재료와 구조를 계획하시오.
• 기존의 재료와 구조에 대한 정보 수집하기

기존의 재료와 구조	모양 및 형태	문제점

• 새로운 재료와 구조에 대한 아이디어 구상하기

새로운 재료		새로운 구조	
1안	2안	1안	2안

• 새로운 재료와 구조에 대한 아이디어 선정하기

1안	장점	
	단점	
	흥미로운 점	
2안	장점	
	단점	
	흥미로운 점	

■ 문항2: 자원과 에너지 효율을 높일 수 있도록 선택한 재료와 구조를 쓰시오.

새로운 재료	새로운 구조

🐝 GRASPS를 활용한 수행과제 문항 (3)

평가 문항	자원과 에너지 효율을 높일 수 있는 건축물 설계·제작하기
평가 요소	아이디어와 발상, 표현 방법과 과정

■ 문항1: 자원과 에너지 효율을 높일 수 있는 재료와 구조를 적용하여 건축물의 밑그림을 그리시오.

■ 문항2: 자원과 에너지 효율을 높일 수 있는 건축물을 제작하시오.
• 건축물 제작에 필요한 재료와 용구 준비하기
• 자원과 에너지 효율을 높일 수 있는 재료와 구조로 건축물의 큰 구조 만들기
• 자원과 에너지 효율을 높일 수 있는 창문, 문 제작하고 조립하기
• 자원과 에너지 효율을 높일 수 있는 지붕과 주변 시설 제작하고 조립하기
• 계획한 건축물 완성하여 전시하기

완성된 건축물 사진 또는 그림

영어과(5~6학년) 평가의 실제

5학년: 우리가 살고 있는 마을의 생태 환경과 쾌적한 생활

❶ 평가의 개관

우리가 살고 있는 마을의 생태 환경과 쾌적한 생활	
영어과 (표현)	영어과 (이해+표현)
• 감정이나 의견, 경험이나 계획을 나타내는 문장을 어떻게 사용하는가?	• 일과를 소개하는 글과 그림을 보고 한 두 문장으로 표현할 수 있는가?
영어과+수학과 (표현+도형과 측정)	영어과+실과+미술과 (표현+생활환경과 지속가능한 선택+미적체험)
• 장소 및 위치를 간단한 문장으로 설명하고, 장소의 넓이를 구할 수 있는가?	• 생활공간 관리의 필요성을 알고 자신의 생각을 간단한 영어와 이미지로 표현할 수 있는가?

5학년 영어과 평가는 영역내 평가, 영역간 평가, 교과간 평가로 제시하였다.

학습 주제는 '우리 마을의 생태환경과 우리 생활'로 설정하였다. 이 주제의 개념적 렌즈로 생태환경과 생활을 사용하였으며, 이를 통해 학생들이 인간중심적 사고에서 벗어나 인간과 자연의 공존과 지속가능한 삶을 위한다는 학습 경험을 통해 생각과 행동을 변화시킬 것으로 기대된다.

영어과 영역내 평가는 표현 영역으로 개념적 렌즈로 어구, 문장, 경험 등을 포함하는 언어 통합 평가 과제를 통해 실제적인 의사소통능력, 보고 말하거나 듣고 말하기, 읽고 간단하게 말하기 등의 제시 형태와 응답 형태로 문항을 구성하였다. 또한 동료평가를 활용하여 상호 협력 학습에도 중점을 두어 과정중심평가를 설계하였다.

영역간 평가는 이해와 표현 영역에서 세부 정보, 어구, 문장 등의 개념적 렌즈를 통해 쉽고 짧은 글을 읽고 세부 정보를 파악하며, 다양한 쓰기 과제와 협력적 글쓰기 활동을 통해 쓰기에 대한 흥미를 느끼도록 평가를 구성하였다.

교과간 평가는 영어와 수학, 영어 · 실과 · 미술의 교과간 성취기준을 통합하고, 각 교과의 개념적 렌즈를 통해 통합적인 학습이 이루어지고, 개념을 확인할 수 있도록 평가를 제시하였다.

❷ 영역내 및 영역간 통합 평가

가. 영역내(표현) 교수·학습 과정

핵심아이디어	적절한 사고 과정 및 전략을 활용하여 의미를 표현하거나 교환한다.		
성취기준	[6영02-06] 자신의 감정이나 의견, 경험이나 계획을 간단한 문장으로 설명한다.		
핵심 질문	감정이나 의견, 경험이나 계획을 나타내는 문장을 어떻게 사용하는가?		
평가기준	지식 · 이해	상황에 맞는 어구과 시제를 알고 있는가?	
	과정 · 기능	정확한 시제를 사용하여 표현할 수 있는가?	
	가치 · 태도	영어 의사소통에 자신감을 갖고 참여하는가?	
개념적 렌즈	내용 요소(지식 · 이해/과정 · 기능/가치 · 태도)		평가 방법
경험 및 문장	과거의 한 일에 대한 대화를 듣고 내용 이해하기 (What did you do ...? helped my mom, visited grandparents, cleaned up)		관찰평가

↓

어구 및 문장	여름 방학에 있었던 일을 어구와 문장으로 표현하기 (planted flowers, picked up the trash...)		관찰평가, 지필평가

↓

생활, 경험, 표현	생태환경 캠페인에서 있었던 일 묻는 표현하기 (What did you do last weekend in your town?)		관찰평가, 동료평가

↓

어구 및 문장	과거 시제와 어울리는 시간을 나타내는 어구, 문장으로 적용하기 (went to the park with my friends yesterday)		관찰평가

영어과 영역내 교수학습과정의 내용 학습은 개념적 렌즈로 경험, 일상생활 관련 주제, 어구, 문장을 선정하였다. 'What did you do ...?'라는 주요한 내용 표현을 익히고, 핵심 기능으로서 과거의 한 일에 대한 내용을 듣고 이해하기, 여름 방학에 있었던 일을 어구와 문장으로 표현하기, 우리 마을의 생태환경 캠페인에서 있었던 일을 묻고 답하기, 과거 시제와 어울리는 어구를 문장에 적용하기의 순으로 활동이 전개되도록 설계하였다.

핵심 질문은 '감정이나 의견, 경험이나 계획을 나타내는 문장을 어떻게 사용하는가?'로 제시하고, 참평가는 학생들이 관심을 가질 만한 경험, 사진, 친숙한 주제를 중심으로 적합한 내용을 선정하여 협동학습이나 수행 과제를 중심으로 평가를 구성하였다.

생태환경이라는 주제로 지속가능한 삶을 학습의 내용으로 하고, 듣고 말하기 활동이 자연스럽게 연계되도록 의미 전달에 중점을 두었으며, 학습자들이 흥미와 관심을 고려할 수 있도록 하였다. 말하기 평가는 개념 기반 교육과정에서 강조하는 개념 요소와 핵심 기능을 확인하고, 핵심질문에 바탕을 두고 문항을 구성하였다.

🔷 영역내 개념 중심의 평가 (1)

평가 문항	생태환경 캠페인의 활동 사진에 대해 묻고 답하기
평가 요소	일상생활 관련 주제, 과거의 경험

■ 문항 1: 다음 그림은 지난 주말 우리 마을의 생태환경 캠페인에서 있었던 활동을 제시한 것입니다. 그림을 보고 모둠원끼리 지난 주말에 있었던 일에 대하여 다음의 표현을 활용하여 묻고 답해 봅시다.

planted the flowers (꽃을 심다.)	picked up the trash (쓰레기를 줍다.)	watched the movie (영화를 보다.)	did the forest activities (숲체험을 하다.)

■ 문항 2: 위의 사진을 보고 지난 주말에 무슨 일을 했는지, 마을 주민이 되어 짝과 함께 질문과 대답을 해봅시다. 아래 표를 보고 각 항목 평점에 색칠하시오.

이름	항목	평가 내용	평점
ㅇㅇㅇ	1	'What did you do …?'를 사용하였는가?	♡♡♡♡♡
	2	그림을 보고 어휘를 적절히 사용하였는가?	♡♡♡♡♡
	3	유창성과 자신감을 가지고 의사소통하는가?	♡♡♡♡♡

■ 분석적 루브릭

내용 성취 요소 수준	과정 · 기능	가치 · 태도
	과거의 한 일에 대한 표현	상대와 상호작용
잘함	그림을 보고 과거의 한 일에 대하여 'What did you do ...?'라는 문장을 사용하여 적절하게 묻고 답한다.	상대의 질문에 상황에 맞는 적절한 어구를 사용하여 유창하고 자신감있게 답한다.
보통	그림의 내용을 보고 적절한 상황에 맞게 과거에 한 일에 대한 질문을 한다.	상대의 질문에 적절한 어휘를 사용하여 문장 형식으로 답한다.
노력 필요	다른 사람의 도움을 받아 과거에 한 일을 간단하게 묻고 답한다.	상대의 질문에 교사나 친구의 도움을 받아 대답한다.

🔷 영역내 개념 중심의 평가 (2)

평가 문항	지난 일 중 기억에 남는 장면을 친구에게 소개하기
평가 요소	과거 시제를 나타내는 표현과 시간과 관련된 어구, 생활 경험 소재

■ 문항: 다음 챈트(chant)를 따라 해보고, 지난 여름 방학에 있었던 일을 떠올리며 밑줄 친 부분의 가사를 바꾸어가며 다음 기준에 맞게 챈트를 불러봅시다.

① 과거 시제를 정확히 사용했는가?　　② 시간을 나타내는 표현을 사용했는가?

Tell me what you did
What did you do yesterday
Tell me what you did
I like you
I love you so so bad
I want to know
What did you all day
Tell me blah blah blah
what did you do
what did you do
I <u>went to the park with my friends yesterday.</u>

(예시 답안) I went to the park with my friends yesterday.
　　　　　 I played basketball last weekend.

■ 분석적 루브릭

성취 수준 ＼ 내용 요소	지식 · 이해 과거 시제 표현	과정 · 기능 문장의 강세, 리듬, 억양
잘함	과거 시제를 사용하여 어구를 만들고 리듬에 맞추어 유창하고 정확하게 챈트를 한다.	나의 경험과 관련 있는 문장으로 완성하여 발음과 억양에 맞게 챈트를 잘 따라 부른다.
보통	과거 시제의 어구를 만들고 리듬에 맞추어 챈트를 한다.	나의 경험과 관련 있는 문장으로 완성하여 챈트를 따라 부른다.
노력 필요	교사나 친구의 도움을 받아 과거 시제 어구를 만들 수 있다.	교사나 친구의 도움을 받아 나의 경험과 관련있는 문장을 만들 수 있다.

🐝 실제 상황에서의 평가를 위한 수행과제 개발

수행과제명	지난 주말 우리 마을 생태환경 캠페인에서 있었던 일 묻고 답하기

목표(G) goal	지난 주말 우리 마을에서 있었던 생태환경 캠페인 활동에 대하여 묻고 답하는 것이다.
역할(R) role	나는 생태환경 지킴이다.
대상(A) audience	대상은 마을 주민들이다.
상황(S) situation	지난 주말 우리 마을에서는 주민들과 함께 환경을 지키기 위한 캠페인을 벌였다.
수행(P) performance	생태환경 캠페인에서 무엇을 했는지 마을 주민들이 무엇을 했는지 묻고 일지에 체크리스트로 표시하는 것이다.
기준(S) standard	① 과거 경험을 묻는 주요 표현의 의문형이 정확해야 한다. ② 캠페인 활동에 맞는 주요한 어구와 시제를 정확하고 유창하게 사용하는지 확인한다. ③ 자신감을 가지고 의사소통에 참여하는지 확인한다.

> 나는 우리 마을 생태환경 지킴이다. 지난 주말 우리 마을의 호수를 환경을 보호하기 위해 마을 사람들과 생태환경 캠페인을 벌였다. 캠페인에 참여했던 사람들에게 캠페인의 활동에 대하여 묻고 답하시오. ① 과거에 있었던 일에 대하여 과거시제와 의문형 표현으로 적절히 사용하여야 하며, ② 캠페인의 활동을 나타내는 과거 표현의 어구를 사용하여 문장을 완성하며, ③ 흥미와 자신감을 가지고 의사소통에 참여하여야 한다.

■ 분석적 루브릭

내용 성취수준 요소	지식 · 이해 과거 경험을 묻는 의문형	과정 · 기능 어구와 시제	가치 · 태도 의사소통 자신감
잘함	과거에 한 일을 묻는 의문형을 정확하게 사용한다.	캠페인 활동에 맞는 어구와 시제를 상황에 맞게 정확하고 유창하게 사용한다.	과거 시제를 나타내는 질문과 대답을 할 때 자신감을 가지고 유창하게 표현한다.
보통	과거에 한 일을 묻는 의문형을 사용한다.	캠페인 활동에 맞는 적절한 어구를 사용한다.	과거 시제를 나타내는 질문과 대답을 상황에 맞게 표현한다.
노력 필요	교사의 도움을 받아 과거에 한 일을 묻는 의문형을 사용한다.	교사의 도움을 받아 캠페인 활동에 맞는 어구를 사용한다.	과거 시제를 나타내는 질문과 대답을 할 때 도움이 필요하다.

🐝 GRASPS를 활용한 수행과제 문항

평가 문항	지난 주말 캠페인에서 있었던 일을 친구들과 묻고 답하기
평가 요소	과거의 한 일을 묻는 표현, 캠페인과 관련된 어구

■ 문항1: 다음 그림은 지난 주말 생태환경캠페인에서 우리 마을 사람들이 한 일이다. 생태환경 캠페인에서 있었던 일에 대하여 다음 사진을 보고 설명하는 글을 한두 문장으로 쓰시오.

making compost with egg shell (계란 껍질로 비료만들기)	reducing disposable (일회용품 줄이기)	recycling waste (쓰레기 재활용하기)

(예시) We were making scrubbers and recycling waste.

■ 문항2: 지난 주말 생태환경캠페인에서 활동한 일에 대하여 다음 문장으로 친구에게 질문하고 그 대답을 듣고 적절한 어구에 ✓ 표시하시오.

Q: What did you do in the Eco Campaign last weekend?

Name ＼ Activities	making compost with egg shell	reducing disposable	recycling waste

나. 영역간(이해 + 표현) 통합 평가

⬡⬡ 영역간 교수·학습 과정

핵심아이디어	적절한 사고 과정 및 전략을 활용하여 의미를 표현하거나 교환한다.	
성취기준	[6영01-04] 일상생활 주제에 관한 담화나 글의 세부 정보를 파악한다. [6영02-02] 실물, 그림, 동작 등을 보고 간단한 단어, 어구, 문장으로 말하거나 쓴다.	
핵심 질문	일과를 소개하는 글과 그림을 보고 한두 문장으로 표현할 수 있는가?	
평가기준	지식·이해	시간과 시각을 나타내는 표현의 의미를 이해하는가?
	과정·기능	일과를 나타내는 표현을 정확한 어구 및 문장으로 표현하는가?
	가치·태도	영어 의사소통에 자신감을 갖고 참여하는가?

개념적 렌즈	내용 요소(지식·이해/과정·기능/가치·태도)	평가 방법
어휘 및 문장	숫자(number)와 시각(time)을 나타내는 어휘 파악하기	지필평가

↓

세부 정보, 어휘 및 어구	시각을 나타내는 어휘, 하루 일과표를 나타내는 어구 파악하기	관찰, 동료평가

↓

어휘 및 어구, 문장	생태환경 지킴이의 일과표 쓰기	관찰, 지필평가

↓

문장, 작문	20년 후 나의 일과표 작성하기	서술형, 동료평가

영역간 교수학습과정은 일상 속 친숙한 주제에 대하여 세부 정보를 파악하고 적용하기 위해 이 단원의 주제인 '우리 마을의 생태환경과 우리 생활'이라는 주제에 맞게 시각과 하루의 일과 표현을 학습하여 생태환경지킴이의 일과표와 미래의 나의 일과표를 작성해보도록 설계하였다.

이해와 표현 영역을 관통하는 개념적 렌즈로 어휘 및 문장, 세부정보, 작문을 사용하고, 핵심 질문은 '일과를 소개하는 글과 그림을 보고 한두 문장으로 표현할 수 있는가?'로 진술하였다. 학습의 내용으로 숫자나 문자로 된 시각을 읽는 방법과 오전과 오후 시간을 구분하여 읽는 방법을 알고, 하루 일과를 나타내는 다양한 어구를 익힘으로써 자신의 일과표를 작성해보도록 하였다.

이해와 표현 영역 평가의 주안점은 학습자의 인지적 특성을 고려하여 단순한 사실적 정보보다는 창의적이고 흥미 있는 과제를 제시하도록 하였다. 수행평가 문항에서는 영어 의사소통 능력뿐만 아니라 20년 후의 나의 일과표를 작성하면서 변화하는 사회와 자신의 진로를 생각해보는 계기를 갖게 하며, GRASPS 평가에서는 우리 마을을 방문한 외국인에게 안내하는 글을 읽고 쓰는 기회를 통하여 EFL 환경에서도 일상생활에서 다른 사람과 의사소통할 때 영어가 활용될 수 있도록 문항으로 구성하였다. 이 주제에서는 일과를 묻고 답하는 표현과 실물이나 사진 또는 앱을 보면서 다른 사람에게 한두 문장의 간단한 영어로 설명할 수 있는 통합적인 의사소통 역량을 기를 수 있도록 하였다.

🐾 영역간 개념 중심의 평가 (1)

평가 문항	우리 학급의 일과표 만들기
평가 요소	세부 정보, 문장, 작문

■ 문항: e학습터의 학급 채팅방을 활용하여 우리 학급의 일과표를 영어로 읽어봅시다.

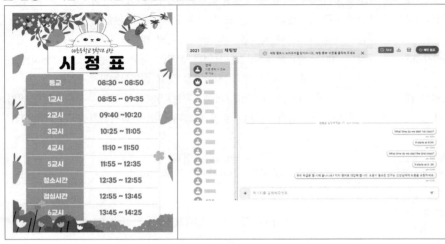

출처: 에듀넷 e학습터 학급 채팅방

① 학생들이 e학습터 학급 채팅방에 입장한다.
② 우리 학급의 시정표를 보고 영어로 어떻게 표현할지 질문이나 답을 생각해본다.
③ 채팅창에 선생님과 친구들의 질문에 답을 한 두 문장으로 적어봅시다.

[답안 예시: My school starts at 8:30.]

■ 분석적 루브릭

성취 요소 수준	지식 · 이해 일과표와 관련된 어구	과정 · 기능 문장 및 작문
잘함	일정표를 보고 시간과 시각을 보고 영어로 정확하게 읽을 수 있다.	우리 학급의 일정표를 보고 일과에 대한 질문의 답을 영어로 정확하게 쓸 수 있다.
보통	일정표를 보고 시간과 시각을 보고 영어로 읽을 수 있다.	우리 학급의 일정표를 보고 일과에 대한 질문의 답을 영어로 쓸 수 있다.
노력 필요	교사나 친구의 도움을 받아 시간과 시각을 읽을 수 있다.	우리 학급의 일정표를 보고 일과에 질문과 대답을 이해하는데 도움이 필요하다.

🐝 영역간 개념 중심의 평가 (2)

평가 문항	20년 후 생태환경 지킴이로 살고 있는 나의 일과표 만들기
평가 요소	시간과 시각을 나타내는 표현, 일과를 나타내는 어구

■ 문항: 나는 20년 후 생태환경 지킴이로 우리 마을에 살고 있습니다. 나의 일과를 시간과 시각을 나타내는 표현을 사용하여 패들렛에 나의 일과를 영어로 적고, 친구들의 글에 댓글을 달아보시오.

(예시)

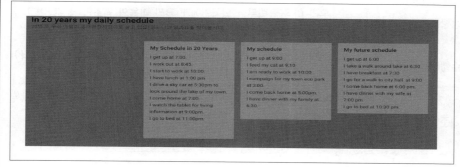

출처: https://ko.padlet.com

• 패들렛에 입장하여 친구들의 미래 일과표를 읽고 기억에 남는 표현을 적고 평점에 색칠하시오.

친구 이름	시간과 일과를 읽고 기억에 남는 어구 및 문장 적기	평점
○○○		♡♡♡♡♡
○○○		♡♡♡♡♡
○○○		♡♡♡♡♡

■ 분석적 루브릭

내용 성취 요소 수준	지식 · 이해 시간을 나타내는 어휘	과정 · 기능 문장의 의미와 강세, 리듬, 억양
잘함	오전과 오후를 나타내는 어휘를 구분하고 숫자나 문자로 된 시각을 영어로 정확하게 읽는다.	일과를 소개하는 문장의 의미를 이해하고 강세, 리듬, 억양에 맞게 소리내어 정확히 읽을 수 있다.
보통	오전과 오후를 나타내는 어휘를 구분하여 사용하고 시간을 영어로 읽는다.	일과를 소개하는 문장의 의미를 이해하고 소리내어 읽을 수 있다.
노력 필요	교사나 친구의 도움을 받아 시간을 영어로 읽는다.	교사나 친구의 도움을 받아 일과를 소개하는 문장을 이해할 수 있다.

✿ 실제 상황에서의 평가를 위한 수행과제 개발

수행과제명	우리 마을을 방문한 외국인들에게 우리 마을 명소 안내하기

목표(G) goal	우리 마을을 방문한 외국인에게 우리 마을의 명소와 홈페이지를 소개하면서, 영문 홈페이지의 내용을 읽고 메모하는 것이다.
역할(R) role	나는 우리 마을 관광지 안내소의 직원이다.
대상(A) audience	대상은 우리 마을을 방문한 외국인이다.
상황(S) situation	우리 마을을 방문한 외국인에게 우리 마을의 명소인 레일바이크 투어 일정 설명 자료를 준비하고 소개한다.
수행(P) performance	여러분은 우리 마을을 방문한 외국인이 되어 홈페이지에 안내되어 있는 안내문을 읽고 필요한 내용을 메모로 적는다.
기준(S) standard	영문으로 작성된 레일바이크 홈페이지에서 다음과 같은 사항을 확인한다. ① 시각을 나타내는 어휘가 적혀있는 시간표를 읽는다. ② 마을의 명소를 둘러보기 위한 일정을 읽고 메모한다.

> 나는 우리 마을 관광지 안내소의 직원이다. 우리 마을을 방문한 외국인에게 레일바이크를 소개하고 영문 홈페이지를 안내한 다음, 외국인이 필요한 정보를 얻을 수 있도록 도와준다. 레일바이크 탑승이 몇 시에 출발하고 몇 시에 도착하는지 일정표를 읽고 메모를 해야 한다. ① 안내표를 보고 시각을 나타내는 어휘를 읽을 수 있고, ② 일정표에 나와 있는 일정을 보고 메모를 할 수 있다.

■ 분석적 루브릭

성취 수준 \ 내용 요소	지식 · 이해 시각을 나타내는 어휘 읽기	과정 · 기능 일정표를 보고 필요한 내용 메모하기	가치 · 태도 의사소통 자신감
잘함	오전, 오후, 숫자로 된 시각을 정확하게 읽고, 시각이 나타내는 의미를 이해한다.	영문으로 된 안내문의 일정을 읽을 수 있고, 필요한 내용을 영어로 메모할 수 있다.	시각에 대한 표현을 묻고 답할 때 자신감을 가지고 유창하게 표현한다.
보통	오전, 오후, 숫자로 된 시각을 읽고, 시각이 나타내는 의미를 이해한다.	영문으로 된 안내문의 일정을 읽을 수 있고, 내용을 메모할 수 있다.	시각에 대한 표현을 묻고 답할 때 상황에 맞게 표현한다.
노력 필요	오전, 오후, 숫자로 된 시각을 영어로 부분적으로 의미를 이해한다.	교사나 친구의 도움을 받아 영문으로 된 안내문의 일정을 읽을 수 있고, 필요한 내용을 메모할 수 있다.	시각에 대한 표현을 묻고 답할 때 부분적으로 상황에 맞게 표현한다.

 **GRASPS를 활용한 과제 문항**

평가 문항	우리 마을 명소의 홈페이지 영어 안내문 읽기
평가 요소	시각을 나타내는 어휘, 레일바이크 탑승 일정 메모하기

■ 다음 그림은 레일바이크 회사 홈페이지의 일부이다. 여러분은 11월에 한국을 방문한 외국인 관광객이다. 홈페이지의 내용을 잘 읽고 몇 시에 레일바이크를 이용할 수 있는지, 요금은 얼마인지 영어로 메모하시오.

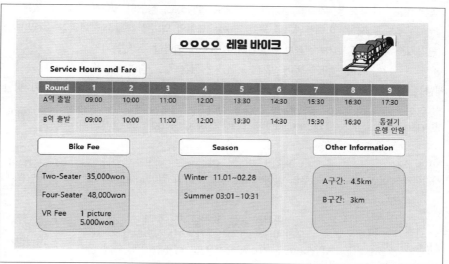

① What time do the visitors usually ride a rail bike in November?
(11월에는 방문객이 몇 시에 레일바이크를 탈 수 있는가?)
(예시답안) They can ride between 9 am to 4:30 pm.

② There is a family. They are dad, mom, and a son. How much do they have to pay for admissions fee?
(엄마, 아빠, 아들이 있는 세 가족은 입장료로 얼마를 내야 합니까?)
(예시답안) It's 48,000 won(forty eight thousand won).

❸ 교과간 주제 통합 평가

가. 2개 교과간 통합(영어 + 수학)평가

핵심아이디어	의사소통 활동에 흥미와 자신감을 가지고 참여하여 협력적으로 수행한다.	
성취기준	[6영02-04] 주변 사람이나 사물을 간단한 문장으로 소개하거나 묘사한다. [6수03-05] 직사각형과 정사각형의 넓이를 구하는 방법을 이해하고, 이를 구할 수 있다.	
핵심 질문	장소 및 위치를 간단한 문장으로 설명하고, 장소의 넓이를 구할 수 있는가?	
평가기준	지식 · 이해	위치를 묻고 답하는 표현의 의미를 정확하게 파악할 수 있는가?
	과정 · 기능	정보를 종합하여 문제를 해결할 수 있는가?
	가치 · 태도	영어 의사소통에 자신감을 갖고 참여하는가?
개념적 렌즈	내용 요소(지식 · 이해/과정 · 기능/가치 · 태도)	평가 방법
담화 (주변 위치, 장소)	장소를 묻고 길을 찾아가는 언어 표현하기 (Where is the place? blocks, go straight)	관찰평가
↓		
양의 측정 (직사각형의 넓이)	우리 마을의 건물과 생태공원의 넓이 구하기 가로의 길이(width) × 세로의 길이(length)	관찰평가, 지필평가
↓		
담화 (지시, 설명)	위치를 묻는 표현을 사용하여 우리 마을 생태공원 가는 길 설명하기 (Where is the park? Go on two blocks.)	관찰평가, 지필평가
↓		
양의 측정 (직사각형의 넓이)	우리 마을의 공터를 포함한 직사각형 전체의 넓이 구하기	관찰평가, 지필평가

영어와 수학 교과의 교과간 통합 교수학습을 위한 개념적 렌즈로는 담화와 양의 측정을 사용하여, 핵심질문은 '장소 및 위치를 간단한 문장으로 설명하고, 장소의 넓이를 구할 수 있는가?'로 설정하였다.

이에 따라 교수 학습의 흐름은 장소를 묻고 길을 찾아가는 언어 표현을 익히고, 직사각형의 넓이를 구하는 방법을 알고, 우리 마을 생태공원의 넓이를 구하는 활동으로 구성하였다.

영어과 표현 영역에서 평가의 주안점은 장소의 위치를 묻고 길을 찾아가는 표현을 익힐 수 있도록 말하기 활동 중심으로 간단한 지도를 보면서 짝 또는 그룹 활동을 통하여 위치나 장소를 쉽고 간단한 문장으로 다른 사람에게 묻고 답하는 문항으로 구성하였다. 수학과의 도형과 측정 영역에서는 직사각형의 넓이 구하는 공식을 이해하여 가로 세로의 길이 또는 넓이를 구하는 문항으로 구성하였다.

GRASPS 평가의 주안점은 대주제의 성격에 부합하는 과제를 제시하고자 우리 마을회관을 새로 짓고자 건축가에게 마을회관을 찾는 길과 건물의 넓이를 알려주는 과제를 수행하고 지도앱을 통해 길을 찾고, 3층 높이의 마을회관 밑면적의 넓이를 구해보는 문항을 구성하였다. 이는 개념 기반 교육과정의 주요 개념을 이해하고, 확인하는 평가로 구성한 것이다.

🔹 교과간 개념 중심의 평가 (1)

평가 문항	우리 마을 지도를 보고 생태공원 위치와 한 쪽의 길이 구하기
평가 요소	직사각형의 넓이, 장소 및 위치

◾ 문항1: 다음은 그림에 제시된 우리 마을 생태공원(Eco park) 안의 공터에 토양이 좋지 않다. 그 크기는 가로의 길이가 100m이고, 세로의 길이가 50m입니다. 이 땅의 넓이만큼 배양토를 덮으려고 한다. 이 땅의 넓이를 구하시오(땅의 넓이는 직사각형이라고 가정한다).

(풀이과정) $100 \times 150 = 1500(m^2)$ 정답: $1500m^2$

◾ 문항2: 위의 그림을 보고 다음의 물음에 답하시오.
A: Where is the empty spot of the Eco park?
B: (예시답안) It's right side of the park.

■ 분석적 루브릭

내용 성취 요소 수준	지식 · 이해 직사각형의 넓이	과정 · 기능 장소 및 위치 표현
잘함	생태공원 공터의 가로와 세로의 길이를 알고 직사각형의 넓이를 정확히 구하고, 단위를 정확히 사용한다.	Empty spot의 위치가 Eco park의 어디에 있는지 위치를 나타내는 표현을 사용하여 문장으로 정확하게 설명할 수 있다.
보통	생태공원 공터의 가로와 세로의 길이를 알고 직사각형의 넓이 구하는 공식을 이용하여 계산한다.	empty spot의 위치가 Eco park의 어디에 있는지 위치를 나타내는 표현으로 간단히 설명할 수 있다.
노력 필요	교사나 친구의 도움을 받아 생태공원의 넓이 구하는 방법을 이해한다.	교사나 친구의 도움을 받아 위치를 나타내는 표현을 사용할 수 있다.

🐝 교과간 개념 중심의 평가 (2)

평가 문항	장소를 묻고 길을 찾아가는 언어 표현 익히기
평가 요소	주변 위치 및 장소, 직사각형의 넓이

■ 문항 1: 다음은 우리 마을의 지도입니다. 출발점으로부터 생태공원(Eco Park)을 찾아가는
길을 설명한 것입니다. 다음 물음에 대하여 한두 문장으로 답하시오.
A: Where is the Eco Park?
B: (예시 답안: Go straight two blocks and turn right.)

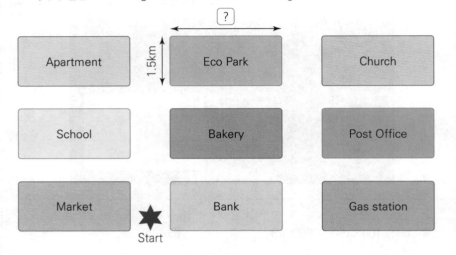

■ 문항 2: 위 그림에 제시된 생태공원(Eco park)의 넓이는 4.5㎢입니다. 이 공원의 세로의
길이는 1.5km입니다. 생태공원의 가로의 길이를 구하시오. (공원의 모양은 직사각형이라
고 가정한다.)
(풀이과정) $? \times 1.5 = 4.5(㎢)$ 정답: 3km

■ 분석적 루브릭

성취 수준 \ 내용 요소	지식 · 이해	과정 · 기능
	직사각형의 넓이와 길이의 관계	길을 묻고 안내하는 표현
잘함	Eco park의 한 쪽 길이를 알고 직사각형의 넓이 구하는 공식을 이용하여 계산을 정확히 하고 적절한 단위를 사용한다.	건물의 위치에 대하여 묻고 답하는 표현을 유창하고 명확하게 설명한다.
보통	Eco park의 한 쪽 길이를 직사각형의 넓이 구하는 공식을 이용하여 계산한다.	건물의 위치에 대하여 묻고 답하는 표현을 할 수 있다.
노력 필요	교사나 친구의 도움을 받아 Eco park의 넓이 구하는 공식을 이해한다.	교사나 친구의 도움을 받아 건물의 위치에 대하여 묻고 답할 수 있다.

실제 상황에서의 평가를 위한 수행과제 개발

수행과제명	건축가에게 마을회관의 위치를 알려주고 마을회관 건물의 넓이 구하기
목표(G) goal	마을회관의 위치를 묻고 답하는 표현과 사각형의 넓이 구하는 공식을 이용하여 마을회관의 넓이를 구하는 것이다.
역할(R) role	나는 동사무소의 직원이다.
대상(A) audience	대상은 우리 마을회관을 지으려는 건축가이다.
상황(S) situation	우리 마을에는 빈 터가 있다. 마을 사람들은 이 곳에 마을회관을 짓고자 한다. 동사무소 직원은 마을회관을 지어야 하는 건축가에게 마을회관의 위치와 마을회관 터의 넓이에 대하여 알려주어야 한다.
수행(P) performance	여러분은 앱을 이용하여 마을회관까지 가는 길을 간단히 설명할 수 있으며, 마을회관 건물의 넓이를 구한다.
기준(S) standard	① 장소의 위치를 간단한 영어 문장으로 설명한다. ② 직사각형과 넓이 구하는 공식을 이용하여 마을회관의 넓이를 구한다.

나는 동사무소의 직원이며, 마을회관을 새로 지으려고 하는 건축가에게 마을회관의 위치와 넓이에 대하여 알려주어야 한다. 지도앱을 보고 우리 마을회관을 찾아가는 방법을 설명할 수 있어야 하고, 건물의 넓이를 정확히 계산해야 한다. ① 지도앱에 나와 있는 간단한 설명을 보고 건물의 위치를 찾을 수 있으며, ② 직사각형의 넓이 구하는 공식을 활용하여 마을회관의 건물의 넓이를 구한다.

■ 분석적 루브릭

성취 수준 \ 내용 요소	지식 · 이해 직사각형의 넓이	과정 · 기능 위치를 묻는 표현	가치 · 태도 의사소통 자신감
잘함	마을회관의 넓이를 직사각형의 넓이 구하는 공식을 이용하여 계산할 수 있고, 단위를 정확하게 사용한다.	특정한 위치의 출발점으로부터 마을회관까지 가는 길을 간단한 영어 문장으로 정확하게 설명한다.	영어 표현을 묻고 답할 때 자신감을 가지고 유창하게 표현한다.
보통	마을회관의 넓이를 직사각형의 넓이 구하는 공식을 활용하여 계산한다.	특정한 위치의 출발점으로부터 건물까지 가는 길을 간단한 문장으로 설명한다.	영어 표현을 묻고 답할 때 상황에 맞게 표현한다.
노력 필요	교사의 도움을 받아 마을회관의 넓이를 계산할 수 있다.	교사의 도움을 받아 지도에서 건물의 위치를 찾아가는 길을 간단한 문장으로 설명한다.	영어 표현을 묻고 답할 때 부분적으로 상황에 맞게 표현한다.

🐝 GRASPS를 활용한 수행과제 문항

평가 문항	지도 앱을 보면서 마을회관 찾는 길을 묻고 마을회관 건물의 넓이 구하기
평가 요소	장소나 위치를 묻는 표현, 직사각형의 넓이

■ 문항 1: 다음 지도 앱을 보면서 마을회관의 위치를 찾아보고, 빨간색 점이 있는 곳에서 출발하여 마을회관까지 가는 길을 친구와 짝을 지어 영어로 설명하시오.

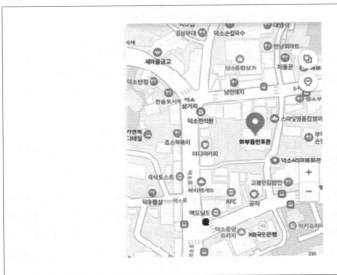

출처: 네이버 지도 앱

(예시답안)
A: Where is the town house(마을회관) of this map?
   (You are in front of McDonald.)
B: Go straight and turn left. Go on two blocks.

■ 문항 2: 마을회관은 3층으로 이루어졌습니다. 1층은 가로의 길이가 10m이고, 세로의 길이는 7m입니다. 이 마을회관의 건물의 3층의 밑넓이를 구하시오.

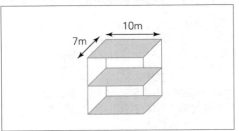

[풀이과정: 10×7×3=210(㎡)]   정답: 210㎡

나. 3개 교과간 통합(영어과 + 실과 + 미술)평가

핵심아이디어	의사소통 목적과 상황에 맞게 적절한 매체를 활용하여 자신의 감정이나 의견을 담화나 글로 표현하는 능력을 함양한다.		
성취기준	[6영02-09] 적절한 매체와 전략을 활용하여 창의적으로 의미를 생성하고 표현한다. [6미01-04] 이미지가 나타내는 의미를 비판적으로 이해하고 느낌과 생각을 전달하는 데 활용할 수 있다. [6실02-10] 자신의 생활공간을 쾌적하고 위생적으로 관리하는 것의 중요성을 알고, 정리정돈과 청소 및 쓰레기 처리의 방법을 익혀 실천한다.		
핵심 질문	생활공간 관리의 필요성을 알고 자신의 생각을 간단한 영어와 이미지로 표현할 수 있는가?		
평가기준	지식 · 이해	생활공간 관리가 필요한 이유와 알고 적절한 근거를 들어 설명할 수 있는가?	
	과정 · 기능	미래의 의지를 나타내는 표현을 상황에 맞게 적절하게 사용할 수 있는가?	
	가치 · 태도	표현하고자 하는 내용을 창의적인 이미지로 표현하는데 적극적인가?	

개념적 렌즈	내용 요소(지식 · 이해/과정 · 기능/가치 · 태도)	평가 방법
생활공간의 관리	생활공간 관리의 필요성 파악하기	관찰평가

↓

관리, 의미 전달	미래나 의지를 나타내는 표현, 정리 정돈 실천하기	관찰, 동료평가

↓

생활공간의 관리 이미지	불필요한 물건을 정리하고 활용하는 공간 구성 아이디어 탐색하기	관찰평가, 보고서

↓

생활공간의 관리 이미지	쓰레기 분리배출을 위한 재활용 게임하기 재활용 홍보 이미지 제작하기	관찰평가, 보고서

영어와 미술, 실과의 통합 교수학습 계획은 '우리 마을의 생태환경과 우리 생활'이라는 주제로 관리, 의미전달 등의 개념적 렌즈를 통하여 생활공간을 관리해야 하는 이유와 미래나 의지를 나타내는 표현, 쓰레기 배출 방법과 생활공간 관리 방법을 학습할 수 있도록 설계하였다. 이 학습의 핵심질문은 '생활공간 관리의 필요성을 알고 자신의 생각을 간단한 영어와 이미지로 표현할 수 있는가?'로 설정하였다. 이에 대한 학습과정은 생활공간의 필요성 파악하기, 미래나 의지를 나타내는 표현과 정리정돈 실천하기, 공간구성 아이디어 탐색과 재활용 홍보 이미지를 제작하는 것으로 학습 활동을 구성하였다.

영어과 표현 영역 평가의 주안점은 사이트의 그림을 보고 한두 문장으로 표현할 수 있도록 하였고, 실과의 생활환경과 지속가능한 선택 영역에서는 쾌적한 생활공간 관리의 필요성을 알기 위하여 쓰레기 배출 방법을 이해하고 실제로 체험해보는 과제를 제시하였으며, 미술과 미적 체험 영역에서는 이미지를 활용하여 자신의 생각의 전달할 수 있도록 재활용에 대한 홍보물을 만들도록 문항을 구성하였다.

GRASPS 평가의 주안점은 실생활과 연계한 주제로 우리 마을의 폐교를 정리하고 공간을 재구성할 수 있는 과제로 제시하였다. 학생들은 공간 크리에이터로서 폐교에 버려진 물건을 어떻게 정리하고 재구성할 것인지 만화로 그려보게 함으로써 학생들이 생활공간의 관리 및 이미지와 의미 전달이라는 개념을 확인할 수 있도록 평가문항을 구성하였다.

🔷 3개 교과간 개념 중심의 평가 (1)

평가 문항	미래나 의지를 나타내는 표현 익히기
평가 요소	생활 관리의 필요성, 어구 및 문장, 의미 전달

■ 문항: 다음 주사위를 활용하여 게임을 하시오. 게임 방법을 잘 읽고 지시문을 따라 하시오.
〈게임 방법〉
① 모둠원들과 의논하여 주사위의 빈 곳에 네모 칸 안의 표현을 활용하여 환경 및 정리정돈과 관련된 그림을 그린다.
② 모둠원끼리 차례로 돌아가면서 주사위를 던지고 주사위 앞면에 그려진 그림을 보고 문장을 말해봅시다.
③ 환경정화 및 정리정돈을 위해 내가 할 수 있는 일을 한 가지씩 영어나 한글로 주사위 한 면에 써 봅시다.

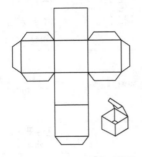

A: What will you do?
I will clean up.
I will tidy up.
I will organize.
I will make room.
I will recycle waste paper.

■ 분석적 루브릭

내용 성취요소 수준	지식 · 이해 미래의 할 일을 묻는 질문	과정 · 기능 이미지 표현	가치 · 태도 실천의지 표현
잘함	주사위 면의 그림을 보고 미래의 할 일에 대하여 한 두 문장으로 정확하게 표현한다.	주사위 한 면에 생각이나 느낌을 이미지를 활용하여 효과적으로 전달할 수 있다.	환경정화를 위해 주변을 정리정돈해야 할 필요성을 알고 실천 의지를 표현한다.
보통	주사위 면의 그림을 보고 미래의 할 일에 대하여 한 두 문장으로 표현한다.	주사위 한 면에 생각이나 느낌을 이미지로 표현할 수 있다.	환경과 주변 정화를 위해 정리정돈하려는 실천의지를 표현한다.
노력 필요	주사위 면의 그림을 보고 교사나 친구의 도움을 받아 문장으로 표현할 수 있다.	주사위 한 면에 생각을 전달할 수 있는 이미지를 도움을 받아 표현한다.	교사나 친구의 말을 듣고 주변을 정리정돈해야 한다는 마음가짐을 가진다.

🐝 3개 교과간 개념 중심의 평가 (2)

평가 문항	쓰레기 분리배출 및 쓰레기 줄이기 홍보 이미지 만들기
평가 요소	재활용 분리수거 방법, 상징과 이미지 표현

■ 문항: 분리수거 달인 게임으로 분리수거 배출 방법을 익혀봅시다.

종류	배출 방법
종이류 (책, 박스 등)	종이는 반듯하게 펴서 차곡차곡 쌓고, 박스는 테이프를 뜯고 접어서 배출
종이팩	내용물은 비우고 물로 헹군 후 눌러서 배출
캔류	내용물은 비우고 가능한 눌러서 배출, 뚜껑 등은 따로 분리 배출
기타 캔류 (부탄가스)	구멍을 뚫어 내용물을 비운 후 배출
플라스틱류	이물질을 제거한 후 배출
병류	상표를 제거한 후 배출
스티로폼	상표나 스티커를 띤 후 깨끗이 씻어서 배출
건전지	전용수거함에 배출

1) 다양한 종류의 쓰레기를 여러분은 어떻게 실천할 것인지 한 문장의 영어로 쓰시오.
   What will you do to reduce garbage?
   (예시답안) I will use a glass cup for drinking water.
2) 우리 동네에서 버려지는 쓰레기의 종류를 조사하고, 쓰레기 분리배출을 위한 홍보 이미지를 만드시오.

■ 분석적 루브릭

성취 수준 ＼ 내용 요소	지식 · 이해 쓰레기 분리수거 재활용법	과정 · 기능 분리수거 홍보 이미지
잘함	우리 동네에서 버려지는 쓰레기의 종류와 쓰레기 배출요령을 바르게 알고 쓰레기를 줄이려는 마음가짐을 적극적으로 표현한다.	쓰레기 분리수거 및 일회용 쓰레기 줄이기를 위한 상징적 이미지를 창의적으로 표현한다.
보통	우리 동네에서 버려지는 쓰레기의 종류와 쓰레기 배출요령을 알고 쓰레기를 줄이려고 한다.	쓰레기 분리수거 및 일회용 쓰레기 줄이기를 위한 홍보 이미지를 만든다.
노력 필요	쓰레기의 종류를 알고 쓰레기를 분리 배출하는 게임에 흥미를 가지고 참여한다.	교사의 도움을 받아 쓰레기 분리수거에 대한 이미지를 표현한다.

🔷 실제 상황에서의 평가를 위한 수행과제 개발

수행과제명	폐교를 우리 마을에 필요한 쾌적한 공간으로 만들기 위한 계획 세우기

목표(G) goal	우리 마을에는 폐교가 된 공간이 있습니다. 이 공간을 쾌적하고 쓸 모있는 공간으로 만들기 위한 계획을 세우는 것이다.
역할(R) role	나는 공간 크리에이터이다.
대상(A) audience	대상은 구청 직원이다.
상황(S) situation	공간 크리에이터는 오래된 폐교를 쾌적하고 쓸모있는 공간으로 어떻게 재창조할 것인지 구청 직원에게 설명한다.
수행(P) performance	공간 크리에이터가 되어서 쾌적한 공간 확보를 위한 이미지를 활용하여 표현하는 것이다.
기준(S) standard	① 생활공간 관리가 필요한 이유를 이해한다. ② 쓰레기를 분리 배출하는 방법을 안다. ③ 쾌적한 공간 확보를 이미지로 표현한다.

> 나는 공간 크리에이터이다. 우리 마을 폐교의 쓸모없는 공간을 정리하여 쾌적한 공간을 만들고자 한다. 여러분은 이 공간을 어떻게 정리할 것인지 구청 직원에게 소개하는 것이다. ① 생활공간 관리가 필요한 이유를 적어야 하고, ② 생활공간을 어떻게 할 것인지 미래 의지형 표현을 사용하고 ③ 정리된 모습을 이미지를 통해 표현한다.

■ 분석적 루브릭

성취 요소 수준	지식·이해 생활공간 관리	과정·기능 의미 전달	가치·태도 이미지 표현
잘함	생활공간의 관리가 필요한 이유를 근거를 들어 명확하게 설명한다.	미래의 의지를 나타내는 표현을 상황에 적절한 어휘로 표현한다.	사물의 상징적인 모습을 창의적인 이미지로 표현하는 데 적극적이다.
보통	생활공간의 관리가 필요한 이유를 설명한다.	미래의 의지를 나타내는 표현을 사용할 줄 안다.	사물의 상징적인 모습을 이미지로 표현하는 활동에 참여한다.
노력 필요	생활공간의 관리가 필요한 이유를 교사의 도움을 받아 설명한다.	교사의 도움을 받아 미래를 나타내는 표현을 할 수 있다.	사물의 상징적인 모습을 이미지로 표현하는 활동에 관심을 갖는다.

✿ GRASPS를 활용한 수행과제 문항

평가 문항	공간을 잘 관리하는 방법을 4컷 만화로 그리기
평가 요소	생활공간 관리, 어구 및 문장, 이미지 소통

■ 문항: 다음은 우리 마을의 폐교입니다. 이 학교의 공간에 있던 쓰레기를 분리하여 배출하고 이 공간을 쾌적한 공간으로 다시 만들려고 합니다. 여러분이 공간 크리에이터로서 이 공간을 어떻게 재구성하면 좋을지 빈 칸에 그림과 간단한 영어로 설명하시오. (speech bubble 사용)

❶ 평가의 개관

우리가 속한 생활 공간의 탐구	
영어과 (이해)	영어과 (이해+표현)
• 위치를 나타내는 영어 표현을 읽고 내용을 정확하게 파악하는 방법은 무엇일까?	• 우리동네 영어 안내 자료를 효과적으로 표현하는 방법은 무엇인가?
영어과+실과 (표현+디지털 사회와 인공지능)	영어과+국어과+미술과 (표현+매체+표현)
• 어떻게 하면 목적지를 정확하게 안내하여 표현할 수 있을까?	• 아이디어를 효과적으로 표현하는 방법은 무엇일까?

　　6학년 영어과 단원의 주제는 '우리가 속한 생활 공간의 탐구'로 영역내 평가, 영역간 평가, 두 개 교과간, 세 개 교과간 개념 기반 평가로 제시하였다.

　　영역내 평가는 이해 영역을 중심으로 어휘 및 문장, 텍스트 특징을 개념적 렌즈로 하여 지도를 완성하는 방탈출 게임을 구안하였다. 영역간 평가는 이해와 표현 영역을 중심으로 설계하였다. 개념적 렌즈는 텍스트 특징, 담화이며 이를 통하여 '우리 동네 가이드북' 제작 활동으로 평가를 설계하였다.

　　두 개 교과간 평가는 영어과와 실과를 연계하였다. 어휘 및 문장, 절차적 사고를 개념적 렌즈로 하여 기술 시스템 영역의 언플러그드 코딩 활동에 게이미피케이션(gamification)요소를 추가하였다. 세 개 교과간 평가에서는 개념적 렌즈로 발상, 표현, 의사소통을 설정하여 국어과, 미술과, 영어과를 통합한 신도시 개발 프로젝트로 연결하였다. 학생 간 상호 협력하여 과업을 수행해 가는 과정을 통하여 교육과정에서 추구하는 지식정보처리역량과 창의적 사고 역량을 신장할 수 있는 계기가 될 것으로 기대한다.

❷ 영역내 및 영역간 통합 평가

가. 영역내(이해) 교수·학습 과정

핵심아이디어	의사소통 목적과 상황에 맞게 배경지식을 활용하고 관점, 목적과 맥락을 파악함으로써 담화나 글을 이해하는 능력을 함양한다.		
성취기준	[6영01-04] 일상생활 주제에 관한 담화나 글의 세부 정보를 파악한다.		
핵심 질문	위치를 나타내는 영어 표현을 읽고 내용을 정확하게 파악하는 방법은 무엇일까?		
평가기준	지식 · 이해	글을 읽고 세부정보를 파악할 수 있는가?	
	과정 · 기능	위치 정보를 종합하여 문제를 해결할 수 있는가?	
	가치 · 태도	모둠 활동에 관심을 갖고, 적극적인 태도로 참여하는가?	
개념적 렌즈	내용 요소(지식 · 이해/과정 · 기능/가치 · 태도)		평가 방법
단어, 어구 및 문장	위치를 설명하는 표현에 사용되는 낱말과 문장구조 알기		서술형 평가

$\downarrow$

단어, 어구 및 문장	위치를 설명하는 글을 읽고 해당되는 위치 찾아보기	서술형 평가

$\downarrow$

담화, 글의 맥락	• 위치를 설명하는 글을 읽고 지도 완성하기 • 지도에 숨겨진 비밀 코드를 풀어 방탈출하기	실기평가

본 단원의 핵심 표현은 'Where is the (　)?' 'Go straight. and turn right(left).' 'It's on your left.' 'It's next to the ~.' 'It's between the A and the B.' 등이다.

영어과 이해 영역 교수·학습 과정은 위치를 설명하는 표현 익히기 → 위치를 설명하는 문장을 읽고 연습하기→ 방탈출 게임하기 의 순으로 교수·학습 활동을 전개하도록 설계하였다.

길을 묻고 답하는 표현은 실생활과 밀접하게 연계되어 있다. 이때 지도(map)는 필수적인 교수학습 자료로 사용되는 데 교과서에서 제시하는 지도와 실생활의 지도는 여러 측면에서 차이가 있으며, 교과서에서 예시로 사용되는 장소 역시 학생의 실제 생활 장소와 다르다.

'개념 기반 평가(1)'에서는 위치를 나타내는 문장을 읽고 우리 학급 좌석표를 만드는 활동을 통해 위치를 나타내는 표현을 실제 교실상황에 적용하여 학생의 흥미를 높이고자 하였다.

'개념 기반 평가(2)'에서는 우리 마을의 지도를 가지고 위치를 묻고 답하는 활동을 통하여 장소의 위치를 설명하는 표현을 자연스럽게 익히고 이를 일상생활 속에 적용할 수 있도록 하였다.

'실생활 연계 평가'에서는 장소의 위치를 안내하는 쉽고 짧은 글을 읽고 세부 정보를 파악해보는 이해 활동을 토대로 모둠원들과 함께 비밀 열쇠의 위치를 설명하는 글을 읽고 지도를 완성하는 평가를 구성하였다. 특히 게이미피케이션(gamification) 요소를 추가하여 방탈출 게임을 통해 학생들의 흥미를 높이고 활동에 대한 몰입도를 높였다. 본 평가를 통해 장소의 위치를 설명하는 다양한 낱말 및 언어 형식을 이해하고, 이에 대한 이해 활동을 통하여 주요 정보를 파악해나가는 과정에 대해 평가하고자 한다.

🪢 영역내 개념 기반 평가 (1)

평가 문항	우리 반 좌석 배치표 만들기
평가 요소	위치 안내 표현

◼ 문항: 다음 내용을 읽고 우리 반 좌석 배치표를 완성해 보시오.

칠판 (교실 앞)					
Noah	Ron		Luna	Sophia	Aria
Liam	Asher	Michael	Emma		Ella
Oliver		James	Amelia		Eve
	Aiden	Logan	Ava	olivia	Gina

1. There is Harry between Ron and Luna.
2. There is Mia next to Amelia.
3. There is Ethan in front of Aiden.
4. There is Lucas behind of Oliver.
5. There is Isabella between Emma and Ella.

칠판 (교실 앞)					
Noah	Ron	Harry	Luna	Sophia	Aria
Liam	Asher	Michael	Emma	Isabella	Ella
Oliver	Ethan	James	Amelia	Mia	Eve
Lucas	Aiden	Logan	Ava	olivia	Gina

■ 분석적 루브릭

성취 수준	지식 · 이해 위치 정보 파악	과정 · 기능 세부 정보 활용
잘함	위치를 설명하는 짧은 글을 읽고 그 내용을 정확하게 파악할 수 있다.	읽은 내용을 활용하여 위치를 정확하게 모두 찾을 수 있다.
보통	위치를 설명하는 짧은 글을 읽고 그 내용을 파악할 수 있다.	읽은 내용을 활용하여 위치를 대략적으로 찾을 수 있다.
노력 필요	위치를 설명하는 짧은 글을 읽고 그 내용을 부분적으로 파악할 수 있다.	읽은 내용을 활용하여 위치를 일부 찾을 수 있다.

🧩 영역내 개념 기반 평가 (2)

평가 문항	메시지로 친구와 만날 장소 찾기
평가 요소	위치 안내 표현, 세부정보

■ 문항: 지민이는 1지점과 2지점에서 출발하는 친구 2명과 어느 장소에서 만나기로 약속하였다. 메시지 내용을 읽고 지민이가 친구들과 만나는 장소가 어디인지 영어로 써보시오.

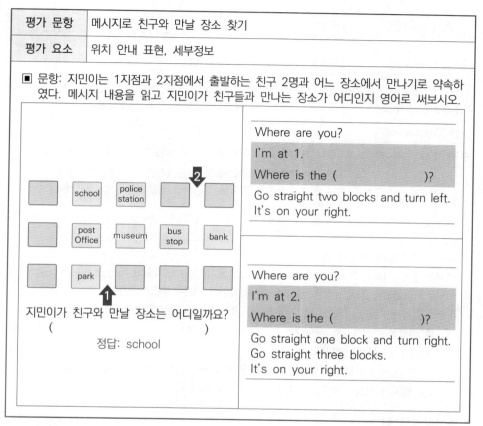

Where are you?

I'm at 1.

Where is the (　　　　　　　)?

Go straight two blocks and turn left.
It's on your right.

Where are you?

I'm at 2.

Where is the (　　　　　　　)?

Go straight one block and turn right.
Go straight three blocks.
It's on your right.

지민이가 친구와 만날 장소는 어디일까요?
(　　　　　　　　　　)
정답: school

■ 분석적 루브릭

성취 수준 \ 내용 요소	지식 · 이해 위치 정보 파악	과정 · 기능 세부 정보 활용
잘함	위치를 설명하는 짧은 글을 읽고 그 내용을 정확하게 파악할 수 있다.	지도를 보고 읽은 내용을 활용하여 위치를 정확하게 모두 찾을 수 있다.
보통	위치를 설명하는 짧은 글을 읽고 그 내용을 파악할 수 있다.	지도를 보고 읽은 내용을 활용하여 위치를 대략적으로 찾을 수 있다.
노력 필요	위치를 설명하는 짧은 글을 읽고 그 내용을 부분적으로 파악할 수 있다.	지도를 보고 읽은 내용을 활용하여 위치를 일부 찾을 수 있다.

🔶 실제 상황에서의 평가를 위한 수행과제 개발

수행과제명	도전! 방탈출

목표(G) goal	열쇠를 찾아 방탈출에 성공한다.
역할(R) role	나는 방탈출 게임에 참여한 선수이다.
대상(A) audience	대상은 방탈출 열쇠를 가지고 있는 게임 설계자이다.
상황(S) situation	지도에 숨긴 코드를 풀어야 방탈출이 가능하다.
수행(P) performance	열쇠 위치에 관한 쪽지를 읽고 지도를 완성한 후 코드를 찾는다.
기준(S) standard	수행과제를 해결한 결과에는 다음 내용이 포함되어야 한다. ① 열쇠가 숨겨진 장소를 설명하는 글을 읽고 지도를 완성한 후 코드 찾기 ② 모둠활동에 적극적이고 협력적인 태도로 참여한다.

나는 지금 방탈출 게임에 참여한 선수입니다.

열쇠를 찾는 지도를 완성하고 지도에 숨긴 코드를 풀어야 방탈출이 가능합니다.

4명의 모둠원들은 각자 1장씩 열쇠가 숨겨진 위치를 찾는 쪽지를 읽을 수 있습니다.

4개의 열쇠 위치를 표시하고 각 건물의 이름을 조합하여 코드를 찾습니다.

코드를 해결하고 선생님께 제출하면 방탈출에 성공합니다.

다음 내용을 고려해야 합니다.

① 열쇠가 숨겨진 위치를 설명하는 쪽지를 읽고 4개의 열쇠 위치를 정확하게 찾습니다.

② 모둠 활동에 관심을 갖고, 적극적인 태도로 참여합니다.

■ 분석적 루브릭

내용 성취 요소 수준	지식 · 이해 세부 정보 파악	과정 · 기능 문제 해결	가치 · 태도 활동 참여 태도
잘함	위치를 설명하는 짧은 글을 읽고 그 내용을 정확하게 파악할 수 있다.	위치를 설명하는 쉽고 짧은 글을 읽고 장소를 정확하게 찾아낼 수 있다.	모둠 활동에 관심을 갖고, 적극적인 태도로 참여한다.
보통	위치를 설명하는 짧은 글을 읽고 그 내용을 파악할 수 있다.	위치를 설명하는 쉽고 짧은 글을 읽고 장소를 대강 유추하여 찾아낼 수 있다.	모둠 활동에 관심을 갖고, 적극적인 태도로 참여한다.
노력 필요	위치를 설명하는 짧은 글을 읽고 그 내용을 부분적으로 파악할 수 있다.	모둠원의 도움을 받아 위치를 설명하는 쉽고 짧은 글을 읽고 장소를 대강 유추하여 찾아낼 수 있다.	모둠 활동에 관심을 갖는다.

🔶 GRASPS를 활용한 수행과제 문항

평가 문항	도전! 방탈출
평가 요소	위치 안내 표현, 활동 참여 태도

① 열쇠가 숨겨진 장소를 설명하는 글을 읽으시오.
② 4명의 모둠원이 쪽지 1장씩을 각각 읽고 4개의 열쇠 위치를 표시하시오.
③ 4개의 건물 이름의 첫글자를 조합하여 비밀 코드를 찾으시오.
④ 비밀 코드 알파벳 4글자를 찾아 선생님께 제출하시오.

<table>
<tr>
<td>
〈비밀편지 1〉
Go straight 2 blocks and turn right at the cafe.
And go straight 1 block again.
It's on your left.
(정답: department store)
</td>
<td>
〈비밀편지 2〉
Go straight 2 blocks and turn right at the corner.
It's on your left.
(정답: cafe)
</td>
</tr>
<tr>
<td>
〈비밀편지 3〉
Go straight 3 blocks and turn right at the schooi.
And go straight 1 block again. Go straight a little. It's on your left.
(정답: police station)
</td>
<td>
〈비밀편지 4〉
Go straight 2 blocks and turn right at the cafe.
And go straight 2 blocks.
Go straight a little. It's on your left.
(정답: restaurant)
</td>
</tr>
</table>

칠판(blakboard)

	school	police station	
hospital	cafe	department store	restaurant
		library	

start

Secret Code: DCPR

나. 영역간 (이해 + 표현) 통합평가

🍀 영역간 교수 · 학습 과정

핵심아이디어	적절한 사고 과정 및 전략을 활용하여 의미를 표현하거나 교환한다.	
성취기준	[6영01-04] 일상생활 주제에 관한 담화나 글의 세부 정보를 파악한다. [6영02-05] 주변 장소나 위치, 행동 순서나 방법을 간단한 문장으로 설명한다.	
핵심 질문	우리 동네 영어 안내 자료를 효과적으로 표현하는 방법은 무엇일까?	
평가기준	지식 · 이해	세부 정보를 정확하게 파악하는가?
	과정 · 기능	우리 마을 편의시설을 활용한 일일 투어 상품을 개발할 수 있는가?
	가치 · 태도	가이드북을 활용하여 적극적으로 홍보활동에 참여하는가?

개념적 렌즈	내용 요소(지식 · 이해/과정 · 기능/가치 · 태도)	평가 방법
단어, 어구 및 문장	지도의 세부정보 묻고 답하기	관찰평가

⬇

단어, 어구 및 문장	우리 동네 가이드 지도 만들기	보고서, 역할놀이

⬇

담화, 글의 맥락	우리 마을 일일 투어 상품 만들기	실기평가

영역간 교수학습의 핵심 질문은 '우리 동네 영어 안내 자료를 효과적으로 표현하는 방법은 무엇일까?'로 제시하였다. 학생들은 논픽션 텍스트(지도)와 텍스트(길안내 표현)을 사용하여 안내 자료를 표현할 수 있도록 전체 단원을 구성하였다.

본 단원의 성취기준은 영어과 이해와 표현 영역 중 그림이나 도표를 활용하여 묻고 답하는 활동을 통하여 세부 정보를 파악하는 것이다. 이해와 표현 평가의 주안점은 학습자의 통합적인 영어 능력을 신장시킬 수 있도록 각 영역의 개별 기능에 대한 평가분 아니라 언어 기능을 통합하는 교수 · 학습 방법을 구안하여 평가하는 것이며, 이때 실제로 사용되는 진정성 있는 언어와 유의미한 과업을 평가 내용에 활용할 수 있다.

'개념 기반 평가(1)'에서는 지도를 활용하여 위치를 묻고 답하는 활동으로 평가를 설계하였다. 이때 정보차 활동(information gap)을 통해 서로 다른 정보를 가진 지도를 활용하였다.

'개념 기반 평가(2)'는 원어민 교사들을 위한 가이드 지도를 만드는 활동으로 역할놀이 요소를 추가하였다. 원어민 선생님 역할을 맡은 짝에게 나의 지도를 설명해주고 역할을 바꾸어 짝이 만든 지도의 설명을 듣고 빈 지도를 완성하는 활동으로 이해와 표현 활동이 통합적으로 이루어질 수 있다.

'실생활 연계 평가'에서는 우리 동네의 홍보대사가 되어 외국인을 위한 투어 상품을 개발하여 홍보하도록 하였다. 외국인에게 상품을 홍보하는 활동에 역할놀이 요소를 넣어 구성함으로써 이해와 표현 영역을 통합하여 의사소통이 활발하게 이루어질 수 있도록 하였다. 의사소통 기회의 제공은 개념적 렌즈인 텍스트의 특징과 담화에 대한 학습 기회를 제공하는 것이며, 학생은 이를 통해 영어과 관련된 기본 기능을 신장시킬 수 있다.

영역간 개념 기반 평가(1)

평가 문항	정보차 활동을 통하여 마을 지도 완성하기(Information gap)
평가 요소	위치 안내 표현, 세부정보

1. 우리 마을 안내자료에 필요한 어휘를 확인하시오.
   - subway station, bus stop, restaurant, coffee shop(cafe), school, police station, post office, bank, park, hospital, department store, library, book store
2. 길 묻기 안내 표현을 연습하시오.
   - Where is the (   )? • Go straight and turn right.(left) • It's on your riht.(left)
3. 자신은 A, 짝은 B 지도를 가지고 활동하시오.
4. 자신의 지도를 짝에게 설명하시오.
5. 짝의 설명을 듣고 자신의 지도에 미션으로 받은 장소의 위치를 표시하시오.
6. 서로 완성한 지도를 비교하여 완성한 지도가 서로 같으면 미션 성공!

library				park
	hospital	cafe		
school				restaurant
	start		start	

〈학생 A〉
(미션: cafe, restaurant, park)

〈학생 B〉
(미션: library, hospital, school)

■ 분석적 루브릭

성취 수준 ＼ 내용 요소	지식 · 이해 세부 정보 파악	과정 · 기능 장소 및 위치 표현
잘함	위치를 나타내는 말을 듣고 지도에 정확하게 모두 표시할 수 있다.	지도에 표시된 편의 시설을 모두 정확하게 설명할 수 있다.
보통	위치를 나타내는 말을 듣고 지도에 비교적 정확하게 표시할 수 있다.	지도에 표시된 편의 시설을 비교적 정확하게 설명할 수 있다.
노력 필요	위치를 나타내는 말을 듣고 지도에 일부 표시할 수 있다.	지도에 표시된 편의 시설을 일부 설명할 수 있다.

🔷 영역간 개념 기반 평가 (2)

평가 문항	우리 마을 편의 시설 가이드 지도 만들기
평가 요소	위치 안내 표현, 담화

① 우리 동네 지하철역 및 버스 정류장을 중심으로 지도를 작성해 보시오.
② 지도에는 맛집, 카페, 병원, 도서관, 백화점, 경찰서, 학교 총 7개의 편의시설을 표시하시오.
③ 외국인 역할을 맡은 친구는 각 건물의 위치를 물어 보시오.
④ 가이드 역할을 맡은 사람은 자신의 지도를 보면서 외국인에게 설명하시오.
⑤ 외국인 역할을 맡은 친구는 지도에 설명을 들은 건물을 정확한 위치에 적으시오.
⑥ 역할을 바꾸어 다시 활동하시오.

〈내가 만든 지도〉 A: 지도를 보여주지 말고 설명하시오.

	school	police station	
hospital	cafe	department store	restaurant
		library	

start

〈친구의 설명을 듣고 표시하세요〉 B: 지도를 보지 말고 표시하시오.

start

- 분석적 루브릭

내용 성취 요소 수준	지식 · 이해	과정 · 기능
	세부 정보 파악	장소 및 위치 표현
잘함	들은 내용을 지도에 모두 표시할 수 있다.	지도의 편의 시설을 정확하게 모두 설명할 수 있다.
보통	들은 내용을 지도에 대략적으로 표시할 수 있다.	지도의 편의 시설을 비교적 정확하게 설명할 수 있다.
노력 필요	들은 내용을 지도에 부분적으로 표시할 수 있다.	지도의 편의 시설을 일부 설명할 수 있다.

🔶 실제 상황에서의 평가를 위한 수행과제 개발

수행과제명	우리 마을 일일 투어 상품 홍보하기

목표(G) goal	우리 마을 일일 투어 상품을 개발하여 홍보하는 것이다.
역할(R) role	나는 우리 마을 홍보 대사이다.
대상(A) audience	대상은 우리 마을에 거주하고 있는 외국인이다.
상황(S) situation	우리 마을 일일 투어 상품을 개발하여 홍보한다.
수행(P) performance	적절한 매체 자료(우리 마을 지도) 등을 활용하여 상품을 홍보하는 것이다.
기준(S) standard	① 우리 마을의 편의 시설을 활용한 일일 투어 상품 개발하기 ② 영어 표현을 넣은 지도 또는 가이드북을 만들어 홍보하기

> 나는 우리 마을 홍보대사입니다. 우리 마을에는 외국인들이 많이 거주하고 있는데 이분들을 위한 영어 안내 자료가 많이 없어 우리 마을의 편의시설을 잘 활용하지 못하고 있습니다. 이제 외국인을 위한 우리 마을 일일 투어 상품을 만들고 홍보합니다.
>
> 다음 내용을 고려해야 합니다.
> ① 우리 마을의 편의시설을 활용한 일일 투어 상품 개발하기
> ② 영어 표현을 넣은 지도 또는 가이드북을 만들어 홍보하기

■ 분석적 루브릭

내용 성취 수준 요소	지식 · 이해 세부 정보 파악	과정 · 기능 문제 해결	가치 · 태도 활동 참여 태도
잘함	우리 마을의 편의 시설을 정확하게 지도에 표시할 수 있다.	우리 마을의 편의 시설을 다양하게 활용한 일일 투어 상품을 개발할 수 있다.	가이드북을 활용한 홍보활동에 관심을 갖고, 적극적인 태도로 참여한다.
보통	우리 마을의 편의 시설을 일부 지도에 표시할 수 있다.	우리 마을의 편의 시설을 활용한 일일 투어 상품을 개발할 수 있다.	가이드북을 활용한 홍보활동에 관심을 갖고 참여한다.
노력 필요	친구들의 도움을 받아 우리 마을의 편의 시설을 일부 지도에 표시할 수 있다.	우리 마을의 편의 시설을 활용한 일일 투어 상품 개발 활동에 참여할 수 있다.	가이드북을 활용한 홍보활동에 관심을 갖는다.

🐾 GRASPS를 활용한 수행과제 문항

평가 문항	우리 마을 일일 투어 상품 개발 홍보하기
평가 요소	자료 제작, 영어 작문

■ 문항 1: 예시와 같이 상품 개발 계획서를 작성하시오.

> 〈예시〉
> 이름: 북유럽(Book You Love) 일일 투어
> 추천하고 싶은 사람: 책을 사랑하는 사람들
> 투어에 포함되는 편의시설: 00백화점 내 00서점, 카페, 한강 00공원

■ 문항 2: 다음 내용을 고려하여 홍보 자료를 만드시오.

평가 내용	모둠 아이디어
우리 마을의 편의 시설을 다양하게 활용하여 일일 투어 상품을 개발하였는가?	
영어 표현을 사용하여 홍보물을 제작하였는가?	

		start	

■ 문항 3: 영어 표현을 넣어 홍보내용을 작성하시오.

❸ 교과간 주제 통합 평가

가. 2개 교과간(영어과 + 실과) 통합 교수·학습 과정

핵심아이디어	의사소통 목적과 상황에 맞게 적절한 매체를 활용하여 자신의 감정이나 의견을 담화나 글로 표현하는 능력을 함양한다.		
성취기준	[6영02-09] 적절한 매체와 전략을 활용하여 창의적으로 의미를 생성하고 표현한다. [6실05-01] 컴퓨터를 활용한 생활 속 문제 해결 사례를 탐색하고 일상생활 속 문제를 해결하기 위한 알고리즘을 다양한 방법으로 표현한다.		
핵심 질문	어떻게 하면 목적지를 정확하게 안내하여 표현할 수 있을까?		
평가기준	지식 · 이해	세부 정보를 정확하게 파악하는가?	
	과정 · 기능	절차적 사고를 활용하여 문제를 해결하는가?	
	가치 · 태도	길 안내 활동에 적극적으로 참여하는가?	
개념적 렌즈	**내용 요소(지식 · 이해/과정 · 기능/가치 · 태도)**		**평가 방법**
어구 및 문장	위치를 나타내는 단어, 문장 쓰기		서술형 평가

↓

절차적 사고	길찾기 언플러그드 게임하기	실기평가

↓

절차적 사고	인간 네비게이터 활동하기	실기평가

   본 단원은 영어과와 실과의 2개 교과를 통합하여 핵심 질문을 '어떻게 하면 목적지를 정확하게 안내하여 표현할 수 있을까?'로 설정하였다. 이때 학습자들이 '절차적 사고'라는 개념적 렌즈를 실제 생활로 전이하기 쉽도록 길찾기 활동과 연계하였다.

   실과교육의 기술 시스템 영역에서는 절차적 사고를 통해 문제 해결을 위한 단계별로 처리하는 사고 과정을 학습하고, 일상생활 속의 사례를 통해 문제 해결에 적용한다. 위와 연계하여 블록 기반의 교육용 프로그래밍 도구를 활용하여 기초적인 프로그래밍 과정을 체험하고 자신만의 간단한 프로그램을 만들어 볼 수 있도록 한다. 컴퓨팅적 사고는 소프트웨어 교육에 국한되는 것이 아니므로 평가에 있어서 다른 교과에 다양하게 반영할 수 있다.

   '개념 기반 평가'는 영어과 표현 영역을 실과 기술 시스템 영역의 언플러그드 코딩 활동에 적용하여 게이미피케이션(gamification)을 추가한 평가로 설계하였다.

   '실생활 연계 평가'는 두 교과의 통합에 게임 요소를 추가한 인간 네비게이터 활동하기를 구안하였다. 이를 통해 영어 문장 쓰기 표현과 절차적 사고를 통한 실생활 문제 해결하기 과정을 평가할 수 있도록 하였다. 향후 기대할 수 있는 후속 활동으로는 기초 프로그래밍 체험 성취기준과 연계하여 영어 문장으로 코딩 프로그램을 설계하는 과정으로 발전시킬 수 있을 것이다.

🔷 교과간 개념 기반 평가 (1)

평가 문항	절차적 사고 언플러그드 게임하기
평가 요소	길찾기 표현/절차적 사고

■ 문항: 다음 명령어 카드를 사용하여 길 찾아가기 프로그래밍하시오.

■ stop	↑ Go straigt	↰ Turn left	↱ Turn right	◉L It's on your left.	◉R It's on your right.

		Finish
Start ▲		

[정답]

↑ Go straigt	■ stop	↱ Turn right	↑ Go straigt	↑ Go straigt	■ stop	↰ Turn left

↑ Go straigt	■ stop

■ 분석적 루브릭

내용 성취 요소 수준	지식 · 이해 정확한 길 찾기 표현	과정 · 기능 절차적 사고로 문제 해결
잘함	길 찾기 표현을 정확하게 문장으로 표현할 수 있다.	생활 속에서 발생 되는 문제를 절차적 사고에 의해 해결할 수 있다.
보통	길 찾기 표현을 비교적 정확하게 문장으로 표현할 수 있다.	절차적 사고에 의한 문제 해결의 순서를 사례에 적용할 수 있다.
노력 필요	교사 또는 친구의 도움을 받아 길 찾기 영어 문장을 완성할 수 있다.	절차적 사고의 의미를 말할 수 있다.

🔷 교과간 개념 기반 평가 (2)

평가 문항	절차적 사고 언플러그드 게임하기
평가 요소	길 찾기 표현/ 절차적 사고

■ 문항: 명령어 카드를 놓으면서 건물의 위치에 가는 문장을 말하시오.
　도착한 후에는 영어 문장으로 적으시오.

■ stop	↑ Go straigt	↰ Turn left	↱ Turn right	◉L It's on your left.	◉R It's on your right.

(예시) Where is the bus stop?

school		park
library		bank
bus stop		hospital
	▲ start	

↑ Go straigt	■ stop	↰ Turn left	◉R It's on your right.

Go straight one block. Stop.
Turn left. It's on your right.

Where is the school?

school		park
library		bank
bus stop		hospital
	▲ start	

■ 분석적 루브릭

내용 성취 요소 수준	지식 · 이해 정확한 길 찾기 표현	과정 · 기능 절차적 사고로 문제 해결
잘함	길 찾기 표현을 정확하게 문장으로 표현할 수 있다.	생활 속에서 발생되는 문제를 절차적 사고에 의해 해결할 수 있다.
보통	길 찾기 표현을 비교적 정확하게 문장으로 표현할 수 있다.	절차적 사고에 의한 문제 해결의 순서를 사례에 적용할 수 있다.
노력 필요	교사 또는 친구의 도움을 받아 길 찾기 영어 문장을 완성할 수 있다.	절차적 사고의 의미를 말할 수 있다.

🔷 실제 상황에서의 평가를 위한 수행과제 개발

수행과제명	인간 네비게이터

목표(G) goal	초보 운전자에게 영어로 길을 안내한다.
역할(R) role	나는 자동차 네비게이터이다.
대상(A) audience	대상은 초보 운전 원어민 선생님이다.
상황(S) situation	외국인 운전자가 여러 경로를 거쳐 운전해야 할 상황이다.
수행(P) performance	이동 경로별 안내 멘트를 영어 문장으로 작성하여 네비게이터에 들어갈 데이터베이스를 만든다.
기준(S) standard	① 3가지의 이동 경로를 명령어 카드를 배열하여 시각적으로 표현 ② 각 경로를 안내하는 영어 문장 쓰기

초보 운전자 Michelle 선생님은 다음 3가지의 규칙적인 일과가 있습니다.
① 지하철 1번 출구에서 출발하여 도서관에서 책 반납하기
② 지하철 2번 출구에서 출발하여 cafe에서 아이스 커피 사기
③ 지하철 2번 출구에서 출발하여 집에 도착하기

선생님을 위한 네비게이터가 되어 자주 가는 경로를 데이터베이스로 만들어야 합니다.

아래의 내용을 꼭 고려해야 합니다.
① 3가지의 이동 경로를 명령어 카드를 활용하여 시각적으로 표현하기
② 3가지 이동 경로 별로 안내하는 영어 문장을 정확하게 적기

■ 분석적 루브릭

내용 성취요소 수준	지식 · 이해 세부 정보 파악	과정 · 기능 문제 해결	가치 · 태도 활동 참여 태도
잘함	길찾기 표현을 정확하게 문장으로 표현할 수 있다.	3가지 이동 경로를 명령어 카드를 활용하여 시각적으로 정확하게 표현할 수 있다.	영어로 표현하는 길 안내 활동에 적극적으로 참여한다.
보통	길찾기 표현을 비교적 정확하게 문장으로 표현할 수 있다.	3가지 이동 경로를 명령어 카드를 활용하여 시각적으로 표현할 수 있다.	영어로 표현하는 길 안내 활동에 참여한다.
노력 필요	교사 또는 친구의 도움을 받아 길찾기 영어 문장을 완성할 수 있다.	1~2가지 이동 경로를 명령어 카드를 활용하여 시각적으로 표현할 수 있다.	영어로 표현하는 길 안내 활동에 관심을 갖는다.

🔶 GRASPS를 활용한 수행과제 문항

평가 문항	인간 네비게이터
평가 요소	절차적 사고/길찾기 표현

■ 문항: 네비게이터 데이터를 두 가지 형태로 만드시오.
  1. 명령어 카드를 사용하여 경로 별 시각자료로 표현하기
  2. 각각의 시각자료 아래에 영어 문장 적기

〈Michelle 선생님의 자주 가는 경로〉
① 지하철 3번 출구에서 출발하여 도서관에서 책 대출하거나 반납하기
② 지하철 2번 출구에서 출발하여 cafe에서 아이스커피 사기
③ 지하철 1번 출구에서 출발하여 집에 도착하기

		exit 2	
library	school	park	home
museum	post office	cafe	restaurant
police office	bank	bus stop	hospital
	exit 1		exit 3

■ stop	↑ Go straigt	↰ Turn left	↱ Turn right	●L It's on your left.	●R It's on your right.

①
②
③

나. 3개 교과간(영어과 + 국어과 + 미술과) 통합 교수·학습 과정

핵심아이디어	담화나 글로 표현하는 활동은 다양한 문화와 관점에 대한 이해 및 포용, 협력적 태도로 상호 소통하며 의미를 표현하거나 교환하는 태도를 가진다.		
성취기준	[6영02-05] 주변 장소나 위치, 행동 순서나 방법을 간단한 문장으로 설명한다. [6국01-05] 자료를 선별하여 핵심 정보를 중심으로 내용을 구성하고 매체를 활용하여 발표한다. [6미02-01] 다양한 방법으로 아이디어를 연결하여 확장된 표현 주제로 발전시킬 수 있다.		
핵심 질문	아이디어를 효과적으로 표현하는 방법은 무엇일까?		
평가기준	지식·이해	정확한 영어 표현을 사용하여 내용을 구상할 수 있는가?	
	과정·기능	다양한 재료와 표현 방법을 써서 자료를 제작할 수 있는가?	
	가치·태도	듣는 이가 이해하기 쉽고 흥미를 갖도록 발표할 수 있는가?	

개념적 렌즈	내용 요소(지식·이해/과정·기능/가치·태도)	평가 방법
신도시의 특징	우리가 살고 싶은 신도시 구상하기	관찰평가

↓

발상	우리가 살고 싶은 신도시 디자인하기	실기평가

↓

어휘와 문장	영어 표현 녹음하여 QR코드 작성하기	실기평가

↓

의사소통	매체를 활용하여 발표하기	관찰평가

　　3개 교과간 평가에서는 모둠별 신도시 테마파크를 계획하는 활동으로 국어과, 영어과, 미술과를 통합한 프로젝트로 연결하였다. 국어과에서는 매체 자료를 활용하여 내용을 효과적으로 발표하는 성취기준을 중심으로 우리 마을을 새롭게 신도시로 개발하는 상황을 제시하여 학생들이 테마파크를 구상하고 홍보물을 제작하도록 하였다. 또한 외국인을 위한 영어 안내 표현을 학생들이 녹음하여 홍보물에 QR코드로 넣는 과정을 포함하여 영어과의 이해와 표현 활동이 통합적으로 이루어질 수 있도록 설계하였다.

　　[6국01-05]의 성취기준은 그림, 표, 그래프, 사진, 동영상 등 말할 내용을 구체적으로 형상화하거나 요약적으로 보여주는 자료를 보조 자료로 활용하여 발표하는 능력을 기르기 위해 설정되었다. 이때 모둠원들의 생각을 형상화한 매체 자료를 보조 자료로 활용하면서 패들렛 등을 활용하여 테마파크를 홍보하는 내용을 추가하여 청자의 흥미를 유발하고 설득력을 높일 수 있다. 이 때 학생들이 알아야 할 개념은 신도시의 특징을 파악하고 구상하는 활동을 통해 습득하는 아이디어 발상 활동에 초점을 두었다.

　　[6영02-05]의 성취기준은 학생들이 만든 발표 자료에 외국인을 위한 안내 멘트를 영어문장으로 작성한 후 각자의 목소리로 녹음하도록 하였다. 이 때 모둠원들이 역할을 고루 분담하여 과업에 참여할 수 있도록 안내하여 일부 학생들이 주도하지 않도록 교사가 퍼실리테이터 역할을 해 주도록 한다.

　　[6미02-01]의 성취기준은 아이디어와 관련된 정보를 수집하고 적합한 것을 선택하여 표현 내용을 구체화하는 것으로 평가에 있어서는 다양한 소재와 주제에 대한 관심, 아이디어를 발전시키려는 노력, 표현 과정에 집중하는 태도, 공동 작업에서 협력하는 태도, 발표 및 토의에 적극적으로 참여하는 태도 등을 지속적으로 관찰하여 평가하는 것이 필요하다.

　　평가에 있어서 개별 평가와 모둠 평가를 적절하게 활동하되, 모둠 평가 시 개인의 역할과 비중을 고려하여 평가 기준과 방법 등을 선정하는 과정이 필수적이다. 또한 교사 평가 외에 학습자 스스로 자신의 능력이나 모둠 기여도 등 학습 단계 중 그 과정을 점검하고 성찰할 수 있는 기회를 제공하는 것이 성공적인 프로젝트 결과로 연결될 수 있다.

🍀 3개 교과간 개념 기반 평가 (1)

평가 문항	신도시 개발 프로젝트
평가 요소	발표내용 구상/참여 태도

■ 문항 1: 아이디어 회의를 통해 우리 모둠의 테마파크를 정하시오.

이름	테마파크	내용
000	메디컬 파크	노약자와 어린이들을 위한 병원과 공원, 다양한 휴게시설을 갖추어 편안한 휴식 공간이 될 수 있음

■ 문항2: 성공적인 프로젝트를 위해서 어떤 역할이 필요할지 서로 의견을 나눠보고 역할을 정하시오. 또 함께 해야 하는 역할에 대해서도 의논하여 적으시오.

모둠원 이름	역할	해야 할 내용
공동의 역할		

■ 분석적 루브릭

내용 요소 성취 수준	지식 · 이해 발표내용 구상	과정 · 기능 활동 참여 태도
잘함	창의적인 생각을 통하여 발표내용을 구체적으로 구상할 수 있다.	적극적으로 모둠활동에 협력하여 참여할 수 있다.
보통	발표내용을 구체적으로 구상할 수 있다.	모둠활동에 협력하여 참여할 수 있다.
노력 필요	발표내용을 구상 활동에 참여할 수 있다.	모둠활동에 참여할 수 있다.

3개 교과간 개념 기반 평가 (2)

평가 문항	신도시 개발 프로젝트
평가 요소	표현 방법 탐색/길찾기 표현

■ 문항 1: 테마파크 안에는 어떤 편의시설이 들어가면 좋을지 각자 아이디어를 구상해보고 표현 재료와 방법에 대하여 적으시오.

순 \ 구분	편의 시설	맡은 사람	표현 재료/방법
1			
2			
3			
4			

■ 문항2: 각 편의 시설을 안내하는 영어 표현을 3~4줄의 문장으로 적고, 역할을 나누어 녹음한 후 지도의 QR코드에 넣으시오.

순 \ 구분	편의 시설	맡은 사람	영어 문장 쓰기
1			
2			
3			
4			

■ 분석적 루브릭

성취 수준 \ 내용 요소	지식 · 이해 표현 재료와 방법	과정 · 기능 정확한 길 찾기 표현
잘함	다양한 재료와 방법을 찾아 생각을 구체화하는 방법을 찾을 수 있다.	길찾기 표현을 정확하게 문장으로 표현할 수 있다.
보통	재료와 방법을 찾아 생각을 구체화하는 방법을 찾을 수 있다.	길찾기 표현을 비교적 정확하게 문장으로 표현할 수 있다.
노력 필요	재료와 방법을 찾는 방법을 부분적으로 찾을 수 있다.	교사 또는 친구의 도움을 받아 길찾기 영어 문장을 완성할 수 있다.

🐝 실제 상황에서의 평가를 위한 수행과제 개발

수행과제명	신도시 개발 프로젝트

목표(G) goal	모둠별로 신도시 테마파크를 설계한다.
역할(R) role	나는 신도시 개발 프로젝트 참가자이다.
대상(A) audience	대상은 신도시 개발 위원회이다.
상황(S) situation	우리 마을을 신도시로 개발하는 프로젝트에 참여하여 발표한다.
수행(P) performance	신도시에 어울리는 테마파크를 설계한다. 매체를 활용하여 프로젝트 설명회에서 발표한다.
기준(S) standard	작품의 제작과 발표를 할 때에는 다음 내용을 고려해야 한다. ① 다양한 재료와 표현 방법을 써서 자료 제작하기 ② 다양한 매체를 활용하여 효과적인 방법으로 프레젠테이션 발표하기

여러분은 우리 마을이 신도시로 개발됨에 따라 우리 마을에 어울리는 테마파크를 설계하는 프로젝트 참가자입니다. 신도시 개발 위원회가 주최하는 프로젝트 설명회에 홍보물을 제작하여 발표합니다.

이때 다음을 꼭 고려해야 합니다.
① 다양한 재료와 표현 방법을 써서 자료를 제작합니다.
② 다양한 매체를 활용하여 효과적인 방법으로 발표합니다.

■ 분석적 루브릭

내용 성취 요소 수준	지식 · 이해 내용 구상	과정 · 기능 자료 제작	가치 · 태도 발표 태도
잘함	정확한 영어 표현을 사용하여 발표 내용을 구상할 수 있다.	아이디어를 다양한 재료와 방법을 활용하여 창의적으로 표현할 수 있다.	말하기 내용에 적합한 매체 자료를 효과적으로 활용하여 듣는이가 이해하기 쉽고 흥미를 갖도록 발표할 수 있다.
보통	영어 표현을 사용하여 발표 내용을 구상할 수 있다.	아이디어를 다양한 재료와 방법을 활용하여 표현할 수 있다.	말하기 내용에 적합한 매체 자료를 활용하여 듣는이가 이해하기 쉽도록 발표할 수 있다.
노력 필요	교사 또는 친구의 도움을 받아 발표 내용을 구상할 수 있는다.	아이디어를 재료와 방법을 활용하여 표현하는 활동에 참여할 수 있다.	말하기 내용과 관련된 매체 자료를 사용하여 발표할 수 있다.

🔷 GRASPS를 활용한 수행과제 문항

평가 문항	신도시 개발 프로젝트 발표회(학생 작품 예시)
평가 요소	자료 제작, 매체 활용 발표

■ 문항1: 패들렛을 활용하여 우리 모둠의 테마파크를 홍보하시오.

컨셉:죽기전 한 번 해봐야하는 것들
장점:이쁘고 멋지고 환상적이고 몽
환적이고 눈에 띄고 죽기전 하고싶
지만 못했던 것들을 경험하고 안 오
면 죽을때 한 때문에 못 죽고 이승을
떠돌다 비참히 세상에서 사라질 가
능성 다분함 꼭 오세요!
가격:1인당 10만원(한 가지고 떠들
다 죽을지편하게 그냥 죽을지 선택
하시오)
소개:인생에서 여기만 오면 강 죽어
도 된다 먹을거 있고 놀거있고 사진
도 찍을 수 있다 바로 와락ㅋ

♥ 2

💬 댓글 추가

VVVVVVVVVVVVVVVVVVVVVVVV
VVVVVVVVVVVVVVVVVVVVIP티켓을
15,000,000,000(15억)에 구매하시
면 모든 것을 줄서지 않고 항상 최고
의 시설에서 즐기시면서 식당에서
공짜로 최고의
캐비어를 올린 스테이크를 맛볼수
있습니다. 그리고 이런것 말고도 이
세상모든음식을 주문하시면 해드릴
게요^^많이 구매해주세요^^
그리고 그옆에는 닌텐도의 모든게임
과 버전,기계를 구매하실수 있습니
다. 이것도(VVVV생략IP)티켓을 구
매하시면 100팩이 공짜입니다^^.그
리고 4블럭에는 닌텐도 게임을 수업
받으면서 제작해보실수 있습니다.
그리고 마지막 휴식존은 침대,만화
책,TV등이 모두 준비되어 있으니 편
히 쉬시면 됩니다.

♡ 0

테마파크 기본 설명
: 저희 테마파크는 VR 체험존 7개와
카페테리아로 이루어져 있으며 1인
당 5,5000원의 가격으로 저렴히 체
험하실 수 있습니다. 또한 카페테리
아에서는 위와같이 저렴한 가격으로
음식을 판매하고 있으며 개장 이벤
트로 SNS(페이스북,인스타 등)에 후
기와 함께 사진을 찍어 홍보해주시
면 30% 할인을 해드리고 있습니다.

매일같은 무료한 일상에 저희 리얼
리티 테마파크(ASCP)와 함께 즐거
운 추억을 만들어보는 것은 어떨까
요?
환상의나라 리얼리티 테마파크
(ASCP)로 놀러오세요!!:)

■ 문항2: 다양한 재료와 표현 방법을 넣어 발표 자료를 만들어 발표하시오.

참고문헌

교육부(2022). 초등학교 교육과정 제2022－33호(별책 2).

국어과

교육부(2020). 국어 6－2. 미래앤.

박남정(2018). 초딩, 자전거 길을 만들다. 소나무.

조한무, 장준걸, 구자경, 홍윤정(2020). 수업을 돕는 과정중심평가: 초등국어 편. 지식플랫폼.

조한무, 장준걸, 김일(2020). 수업을 돕는 과정중심평가: 초등음악 편. 지식플랫폼.

홍후조, 조호제, 김자영, 민부자, 배난희, 안희숙, 임유나, 임재일, 최은아(2021). 최신 교육
    과정 재구성의 이론과 실제. 박영스토리.

김시래(2016). 초등학교 국어와 서술형 평가 개선을 위한 실행연구－교사학생 피드백을 중
    심으로. 석사학위논문, 경인교육대학교 교육전문대학원.

최규홍(2020). 초등학교 국어과 과정중심평가의 의미와 방법. 서울교육대학교 한국초등교
    육, 31(4), 177－191.

[웹사이트]

https://www.edaily.co.kr/news/read?newsId=01144726622394784&mediaCodeNo=258
(방탄소년단 RM "문화란 경계 무너뜨리는 가장 강력한 힘")

최인훈 연구소 https://www.youtube.com/channel/UCLkpvZJjBg－K3B9CTBBQcAA

카드뉴스 만들기1 https://youtu.be/a4_R46BJSC4

카드뉴스 만들기2 https://youtu.be/rfmVWtu4Ors

카드뉴스 만들기3 https://youtu.be/EVBmXA2xf2I

카드뉴스 만들기4 https://youtu.be/L_t8RO7SqLw

수학과

교육부(2018). 2015 개정 6학년 수학과 교과용도서(지도서).

마리오 리비오 저, 권민 역(2011). 황금비율의 진실. 공존.

이케다 가요코 저, 한성례 역(2018). 세계가 100명의 마을이라면(환경 편). 국일미디어.

이케다 가요코 저, 한성례 역(2018). 세계가 100명의 마을이라면(부자 편). 국일미디어.

[웹사이트]

네이버 지도. https://map.naver.com/v5/?c=15,0,0,0,dh

네이버 지식백과. https://terms.naver.com/

세이브더칠드런. https://www.sc.or.kr/

통계지리정보서비스. http://sgis.kostat.go.kr/

EBS다큐프라임 『황금비율의 비밀 1부 숨은 그림 찾기』(2017년 7월 17일 방송)

EBS다큐프라임 『황금비율의 비밀 2부 절대적이고 상대적인 진리』(2017년 7월 18일 방송)

사회과

홍후조, 조호제, 김자영, 민부자, 배난희, 안희숙, 임유나, 임재일, 최은아(2021). 최신 교육
    과정 재구성의 이론과 실제. 박영스토리.

교육부(2018). 2015 개정 5학년 사회과 교과용도서(지도서)

교육부(2020). 미술 5학년. 미술과 생활.

교육부(2018). 2015 개정 5학년 국어과 교과용도서(지도서)

교육부(2018). 2015 개정 6학년 사회과 교과용도서(지도서)

교육부(2018). 2015 개정 6학년 국어과 교과용도서(지도서)

교육부(2020). 미술 6학년. 미술과 생활.

교육부(2020). 실과 6학년. 미래엔.

[사진출처]

http://www.civicnews.com/news/articleView.html?idxno=32918

https://www.newssc.co.kr/news/articleView.html?idxno=42104

https://www.yna.co.kr/view/GYH20210217000700044

https://www.chosun.com/site/data/html_dir/2020/03/02/2020030202843.html

http://www.epnews.net/news/articleView.html?idxno=13695

https://url.kr/pk6wu1

http://www.edunet.net/nedu/contsvc/viewWkstContPost.do?contents_id=4d928b84-a0
    59-4a67-8d23-58da6bdd0866&head_div=

https://m.blog.naver.com/anu092223/221736284295?view=img_1

http://www.sejongeconomy.kr/8311

https://takentext.tistory.com/341

https://ko.wikipedia.org/wiki/%EC%8D%B0%EB%A7%A4%EA%B0%9C#/media/%ED%8C
%8C%EC%9D%BC:Adventdalen_hundespann_IMG_2805.jpg

https://kids.donga.com/mobile/?ptype＝article&no＝20221019130506423851

https://www.hankyung.com/economy/article/2022012266887

https://health.chosun.com/site/data/html_dir/2010/07/16/2010071601239.html

https://m.blog.naver.com/kjyeah/220787973457?view＝img_1

https://kr.lovepik.com/download/detail/480030990?type＝1&byso＝1

과학과

기상청(2018), 2018 기상연감.

[웹사이트]

에듀넷·티－클리어. https://www.edunet.net/nedu/main/mainForm.do

구미시 구미보건소. https://www.gumi.go.kr/health/contents.do?mId＝0310060700

영어과

교육부(2020). 영어 5, 6학년. 와이비엠.

교육부(2020). 실과 6학년. 미래엔.

[웹사이트]

강촌레일파크. https://www.railpark.co.kr

e학습터. https://cls.edunet.net/

패들렛. https://ko.padlet.com

What did you do Song. https://www.youtube.com/watch?v＝c5LOFVOjklk

4장

이해중심교육과정
(Understanding by Design: UbD)

이해중심교육과정의 의의와 특징

등장 배경과 의의

이해중심교육과정은 1980년대부터 2000년대 초반까지의 미국의 교육개혁 운동과 밀접한 관련이 있다(조재식, 2005). 1985년에 발표된 IEA(International Association for Evaluation of Education Achievement) 결과에 의하면, 미국 학생들의 수학 및 과학 성취도가 다른 나라의 학생들에 비하여 현저하게 낮았다. 또한 시간이 지남에 따라, 백인과 유색 인종의 학력 격차가 심화되었다. 이에 따라 미국 정부는 학생들의 학력 향상을 위한 다양한 방안을 마련하였다. 이 중 대표적인 것이 2000년대 초반 미국 부시 정부가 발표한 낙오학생방지법(NCLB: No Child Left Behind)과 연간 진보 계획(AYP: Adequate Yearly Progress)이다. 이 정책들은 학생의 학업성취도에 대한 학교와 교사의 책무성을 강조한다. 이에 따라 미국의 학교와 교사는 학생들의 학업성취도 향상을 위한 다양한 노력을 시도하였다. Wiggins와 McTighe는 평가 전문가로서, 성취기준을 기반으로 한 교육과정과 수업의 설계에 관심을 갖고, 학생들이 영속한 이해를 달성할 수 있는 이해중심 교육과정 모형을 개발하였다.

이해중심교육과정은 UbD(Understanding by Design)으로 학습자의 이해에 중점을 둔 교육과정 설계 접근법이라고 할 수 있다, 백워드 설계(Wiggins & McTighe, 2011), TfL(Teaching for Learn), HPL(How people Learn), 문제 중심학습(PBL), 4-MAT System, 학습의 차원(Dimension of Learning), KDB(Knowledge-Do-Be) 등의 접근 방법이 이해중심교육과정에 해당한다고 볼 수 있다. 본 내용에서는 주로 백워드 설계를 기반으로 내용을 기술하고자 한다.

이해중심교육과정은 두 가지 의의가 있다(Wiggins & McTighe, 2005). 첫 번째 의미는 교육목적과 관련이 있다. 이해중심교육과정에서는 학생들의 영속한 이해(enduring understanding)를 추구한다. 이것은 무의도적으로 이루어지는 활동중심의 수업과 교과서 중심으로 이루어지는 피상적인 수업의 2가지 문제를 개선하려는 의도에서 개발되었다. 이해중심교육과정은 교사들에게 단원 수준에서 교육과정을 체계적이고 효율적으로 개발하고 실행할 수 있는 틀을 제공한다. 이해중심교육과정은 성취 기준의 교육개혁 운동에서 비롯된 것으로써, 이것은 단원 전체에서 추구하는 큰 개념(big idea)에 기초하여, 학생들의 영속한 이해를 추구하고, 궁극적으로 학생의 학력 향상을 강조한다.

02 이해중심교육과정과 개념 기반 교육과정의 관련성

개념 기반 교육과정은 개념적 렌즈를 이용해 사실들 간의 관계를 탐색하고 핵심적인 개념과 아이디어로 추출하여 일반화된 지식을 생성한 후 이를 타교과나 새로운 상황에 전이하여 한 단계 높은 고차원적인 이해로 나아가게 한다. 이 때 핵심적인 아이디어는 이해중심교육과정의 영속적 이해와 일맥상통한다고 할 수 있다. 개념 기반 교육과정에서 제시하는 개념에 대한 이해의 증거는 어떻게 평가할 수 있을 것인가? 이해중심교육과정에서는 이해의 여러 종류를 다양한 수행과제로 설정하고 수행과제의 수행 및 다양한 평가를 통해 기타 이해의 증거를 제시한다. 개념 기반 교육과정은 이해중심교육과정의 GRASPS를 활용한 실생활 맥락을 고려한 수행 활동과 평가를 통해 개념의 전이를 고차원단계로 확장, 심화하여 교육과정-수업-평가의 평가의 일관성을 기할 수 있고 효율적인 교실 수업을 전개하도록 시너지를 발휘할 수 있다.

03 우리나라 교육에 주는 시사점

우리나라 수업의 특징은 한마디로 '주입'으로 표현된다. 대부분의 교사들은 교과서를 보고 학습량이 많다고 하면서 교과서에 있는 것을 모두 가르치려고 한다. 이러한 학습량의 과다는 진도 나가기에 초점을 맞추게 되고 자연스럽게 주입식, 설명식 수업으로 연계된다. 또한, 평가과정 없이 수업이 종료되는 경우가 많고 학습에 대한 즉각적인 피드백도 어려워 진정한 이해에 도달하기 어려움을 겪는다. 뿐만 아니라 6차 교육과정 이후 강조되어 온 교육목표-교육내용-교수·학습 및 평가의 비일관성으로 인하여 수업의 효율성 및 효과성이 약화된다.

이해중심교육과정이라고 지칭하지만 여기서 '교육과정'이라 함은 일반적으로 인식하는 교육과정이 아니라 교수·학습 설계에 해당된다. 여기서 교수·학습 설계라 함은 보통 계획하는 차시 차원이 아닌 '단원 수준'에서의 교수·학습 계획을 의미한다. 또한 '이해'란 의미가 불분명한 애매한 용어이나 여기서는 6가지로 구체화되어 나타나는 것으로 제시하여 명료화된다. 많은 학습 분량을 늘려서 하는 것이 아니라 핵심적인 내용을 다시 구성하여 효율적으로 수업을 전개하여 효과적인 결과를 도출하는 방법이라고 할 수 있다. 수업 모형은 아니기 때문에 다양한 수업 모형의 적용이 가능하며 핵심역량 함양, 과정중심평가, 맞춤형 수업 등이 가능하다.

우리나라 2015 개정 교육과정부터 성취기준 진술 방식이 수행을 중심으로 개선된 것도 이해중심교육과정과 관련성이 있으며 각론 내용체계의 구성은 여기에 기반을 두고 제시된 틀이기 때문에 사실상 이론적 배경을 이루고 있다고 할 수 있다. 이해중심교육과정에서는 피상적으로 이루어지는 교과서 중심의 수업과 무의도적으로 이루어지는 흥미위주의 활동중심 수업을 비판하고, 학생들의 영속한 이해를 강조한다. 이는 우리나라 수업 방식의 개선 방향이 어떠해야 하는지를 시사하는 점이라고 할 수 있다. 뿐만 아니라 이해중심교육과정을 활용하여 단원을 개발하는 교사는 교육과정 개발자, 실행자, 평가로서의 전문성을 향상시키는 경험을 할 수 있다(Wiggins & McTighe, 2005).

2015개정 교육과정에서는 "학생에게 학습 내용을 실제적 맥락 속에서 적용하고 활용할 수 있는 기회를 충분히 제공한다"고 하였으며 2022개정 교육과정에서도 "학습 내용을 실생활 맥락 속에서 이해하고 적용하는 기회를 제공함으로써 학교에서의 학습이 학생의 삶에 의미 있는 학습 경험이 되도록 한다"고 하여 이해를 통한 학습의 결과가 실생활 맥락에서 구체적으로 제시된 것은 교육과정의 개정을 거치면서 이해 중심교육과정의 의미를 교육과정 총론을 통해 지속적으로 강조하고 있는 것이라 볼 수 있다. 특히 2022 개정 교육과정에서는 "단편적 지식의 암기를 지양하고 각 교과목의 핵심아이디어를 중심으로 지식·이해, 과정·기능, 가치·태도의 내용 요소를 유기적으로 연계하며 학생의 발달 단계에 따라 학습 경험의 폭과 깊이를 확장할 수 있도록 수업을 설계"한다고 하여 백워드 설계 기반의 이해중심교육과정에서 중시하는 "전이가 가능한 개념"에 대한 이해와 이해의 증거로 수행과제 선정과 학습과정을 통한 수행 과제 활동으로 "적게 가르치되 제대로 가르친다"는 원리를 구현할 것을 교육과정 문서를 통해 학교 현장에 요구하고 있다.

이해중심교육과정의 설계 방법

이해중심교육과정의 특징

　백워드 설계의 이해중심교육과정에서는 단원 설계의 목적을 학생들의 영속한 이해로 설정하고, 이러한 단원 목표를 실현하기 위하여, 단원 설계의 절차를 '바라는 결과의 확인(목표 설정)', '수용 가능한 증거 결정(평가 계획)', '학습경험과 수업 계획(수업 계획)'으로 제시하였다.

　Wiggins와 McTighe(2004)는 단원 설계의 각 단계에서 요구되는 다양한 전략과 기법, 그리고 요소들을 추출하고, 이를 종합적으로 구성하여 이해중심교육과정을 제안하였다. 이해중심교육과정에서는 기존의 수업 설계 모형의 단계와 요소 등에서 유사한 부분이 발견된다. 예를 들어, Dick, Carey와 Carey(2015)의 체제적 수업 설계 모형에서도 이해중심교육과정과 유사하게 평가 계획이 수업 설계에 앞서서 이루어진다. 그럼에도 불구하고, 이해중심교육과정이 주목받게 된 이유는 단원 설계의 목적이 학생들의 영속한 이해, 즉 핵심 개념과 원리 중심의 심층적인 학습을 통한 '이해로서의 수행'에 있기 때문이다.

　이해중심교육과정의 특징을 살펴보면 다음과 같다. 먼저 이해중심교육과정은 목표 성취를 위해 평가를 강조한 모형이라는 것이다. 이해중심 교육과정은 핵심개념에 대한 학습과 이의 적용은 지식의 구조와 이의 삶 속에서의 전이를 강조한 Bruner(1960)의 아이디어의 연장선상에 있다고 할 수 있다. 또한 백워드 설계는 목표 성취를 위해 평가를 강조한 모형이라는 점에서 기존의 교육과정 설계에서 교육목표를 기대한 학습의 결과를 수행의 형태로 기술하고 수업 목표를 설정한 후 학습 경험을 선정 및 조직하며 이후 평가를 계획하는 단계로 이루어진다고 본

Tyler(1949)의 원리와 다르다고 할 수 있다. 즉 Tyler 모형에서 평가를 가장 나중 단계에 오는 것으로 설계한 것에 비해 평가를 학습 경험 선정 앞에 배치하여 평가의 역할을 강화하며 역순(backward)으로 구성했다는 점에서 내용과 활동에 대한 고려보다는 평가자의 입장에서 접근하자는 제안이라고 볼 수 있다.

백워드 설계 기반의 이해중심교육과정에서는 무의도적으로 이루어지는 활동중심의 수업과 교과서를 중심으로 이루어지는 피상적인 수업의 2가지 문제를 개선하고, 핵심 개념과 원리 중심의 '영속한 이해'를 추구한다. 여기서 영속한 이해란 지식의 구조, 핵심 개념과 원리, 빅 아이디어 등에 비유할 수 있다. 이것은 학생들이 각 교과에서 획득한 지식과 기능을 일상생활 또는 주변 상황에서 자유자재로 활용할 수 있는 '이해로서의 수행'으로 구현된다.

또한 백워드 설계 기반의 이해중심교육과정은 학습자의 진정한 이해를 강조한 모형으로 '이해로서의 수행'의 평가방법으로써, 수행 과제 또는 프로젝트 과제를 제안한다. 여기에서 영속한 이해가 학교 상황이 아닌 일상생활에 관한 지식을 활용하는 것이라면, 평가 장면 역시 그것을 확인할 수 있는 실제 상황에서 이루어져야 한다고 강조하고 있다. 이들은 이러한 형태의 평가방법을 참평가(authentic assessment)라고 지칭한다. 학생들은 자신이 이해한 내용을 바탕으로 수행과제 또는 프로젝트 과제를 해결하고, 이 과정에서 자신이 획득한 지식과 기능을 활용하게 된다. 평가를 강조한 수업 설계 모형이 다수 존재하지만, 이해중심교육과정과 같이 핵심 개념과 원리 중심의 심층적인 학습에 기초한 영속한 이해를 강조하지는 않았다.

그렇다면, 영속한 이해를 달성하는 데 적합한 교수방법은 어떻게 될 것인가? 교사중심의 단편적인 사실과 정보를 전달하는 강의식, 설명식 교수방법보다는 학생중심의 문제중심학습, 프로젝트학습, 자기주도학습모형, 상황학습모형 등이 적용될 가능성이 높다. 왜냐하면, 학생들이 획득한 지식을 맥락화할 수 있는 수업 환경을 조성할 때, '이해로서의 수행'이 가능하기 때문이다.

이해중심교육과정은 학생들의 이해력 향상을 목적으로 개발된 수업 설계 모형이다. 이해중심교육과정은 학생들의 심층적인 탐구와 사고를 유발하는 방향으로 단원을 설계하고, 학생들의 영속한 이해를 추구한다. 이해중심교육과정은 수업 설계의 방향이 전통적인 수업 설계와 달라서 붙여진 이름이다. 수업 설계는 전통적으로 수업 계획이 평가 계획에 앞서서 이루어진다. 그러나 이해중심교육과정에서는 [그림 4.1]과 같이, 평가 계획이 수업 계획에 앞서 이루어진다.

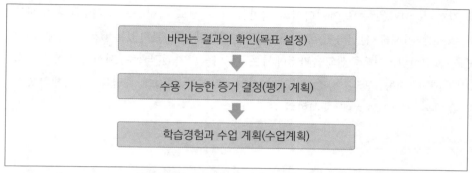

[그림 4.1] 이해중심교육과정의 절차

백워드 설계중심의 이해중심교육과정에서는 다음과 같은 단원 설계 템플릿에 따라 '바라는 결과 확인하기-수용가능한 증거 결정하기-학습경험과 수업 계획하기' 절차로 단원개발을 구조화하여 활용한다. [그림 4.2] 백워드 설계 템플릿을 참고할 수 있다.

1) 바라는 결과의 확인: 목표 설정

이해중심교육과정에서는 의도된 학습 성과를 중시한다. 단원 설계자는 의도된 성과, 즉 목표를 설정하기 위하여 4가지 주요 활동을 한다. 즉, 단원 설계자는 '1단계: 바라는 결과의 확인' 단계에서, ㉠ 설정된 목표 확인, ㉡ 영속한 이해 설정, ㉢ 본질적 질문 개발, ㉣ 핵심 지식과 핵심 기능 등을 개발한다.

단원 설계자는 교육과정 문서의 성취 기준에 해당하는 목표 확인을 위해 영속한 이해를 추출해야 한다. 영속한 이해는 주요 아이디어에 기초하고 있다. 2022개정 교육과정에서는 영역을 아우르면서 해당 영역의 학습을 통해 일반화할 수 있는 내용을 핵심적으로 진술한 것으로 핵심아이디어를 제시하고 있다. 핵심아이디어는 해당 영역 학습에 초점을 부여하여 깊이있는 학습이 가능하게 하는 토대가 되는데 이는 이해중심교육과정의 영속적 이해와 같은 속성을 보여준다고 할 수 있다. 이에 따라 내용 요소로 지식·이해(교과 및 학년별 해당 영역에서 알고 이해해야 할 내용), 과정·기능(교과 고유의 사고 및 탐구 과정 또는 기능), 가치·태도(교과 활동을 통해 기를 수 있는 고유한 가치와 태도) 등을 제시하고 있다. 이 빅 아이디어(핵심아이디어)는 특정한 단원을 초월하여 전이가 가능한 것으로 이해를 통해 다른 단편적 지식과 연결될 수 있는 하나의 패턴이라고 할 수 있다.

강현석(2017)은 주요 아이디어의 역할을 네 가지로 제시하고 있다. 단원 설계자가 영속한 이해를 설정하면, 그 다음에는 단원 학습과 관련있는 6가지 이해의 측면을 설정한다. 이해중심교육과정에서는 이해를 다차원적으로 제시하고 있는 데, 설명, 해석, 적용, 관점, 공감, 자기 지식의 6가지가 여기에 해당된다. 이해의 6가지 측면은 <표 4.1>에 제시한다.

1단계 바라는 결과의 확인	
설정된 목표 • 설계에서 초점을 두는 목표(**예** 성취기준 등)는 무엇인가?	
이해(U) 학생들은 다음을 이해할 것이다. • 주요 아이디어는 무엇인가? • 주요 아이디어에 대해서 바라는 구체적인 이해는 무엇인가?	본질적 질문(Q) • 탐구와 이해, 학습의 전이를 유발시키는 질문은 무엇인가?
핵심 지식(K) • 이 단원의 학습의 결과로 학생들이 획득하게 될 핵심 지식은 무엇인가?	핵심 기능(S) • 학생들은 지식과 기능을 습득하여 무엇을 할 수 있어야 하는가?

2단계
수용 가능한 증거 결정

수행과제:(T)	기타 다른 증거:(OE)
• GRASPS(6가지 이해 + 핵심개념 + 일반화된 지식 고려) • 여기서는 수행과제를 교수 · 학습과 평가를 구분하여 2개로 개발할 수 있음	• 영속한 이해에서 빠진 내용 평가(퀴즈, 선택형, 단답형 등)

3단계
학습경험과 수업 계획

• W(학습 방향), H(흥미, 동기), E(탐구), R(수정), E(자기평가), T(맞춤 요구), O(조직) 원리 적용
• 교육과정 성취기준, 평가, 수업 설계기법(동기유발, 탐구, 반성, 재고 등 학습 활동)
• 수행과제(GRASPS) 해결을 통한 학습 결과의 일반화 → 본질적 질문에 해답 도출

[그림 4.2] 백워드 설계 템플릿

주요 아이디어의 역할

1. 주요 아이디어는 내용의 우선순위를 결정하는데 기본이 된다.
2. 주요 아이디어는 중요한 사실, 기능과 행동을 연결하는 조직자의 역할을 한다.
3. 주요 아이디어는 전이 가능한 아이디어를 구체화하며 다른 맥락으로 전이 가능하다.
4. 주요 아이디어는 추상적이므로 심층적 학습이 가능하다.

백워드설계에서는 주요 아이디어와 영속적 이해를 찾는 과정을 목표 풀이하기 (unpacking)로 지칭하고 있다. 그러나 이를 위해 우리나라의 성취기준을 그대로 가져와 영속적 이해로 활용하는 것은 적절치 않다. 목표 풀이하기 과정을 통해 성취기준을 분석하는데 대부분의 성취 기준은 명사나 형용사 동사로 구성되어 있다. 이중 명사는 영속적 이해와 관련이 있고 동사를 통해서 요구되는 수행을 이끌어 낼 수 있다. 이 과정을 통해서 특정한 이해를 확인하고 목표를 주체적이고 일반화한 형태로 구조화하여 주요 아이디어와 영속적 이해로 제시할 수 있다.

강현석(2017)은 영속적 이해의 특징을 다음과 같이 정리하였다.

영속적 이해의 특징

1. 사실에 의미와 중요성을 부여하는 주요 아이디어를 포함한다.
2. 다른 주제나 분야, 삶으로 전이된다.
3. 보통 분명하지 않고 잘 드러나지 않기 때문에 오해하기 쉽다.
4. 기초 기능을 위한 개념적인 기능을 포함한다.
5. 영속적 이해는 일반화로서 구조화 될 수 있다.

본질적 질문(essential question)은 학생 스스로 의미를 구성할 수 있는 방향으로 진술된다. 본질적 질문은 사실 회상 질문, 동기 유발 질문과 구분되는 것으로써, 학생들의 사고력을 유발하는 탐구 질문의 성격을 갖는다. 본질적 질문은 학생들로 하여금 교과 내용의 탐구와 진정한 이해를 하는 데 기여할 뿐만 아니라, 단원 전체를 구조화하는 역할을 한다(Wiggins & McTighe, 2005).

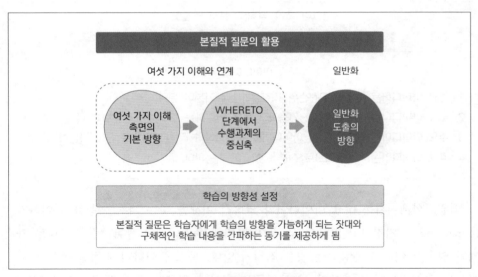

[그림 4.3] 본질적 질문과 단계별 역할

그리고 단원 설계자는 영속한 이해 달성에 직접적으로 관련 있는 핵심 지식과 핵심 기능을 설정한다. 핵심 지식은 명제적 지식에 해당되는 것으로써, 단원학습 전반을 통해서 학생들이 반드시 알고 기억할 수 있어야 하는 사실과 기본 개념이며 핵심 기능을 활용해 수행의 과정을 거쳐 이해의 증거를 제시하게 된다.

2) 수용 가능한 증거 결정: 평가 계획

이해중심교육과정은 평가를 강조한 수업 설계 모형이다. 단원 설계자는 학생들의 영속한 이해 달성 여부를 판단할 수 있는 방향으로 평가를 계획한다. 단원 설계자는 '2단계: 수용 가능한 증거 결정'단계에서, ㉠ 수행 과제 개발, ㉡ 수행 과제에 대한 루브릭 개발, ㉢ 기타 증거 자료(수행 과제 이외의 평가 방법) 등을 개발한다.

이해에 대한 증거로 수행과제를 개발하기에 앞서 백워드 설계에서의 이해의 특징을 면밀히 살펴볼 필요가 있다. 학습자가 무엇인가를 이해했다는 것은 다음과 같은 6가지 측면을 할 수 있다는 것을 의미한다.

〈표 4.1〉 이해의 6가지 측면

이해의 종류	정 의
설명(explanation)	근거, 정당화 과정을 통하여, 현상, 사실, 자료를 설명하는 것
해석(interpretation)	의미있게 이야기 말하기, 적절하게 변환하기, 이미지, 일화, 은유, 모형 활용하기, 아이디어와 사건에 대하여 역사 또는 개인적인 차원 관련짓기
적용(application)	다양한 상황에 지식을 효과적으로 활용하고 적용하기
관점(perspective)	다양한 시각에서 조망하기, 비판적이고, 큰 그림 보기
공감(empathy)	다른 사람의 가치를 발견하고, 감성적으로 인식하고, 이전 경험에 기초하기
자기지식 (self-knowledge)	개인의 스타일, 편견, 투사를 인식하고 이해의 충동과 형태 모두를 고려하는 습관, 이해하지 못하는 것과 왜 이해하는 데 어려운지 아는 것

이해중심교육과정에서 말하는 심도 있는 이해의 증거를 나타내기 위해 이해의 6가지 측면을 수행과 연결해 볼 수 있다. 이해의 여러 측면을 수행사례와 관계지어 봄으로써 교사는 평가과제를 수립할 때 아이디어를 얻고 실제 수행과제 개발과 연계시킬 수도 있다.

〈표 4.2〉 이해의 6가지 측면을 활용한 평가 아이디어 및 수행 과제 생성 과정

영속적 이해	이해의 측면	평가 방법
지역간에 경제적 교류가 발생한다.	• 설명: 우리지역과 다른 지역의 경제적 교류를 예를 들어 설명할 수 있다.	• 우리 지역과 다른지역의 경제적 교류의 예를 조사하여 PPT로 발표하기
	• 해석: 우리 지역이 다른 지역과 경제적 교류를 하는 이유를 분석한다.	
	• 적용: 내가 우리 지역의 상인이라면 우리 지역에서 생산되는 물건을 어떤 지역에 판매할지 결정하여 발표할 수 있다.	• 조사를 통해 사업 제안서 발표하기
	• 관점: 경제적 교류가 일어나는 상황에서 각 지역의 판매자의 관점을 안다.	• 여러 지역의 물건을 구매할 수 있는 판매대를 설치하고 역할 놀이 하기
	• 공감: 우리 지역의 물품의 품질을 높이기 위한 생산자들의 노력에 공감한다.	
	• 자기 지식: 나의 물건 구매 경향을 생각해 보고 경제 교류를 위해 우리 지역뿐만 아니라 다른 지역의 물건도 적극적으로 사 주려는 태도를 지닌다.	• 다른 지역을 여행하면서 해당지역의 물품을 구매했던 경험, 우리지역의 물품을 다른 지역에서 만났을 때의 경험을 기술해 보고 다른 지역의 물품을 구매할 수 없으면 어떤 일이 생길지 생각해 보기

　　이해에 대한 평가는 한 가지 방법이 아니라 다양한 방법이 그 증거로 활용되어야 한다. 단원의 일부를 이용하여 평가를 진행할 경우 학생들의 특정한 지식과 기능의 습득에 대해서 초점을 맞추게 되는데 이런 편협적인 평가는 이해에 기초한 개념이나 기능에 대한 전이 가능성을 평가할 확률이 낮기 때문이다. 이해중심교육과정이 학습이나 평가를 단하나의 장면 내에서 이루어진다고 단언하지 않는 이유이다. 이해에 대한 비공식적인 점검을 포함하여, 관찰, 대화, 검사, 퀴즈, 개방형 문제, 수행 과제 등을 다양하게 계획하여 실행할 것을 권장하고 있다. Wiggins와 McTighe(2005)는 수행과제 이외의 평가 방법을 기타 증거 자료 수집으로 명명하였다. 수행 과제는 구체적인 맥락속에서 이해의 증거를 제시해야 하며 동시에 학생을 참여적으로 만들기 때문에 이해의 증거에 대한 가장 적절한 평가 방법이라고 할 수 있을 것이다. 수행 과제가 실생활이나 학생이 성장해서 만나게 될 미래의 구체적인 삶 속의 상황이라면 수행 과제의 이행은 학생에게 더 유의미하게 다가갈

수 있을 것이다.

Eisner는 평가를 수행에 기초해야 한다고 하여 다음과 같이 참 평가를 위한 8가지 기준을 제시하였다.

〈표 4.3〉 참평가의 기준

1. 학생들이 알고 있는 것, 할 수 있는 것을 평가하기 위한 과제는 학교 내에만 국한된 것이 아닌 학교밖의 세계에서 부딪힐 수 있는 것이어야 한다.
2. 학생들을 평가하기 위해 사용된 과제는 결과분만 아니라 문제를 해결하는 과정도 보여 줄 수 있는 것이어야 한다.
3. 평가에 사용된 과제는 그 과제를 만든 지적 공동체의 가치를 반영하는 것이어야 한다.
4. 평가과제는 한 사람의 활동에만 국한될 필요는 없다. 우리가 부딪히는 많은 과제는 집단의 노력을 필요로 한다.
5. 평가과제는 문제나 질문에 대한 해결책 또는 답이 한 가지 이상이 되도록 구성되어야 한다.
6. 평가과제는 수업 시간에 배운 것을 그대로 측정하는 것이어서는 안 되고 학생으로 하여금 배운 것을 새로운 상황에 적용하도록 요구하는 것이어야 한다.
7. 평가과제는 학생들이 단편적인 사실과 함께, 보다 전체적인 맥락에 신경을 쓰도록 하는 것이어야 한다.
8. 평가과제는 학생들이 배운 것을 표현하기 위해 사용되는 제시 형태를 선택할 수 있도록 허용하는 것이어야 한다.

수업시간에 배운 것을 그대로 측정하는 것이 아니라 새로운 상황에 적용하는 것은 맥락 속 수행을 통해 지식에 대한 이해를 새로운 상황에 전이시켜 진정한 이해를 보여주는 방법이라 할 수 있을 것이다.

이런 맥락 속 수행은 전이를 위한 학습의 효과적인 방법으로 Wiggins와 McTighe (2005)는 백워드 설계에서 수행과제의 수행을 통해 이를 달성할 수 있음을 주장하며 수행과제 개발 기법으로써, GRASPS 기법을 〈표 4.4〉와 같이 제시하였다.

〈표 4.4〉 수행과제를 위한 GRASPS 기법

GRASPS 요소	정의	내용
목표 (G: Goal)	수행과제의 목표를 기술	당신의 과제는 ----이다. 목표는 ------하는 것이다. 문제나 도전은 ------------이다.
역할 (R: Role)	수행과제 수행자의 역할	당신은 ------------이다. 당신은 --------------을/를 요구를 받았다. 당신의 일은----------------이다.

청중/대상 (A: Audience)	수행과제의 실시 대상	당신의 고객은----------이다. 대상은 ------------이다.
상황 (S: Situation)	수행과제가 이루어지는 맥락, 상황조건 설명	당신 자신을 발견하는 맥락은----------이다. 도전은 -------하는 것을 포함한다.
수행 (P: Performance)	결과물 제작	당신은------하기 위해--------을 만들 것이다. 당신은 ------하기 위해을/를 개발할 것이다.
기준 (S: Standard)	수행과제에 포함되어야 할 것	당신의 수행은 ---------할 필요가 있다. 당신의 작품은----------에 따라 판단될 것이다. 성공적인 결과는 -------할 것이다.

출처: 강현석(2017), p.144 참고.

수행과제는 다음과 같은 방식으로 작성할 수 있다.

목표 (G)	당신은 우리 주변에 발생하는 환경문제의 심각성을 조사하여 뉴스기사로 발표할 것이다.
역할 (R)	당신은 방송국 기자이다.
청중 (A)	대상은 뉴스 시청자들로 환경문제에 대해 관심이 많은 시청자이다.
상황 (S)	환경문제를 보도하는 기자가 되어 환경문제 사례를 기사로 작성하여 발표해야 한다.
수행 (P)	기후 변화로 인한 우리나라의 다양한 환경문제 사례 조사하여 발표하되 영상이나 그림, 그래프 등을 PPT로 작성하거나 자료를 작성하여 발표한다.
기준 (S)	당신이 보도하는 기사에는 다음과 같은 내용이 포함되어 있어야 한다. - 기후 변화로 인한 우리나라의 다양한 환경 문제의 예와 설명 사진 - 기사는 우리나라의 환경문제의 심각성을 잘 알리는 문장으로 설득력 있게 작성 되어야 한다.

수행 과제 또는 프로젝트 과제가 개발되면, 단원 설계자는 수행과제의 타당도와 신뢰도를 확보하기 위하여 평가 준거 또는 루브릭(rubric)을 개발한다. 루브릭은 세 가지 요소로 구성이 되는데 이해, 숙달, 혹은 상이한 정도 사이를 구별하기 위한 평가 준거, 상·중·하, A·B·C·D와 같은 일정한 등급, 해당 등급의 특성을 기술한 서술적 용어들로 구성된다. 루브릭은 총체적 루브릭과 분석적 루브릭이 있으며, 이것은 수행과제의 질을 판단하는 기능을 한다. 총체적 루브릭은 학생의 수행에 대한 전체적인 인상을 제공하기 때문에 장점과 단점을 상세히 파악하는 데 어려움이 있다. 분석적 루브릭은 산출물이나 수행을 분리하여 각각의 영역에 대해서

판단하기 때문에 복잡한 수행을 판단하는 데 적합하다.

〈표 4.5〉 총체적 루브릭

등급	내용
A	과학적 탐구 능력과 과학적 사고력을 바탕으로 주위에서 소리를 내는 여러 가지 물체를 관찰하여 소리가 물체의 진동에 의해 만들어 진다는 것을 발견하였고, 세기와 높낮이가 다른 소리를 직접 만들어 소리의 세기와 높낮이를 비교하여 설명하였다. 소리가 전달되거나 반사되는 현상을 관찰하고, 일상생활에서 소음을 줄이기 위한 방법을 소리의 성질과 관련지어 설명하였다.
B	교사가 안내한 탐구 과정을 통해 소리가 물체의 진동에 의해 만들어지는 것을 이해하였고, 다양한 소리를 듣고, 세기와 높낮이를 구분할 수 있으며, 소리는 물체를 통해 전달되거나 반사됨을 관찰하여 설명하였다.
C	주위에 다양한 소리가 나는 예를 찾아 들어 보고, 교사의 안내에 따라 소리의 성질을 알아보기 위한 탐구 활동에서 큰 소리와 작은 소리를 구별할 수 있었고, 소리가 여러 가지 물체를 통하여 전달된다는 것을 설명하였다.

출처: (초)2015개정교육과정에 따른 평가 기준 p. 80.

〈표 4.6〉 분석적 루브릭 예시

영역 / 수준	자료 조사	기사 내용	발표 태도
가중치	30	50	20
매우 잘함	현재 발생되고 있는 다양한 환경 문제의 심각성과 원인을 정확히 이해할 수 있다.	환경 오염이 우리 삶에 미치는 영향을 구체적인 예를 제시하고 환경의 중요성을 이해할 수 있다.	우리 삶에서 발생하는 다양한 환경 문제를 구체적인 예를 들어 논리적으로 설명할 수 있다.
보통	현재 발생되고 있는 다양한 환경 문제의 심각성과 원인을 대략적으로 알 수 있다.	환경 오염이 우리 삶에 미치는 영향을 알고 환경의 중요성을 이해할 수 있다.	우리 삶에서 발생하는 다양한 환경 문제에 대한 조사 결과를 간략하게 설명할 수 있다.
노력 요함	현재 발생되고 있는 다양한 환경 문제의 심각성과 원인을 친구나 교사의 도움을 통해 이해할 수 있다.	환경 오염이 우리 삶에 미치는 영향을 교사의 설명을 통해 알고 이해할 수 있다.	우리 삶에서 발생하는 다양한 환경 문제에 대해 조사한 결과를 이해할 수 있다.

마지막으로 단원 설계자는 수행 과제 해결과 관련이 있거나, 학생들이 단원 학습 과정에서 반드시 습득해야 하는 핵심 지식과 핵심 기능에 대한 평가 계획을 수

립해야 한다.

3) 학습경험과 수업 계획

이해중심교육과정은 단원 설계에 적합한 수업 설계 모형이다. 따라서 학습경험과 수업 계획이 차시를 중심으로 구성되기보다는 단원의 전체적인 흐름, 즉 개관 형태로 이루어진다.

학습경험과 수업 계획은 이해중심교육과정의 1단계와 2단계와의 일관성을 고려하여, 영속한 이해를 달성할 수 있는 방향으로 이루어진다. 영속한 이해는 심층적인 학습을 통해서 달성 가능하며, 이를 위해서는 학습자의 적극적인 의미구성, 즉 사고 과정이 필수적으로 요구된다. 또한 Wiggins와 McTighe(2005)는 수업설계가 매력적이고 효과적으로 이루어져야 하는 데, 이러한 수업에는 공통적으로 <표 4.7>과 같은 'WHERETO'의 7가지 요소가 반영되어 있다고 밝히고 있다.

〈표 4.7〉 WHERETO 요소

요소	설명
W	목표 제시 및 목표 확인(Where is the work headed? Why?)
H	동기유발 및 관심 유지(Hook the student)
E1	핵심 개념 및 주제 탐구(Explore and Equip)
R	학생 스스로 학습과정에 대한 자기 평가 기회 제공(Rethink and Revise)
E2	과제 발표 및 평가(Evaluate)
T	학생 개개인의 재능, 흥미, 요구 반영(Tailor)
O	수업 내용의 조직화 및 계열화(Organize and sequence)

3단계에서의 학습경험의 설계는 2단계에서 개발한 수행과제가 중심이 되도록 설계해야 한다. 이 때 교사는 각각의 학습경험을 통해 진정한 이해에 도달할 수 있도록 조직하고 그 이후 'WHERETO'의 7가지 요소를 활용하여 학습 경험이 적절히 선정되었는지 확인해 보는 것이 필요하다. 또한 이해중심교육과정에서는 진정한 이해를 위해서는 학습 경험을 계획할 때 교과서가 제시하는 차시별 순서에 대한 강박에서 벗어나 교사가 가장 효과적인 방법을 선택하여 학습 경험을 선정할 것을 권하고 있다.

03

이해중심교육과정 기반의 수업 실제

이상에서 살펴본 백워드 설계의 방법에 따라 2022 개정 교육과정의 5−6학년 사회과 내용을 설계해 보면 다음과 같다.

1단계 바라는 결과의 확인

설정된 목표

[6사02-01] 우리나라의 계절별 기후 특징을 자료에서 탐구하고, 기후변화로 인한 자연재해의 심각성을 이해한다.

핵심 아이디어	인간은 자연환경에 의존하고 적응하며, 자연환경을 변형시키기도 한다.

이해(U)	본질적 질문(Q)
• 우리나라의 계절별 기후의 특징과 기후변화로 인한 문제를 사례를 들어 설명한다.(설명) • 여러 가지 기후변화의 원인을 파악한다.(해석) • 기후변화로 인한 환경문제를 보고하는 기사를 작성한다.(적용) • 기후 변화의 위기에 공감하는 사람과 반대하는 사람의 관점을 이해하고 공감한다.(관점, 공감) • 나의 환경의식을 점검하고 실천의지를 다진다.(자기지식)	• 환경의 변화는 인간의 삶에 어떤 변화를 가져오는가? • 인간은 기후 변화로 인한 환경 문제를 막을 수 있는가?

핵심 지식(K)	핵심 기능(S)
• 기후변화, 계절별 기후의 특징, 다양한 환경문제	• 조사하기, 설명하기, 환경문제의 원인 분석하기

2단계
수용 가능한 증거 결정

수행과제:(T)	기타 다른 증거:(OE)
• 수행과제 1.기자가 되어 환경문제의 심각성을 알리는 기사 보도하기 • 수행과제 2. 환경보호의 중요성을 알리는 캠페인하기	'영속한 이해'에서 빠진 내용 평가(퀴즈, 선택형, 단답형 등) • 우리나라의 계절별 특징과 환경문제의 종류와 피해 알아보기 퀴즈 • 환경을 지키기 위한 나의 행동점검해보기 체크리스트

3단계
학습경험과 수업 계획

학습경험 및 수업계획	W	H	E1	R	E2	T	O
1. 우리 삶과 환경과의 연관성 생각해 보기 기후의 정의와 기후와 환경의 연관성 생각해 보기		○	○				
2. 우리나라 기후의 계절별 특징 조사해 보기		○		○		○	
3. 우리나라 기후의 계절별 특징과 이로 인한 자연재해 알아보기		○	○				
4. 자연재해의 과거와 현재 비교해 보고 자연재해가 갈수록 커지는 이유 생각해 보기	○	○	○	○			
5. 전 세계의 다양한 기후변화와 관련된 문제 알아보기 기후변화의 위기에 공감하는 사람과 공감하지 않는 사람의 입장에서 토론하기	○	○		○		○	
6. 수행과제 1 소개하기		○					
7. 수행과제 1의 해결에 대한 자료 조사하기		○		○		○	○
8. 수행과제 1 발표자료 제작하기		○				○	
9. 수행과제 1 발표하기							

활동	1	2	3	4	5	6	7
10. 기후변화로 인한 환경문제로 피해를 입은 사람의 글을 읽고 그들의 입장에서 피해 호소문 쓰기		○				○	
11. 환경을 지키기 위한 나의 생활 방식 되돌아 보기		○			○	○	
12. 기후 변화로 인한 환경문제를 해결하기 위한 다양한 사람들의 노력 조사하여 발표하기	○	○	○	○		○	
13. 수행과제 2 소개하기		○					
14. 수행과제 2 해결에 대한 모둠 조직, 자료 조사하기 및 제작		○		○			○
15. 수행과제 2 실천하기(캠페인하기)		○				○	
16. 수행과제 2를 마치고 느낀 점 및 이번 주제를 학습하고 느낀 점 발표하기	○	○			○		

[그림 4.4] 백워드 설계 템플릿

〈수행과제 1〉 신문기자가 되어 환경문제 기사 작성하여 보도하기

목표 (G)	당신은 우리 주변에 발생하는 환경문제를 조사하여 뉴스기사로 발표할 것이다.
역할 (R)	당신은 방송국 기자이다.
청중 (A)	대상은 뉴스 시청자들로 환경문제에 대해 관심이 많은 시청자이다.
상황 (S)	환경문제를 보도하는 기자가 되어 환경문제 사례를 기사로 작성하여 발표해야 한다.
수행 (P)	기후 변화로 인한 우리나라의 다양한 환경문제 사례 조사하여 발표하되 영상이나 그림, 그래프 등을 PPT로 작성하거나 자료를 작성하여 발표한다.
기준 (S)	당신이 보도하는 기사에는 다음과 같은 내용이 포함되어 있어야 한다. • 기후 변화로 인한 우리나라의 다양한 환경 문제의 예와 설명 사진 • 기사는 우리나라의 환경문제의 심각성을 잘 알리는 문장으로 설득력 있게 작성되어야 한다.
수행과제 시나리오	당신은 방송국기자로 기후변화의 특징과 기후 변화가 우리 나라에 미친 영향과 이론 인한 다양한 환경문제를 기사로 제작하여 발표해야 한다. 당신의 기사는 환경문제에 관심이 많은 사람들이 보게 될 것이다. 당신은 보도 내용에는 다음과 같은 내용이 포함되어 있어야 한다. 1. 기후변화로 인한 우리나라의 다양한 환경문제의 예와 설명사진, 2. 환경문제의 심각성을 잘 알리는 설명으로 설득력있게 작성되어 있어야 한다.

〈수행과제 1의 분석적 루브릭〉

영역 수준	자료 조사	기사 내용	발표 태도
가중치	30	20	50
매우 잘함	현재 발생되고 있는 다양한 환경 문제의 심각성과 원인을 정확히 이해할 수 있다.	환경 오염이 우리 삶에 미치는 영향을 구체적인 예를 제시하고 환경의 중요성을 이해할 수 있다.	우리 삶에서 발생하는 다양한 환경 문제를 구체적인 예를 들어 논리적으로 설명할 수 있다.
보통	현재 발생되고 있는 다양한 환경 문제의 심각성과 원인을 대략적으로 알 수 있다.	환경 오염이 우리 삶에 미치는 영향을 알고 환경의 중요성을 이해할 수 있다.	우리 삶에서 발생하는 다양한 환경 문제에 대한 조사 결과를 간략하게 설명할 수 있다.
노력 요함	현재 발생되고 있는 다양한 환경 문제의 심각성과 원인을 친구나 교사의 도움을 통해 이해할 수 있다.	환경 오염이 우리 삶에 미치는 영향을 교사의 설명을 통해 알고 이해할 수 있다.	우리 삶에서 발생하는 다양한 환경 문제에 대해 조사한 결과를 이해할 수 있다.

〈수행과제 2〉〈미안해 지구야, 지켜줄께 지구야〉 캠페인하기

목표 (G)	환경 보호의 중요성을 다양한 방법으로 사람들에게 알리기
역할 (R)	환경운동가 되어보기
청중 (A)	일반 대중, 기자, 환경부 관련 직원
상황 (S)	환경 운동가가 되어 환경 보호의 중요성을 주변 사람들에게 알리기
수행 (P)	일반대중과 환경관련업체와 부서에게 환경 보호의 중요성을 캠페인을 통해 알리기
기준 (S)	환경 보호의 중요성을 설득력있게 표현하기
수행과제 시나리오	여러분은 환경운동가로 활동하며 환경문제의 원인과 심각성, 우리 삶에 미치는 영향을 충분히 알고 있습니다. 따라서 사람들이 환경 보호의 중요성을 알고, 환경 보호를 위해 노력할 수 있도록 다양한 방법으로 〈미안해 지구야, 지켜줄게 지구야〉 캠페인을 실시하고자 합니다.

〈수행과제 2의 분석적 루브릭〉

영역 수준	캠페인의 효율성	캠페인 참여 태도	환경문제의 원인과 해결책 제시
가중치	30	20	50
매우 잘함	환경보호 캠페인을 다양한 방법으로 설득력있게 표현할 수 있다.	환경보호 캠페인에 관심을 가지고, 적극적으로 참여했다.	기후변화로 인한 환경문제의 원인과 해결책을 효과적으로 제시했다.
보통	환경보호 캠페인을 다양한 방법으로 표현할 수 있다.	환경보호 캠페인에 적극적으로 참여했다.	기후변화로 인한 환경문제의 원인과 해결책을 적절한 방법으로 제시했다.
노력 요함	환경보호 캠페인을 한 가지 방법으로 표현할 수 있다.	환경보호 캠페인에 적극적으로 참여하지 않았다.	기후변화로 인한 환경문제의 원인과 해결책을 간단히 제시했다.

참고문헌

강현석, 이지은(2017), 이해중심 교육과정을 위한 백워드 설계의 이론과 실천: 교실혁명

박일수(2016) 백워드 설계 모형을 활용한 초등학교 문학 단원 설계. 초등교육연구.29(2)
1−25.

조재식(2005) 백워드 교육과정 설계 모형의 고찰. 교육과정연구, 23(1). 63−94.

Wiggins, G. P., & McTighe, J. (2005). Understanding by design(2nd ed.). Alexandria,
VA: Association for Supervision and Curriculum Development.

5장

IB PYP 기반 교육과정

IB PYP 교육과정의 의미와 특징

01 IB(International Baccalaureate) 개관

1) IB 교육과정의 체제와 현황

IB 교육과정은 스위스 제네바에 기반을 두고 있는 비영리 교육 재단 IBO (International Baccalaureate Organization)에서 1968년부터 개발하여 운영하기 시작한 국제공인 교육과정이다. 본래 IBO는 국제 이주 학생의 수학 능력과 문화 이해력 함양을 위하여 국제학교 교육과정의 편성을 돕고 관리하는 것에 목적을 두고 설립되었으나, 전 세계의 국제학교에서 운영될 수 있는 표준화된 교육과정의 제공이 필요해짐에 따라 IB 교육과정을 개발하게 되었다.

최근 우리나라에서는 각 시·도교육청을 중심으로 국가 구분 없이 교육과정 이수의 인정이 가능한 국제 바칼로레아(International Baccalaureate)에 대한 관심이 높아지고 있다. IB는 유치원부터 고등학교까지의 학교교육 전 과정을 연속적으로 연계되는 네 개의 프로그램으로 구성되어 있다. PYP(Primary Years Programme)는 3~12세의 유·초등학교 과정에 적용되는 프로그램이며, MYP(Middle Years Programme)는 11~16세의 중학교 과정, DP(Diploma Programme)는 16~19세의 진학계열 고등학교 과정, 그리고 CP(Career-related Programme)는 직업계열 고등학교 과정이다. 이들 프로그램은 각기 운영될 수도 있지만 PYP-MYP-DP/CP로 진급하는 경우 학생들은 IB의 일관된 교육 철학 속에서 IB 교육을 통해 기르고자 하는 학습자상의 특성을 함양해 나갈 수 있다는 장점이 있다. 그러나 아쉽게도 현재 상태에서는 우리나라에서는 4개의 프로그램으로 연속되는 IB 교육을 제공받기는 어려운 실정이다. 다만 대구나 제주 등을 중심으로 초등학교, 중학교, 고등학교에서 진학을 통한 연계성과 무관하게 각각의 학교급별 프로그램이 운영되고 있을 뿐이다.

구체적으로는 현재 IB 교육과정은 국내에서도 국제학교나 외국인 학교뿐 아니라 세계 각국의 공립학교 및 사립학교에 도입되어 운영되고 있다. 세계화가 빠르게 진행되면서 국내에서도 국제적으로 공인된 교육과정의 필요성이 점점 확산되고 있으며, 국제학교가 아닌 공립학교에서도 이를 실제적으로 적용함으로써 일반 학교 교육의 질을 향상시키려는 시도가 이루어지고 있는 것이다.

2) IB 교육과정의 강령과 학습 방향

우선 IBO는 IB 강령(mission statement)을 통해 추구하는 목적과 지향점을 명시하고 있다.

〈표 5.1〉 IB 강령(mission statement)

> • 다양한 문화에 대한 이해와 존중을 통해 보다 평화롭고 좋은 세상을 만드는데 기여할 탐구적이고 지식이 풍부하며 배려하는 인재를 양성한다.
> • IBO는 이러한 목적을 위하여, 학교, 정부, 국제 조직과 함께 국제 교육과 평가를 위한 프로그램을 개발한다.
> • IBO는 그들과 다른 사람들 또한 옳다는 것을 이해하는, 능동적이고, 공감력있고, 평생 배우려고 하는 전 세계 학생들을 격려한다.

IB 학습 방향은 IB 교육의 핵심적인 특징을 나타낸다. 그 주요 특징을 보면 첫째, 학습자 주도성(student agency)이다. 학습 스스로 탐구 질문을 결정하고 문제를 해결하는데 책무성을 갖는다. 둘째, 국제적 맥락에서의 교육이다. IB 강령에도 나타나 있듯이 IB는 자국이나 개인의 발전만을 도모하지 않는다. 범인류적 차원에서 기여하는 인재를 기를 것을 강조하고 있다. 셋째, 개념에 기반한 탐구 학습을 강조하여 효과적인 교수·학습 방법으로 교육을 실시한다. 단편적인 지식의 습득이 아닌 범교과적 학습 내용을 탐구하도록 하고 있다. 이는 IB DP나 MYP보다 PYP에서 더 두드러지게 나타난다. 즉, 학교급이 올라갈수록 초학문적 주제에서 분과되어 가는 모습으로 나타낸다.

3) 연속체적(Continuum) 교육과정

IB 전체 교육과정은 [그림 5.1]과 같이, PYP(Primary Years Program, 유·초등학교 교육과정), MYP(Middle Years Program, 중학교 교육과정), DP(Diploma program, 진학계 고등학교 교육과정), CP(Career-related Program, 직업계 고등학교 교육과정)의 네 개 프로그램을 제공하고 있다. 학생들은 3세부터 19세까지 각 교육과정을 이수할 수 있으며, 각 과정이 유기적으로 연계된 연속체적 교육과정이다.

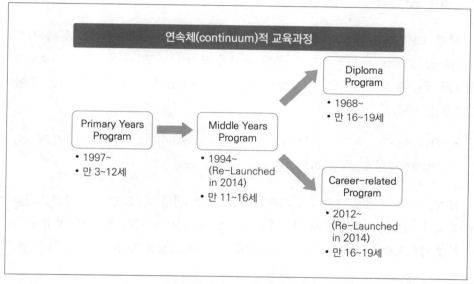

[그림 5.1] IB 전체 교육과정

IB의 각 프로그램은 기본적으로 학문 및 학문 간 관계 탐구, 인간과 세상에 대한 탐구 학습의 중요성을 강조한다. 이를 위해 학교에서 배운 것을 실제적인 삶의 맥락, 주변 세상과 연관시킬 수 있는 기회 제공에 초점을 맞추고 있고, 개별 과목 (subject)들의 범위를 넘어서는 방식으로 연결되어 있다. 이와 같은 공통의 지향점을 향해 나아가면서 각 프로그램에서 강조하는 점은 다음과 같이 구분된다.

첫째, PYP에서는 학생들의 학문적·사회적·정서적 복리(welfare)와 성숙에 초점을 두고, 6개의 교과간 경계를 넘어 여섯 가지 초학문적 주제 탐구를 목표로 한다.

• 6개의 교과: 언어, 사회, 인성·사회성·체육, 과학·기술, 수학, 예술

- 여섯 가지 초학문적 주제: 우리는 누구인가, 우리가 속한 시간과 공간, 우리 자신을 표현하는 방법, 세상이 돌아가는 방식, 우리 자신을 조직하는 방법, 우리가 사는 지구

둘째, MYP에서는 지역, 국가 및 전 세계적으로 다양한 문제와 개념에 집중하여 PYP에서 발전·확대된 6개의 세계적 맥락을 탐구하도록 한다.

- 6개 세계적 맥락: 정체성과 관계성, 시공간 속의 위치 결정, 개인적 표현과 문화적 표현, 과학적 혁신과 기술적 혁신, 글로벌화와 지속가능성, 공정성과 발전

셋째, DP는 6개 교과와 3개의 핵심 요소들로 구성되며, 프로그램 고유의 지식론(Theory of Knowledge) 과정을 통해 지식의 본질을 탐구하도록 한다. 무엇보다 근본적 질문에 대해 탐구하면서 자신의 관점과 가정을 인식해 가도록 하는 것에 강조점을 둔다.

- 3개의 핵심적 요소: 지식론(Theory of Knowledge), 소논문(Extended Essay), 창의체험봉사활동(Creativity, Action and Service)

넷째, CP는 졸업장 프로그램 과정과 진로 관련 연구 및 진로 관련 프로그램들의 요소를 결합하여 학생들이 직장에서 직면할 수 있는 다양한 개인 및 전문적 상황을 효과적으로 탐색할 수 있도록 준비하는 것에 초점을 맞추고 있다.

4) IB 교육과정의 교수·학습

IB는 IB 프로그램에서 적용되거나 고려해야 할 교수에 대한 접근법(Approaches to Teaching)과 학습에 대한 접근법(Approaches to Learning)을 다음과 같이 안내하고 있다.

교수에 대한 접근법 (Approaches to Teaching)	학습에 대한 접근법 (Approaches to Learning)
탐구 기반 개념적 이해 기반 지역적·세계적 맥락 고려 효과적 협력 강조 개별화에 중점 평가 활용	사고 기능 연구 기능 의사소통 기능 자기관리 기능 사회적 기능

(1) 교수에 대한 접근법

교수에 대한 접근법은 기본적으로 교사들이 특정 맥락과 학생들의 요구를 고려하여 특정 전략을 선택할 수 있도록 유연성을 제공하고 있는데, 이들의 공통된 특징은 다음과 같다(IBO, 2019).

첫째, 탐구(inquiry)에 기반한다. 탐구란 학생이나 교사의 배움이 시작되는 지점이자 현재 수준의 이해에서 새롭고 깊이 있는 수준으로 나아가는 과정이다. 탐구에 기반한다는 것은 학생 스스로 의문을 제기하고, 탐구 문제를 설계하고, 다양한 정보를 활용하여 문제를 해결해간다는 것을 뜻한다. 이와 같은 탐구의 과정에서 교사는 촉진자의 역할을 하고, 학생들 스스로 각자 필요로 하는 지식과 정보를 찾고 자신의 이해를 구성해나가는 것에 초점을 맞추는 것이다.

둘째, 개념적 이해(conceptual understanding)에 중점을 둔다. 기존의 교육과정이 사실과 기능을 중요하게 여기는 2차원적 교육과정이라면, IB는 사실과 기능뿐 아니라 개념에 중점을 두고 일반화와 원리를 이해하게 하는 3차원적 교육과정이다. 특히 IB 교육과정에서 개념은 교과의 심층적 이해 및 초학문적 주제를 중심으로 교과의 연계가 이루어지도록, 학생들이 학습한 것을 새로운 맥락에 연결하고 전이하는 것을 가능하게 한다.

셋째, 지역과 세계적 맥락(local and global contexts)을 고려한다. IB는 실생활의 맥락과 예시를 사용하여, 학생들이 새로운 정보를 자신의 경험 및 주변 세계와 연결함으로써 정보를 처리하도록 한다. 지역적·세계적으로 다양한 이슈와 관심사에 대한 탐구는 학생들의 '국제적인 소양'을 함양하는 데 기여할 뿐 아니라 학습자가 배움의 의미와 이유를 깨우치는 데 도움이 된다.

넷째, 효과적인 팀워크와 협력(effective teamwork and collaboration)을 강조한다. IB는 학습자 개인의 능동적 학습뿐 아니라 다른 사람과의 협업과 이를 통한 배움을 장려하며, 여기에는 학생과 학생뿐 아니라 교사와 학생의 협력 관계도 포함된다.

다섯째, 배움의 장벽(barriers to learning)을 제거하는 것에 중점을 둔다. IB는 포괄성과 다양성을 중요하게 여기며, 학생들의 정체성을 확고히 하고, 모든 학생이 자신의 수준과 특성, 재능과 흥미 등에 맞추어 개인적 목표를 개발하고 추구할 수 있는 학습 기회를 만들어주는 것을 목표로 한다.

여섯째, 평가(assessment)를 활용한다. IB는 평가의 역할이 학습 수준의 확인뿐만 아니라 학습의 지원, 즉 효과적인 피드백을 제공하는 것에 있음을 강조한다. 총괄평가, 형성평가와 함께 과정평가에 대한 피드백에 중점을 두어, 평가를 활용한 교수·학습지원을 강조하는 것이다.

(2) 학습에 대한 접근법

학습 방식 또한 교수 방식과 마찬가지로 네 개의 모든 IB 프로그램에 걸쳐 적용되는 사항이다. 학습 방식에서는 IB 교육과정에서 제시하는 기능(interrelated skills)을 통해 IB 교육을 받는 모든 학생들이 좋은 질문을 할 수 있고, 효과적인 목표를 세우며, 자기주도적이면서도 소속감을 갖고, 비전을 추구해가는 능동적인 학습자가 될 수 있도록 지원하는 것에 주안점을 둔다(IBO, 2017).

IB에서 추구하는 기능은 인지적 기능뿐 아니라 정서적·메타인지적 기능을 포함한다. 즉 사고 기능(thinking skills), 연구 기능(research skills)과 함께 의사소통 기능(communication skills), 메타인지가 필요한 자기관리 기능(self-management skills), 관계를 위해 필요한 사회적 기능(social skills) 등 다양한 기능이 포함된다. 각 기능은 구분하여 제시되었지만 서로 긴밀하게 연결되거나 중첩되면서 상호관련되어 있다.

02 IB PYP(International Baccalaureate Primary Years Programme)

1) IB PYP의 세 가지 교육과정 유형

IB PYP는 3세에서 12세 사이의 학생들을 위한 프로그램으로, 학생들이 교실과 교실 밖 세계에서 탐구자로서, 전인적으로 발달하는 것에 중점을 둔다. IB PYP는 교육과정 틀(curriculum framework)의 성격이 강한 프로그램으로, 교육 내용 그 자체보다는 내용을 구조화하는 원리를 제공하고 있으며, 다음과 같이 세 가지 유형의 교육과정으로 구분되며 상호간에 강력한 선순환적 구조를 이루고 있다. 특히, 수업에서 학생은 사고력을 기르기 위하여 '연구자로서의 학습자', '질문자로서의 학습자'의 역할을 수행해야 한다.

유형	중점 질문	특징
Written Curriculum	무엇을 배우고자 하는가? (What do we want to learn?)	• 알아야 할 가치가 있는 내용 확인하기 • 5개 필수 요소에 기반하기
Taught Curriculum	가장 잘 배울 수 있는 방법은 무엇인가? (How best will we learn?)	• 좋은 수업 실행을 위한 이론과 적용방안 활용하기 • 차별화된 교육을 통해 모든 학생의 학습 요구 충족하기
Assessed Curriculum	배운 것을 어떻게 알 수 있는가? (How will we know what we have learned?)	• 효과적인 평가를 위한 이론과 적용방안 활용하기 • 각 연령 수준에서 모든 표준과 목표가 충족되고 있는지 확인하기 위하여 학습 단계 활용하기

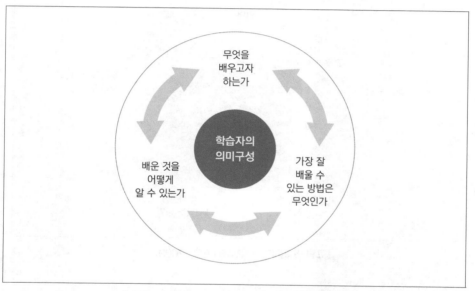

[그림 5.2] IB PYP의 세 가지 교육과정 유형

PYP 문서에서 이 세 가지 질문은 각각 동일한 가치를 지니면서 복합적인 커리큘럼 모델을 구성한다. [그림 5.2]에서 양방향 화살표는 개발(Written Curriculum), 실행(Taught Curriculum), 평가(Assessed Curriculum)의 각 구성 요소가 하나의 방향을 향해가는 선형구조가 아니라 전 과정에 걸쳐 상호 연결된 구조로 이루어져 있음을 나타낸다.

2) IB PYP의 필수 요소

IB PYP의 핵심은 학습을 위해 구조화된 탐구(inquiry)를 수행한다는 것이다. '탐구'는 IB가 추구하는 학습자상의 하나이면서 다른 것들의 기초가 된다. PYP에서는 이를 위해 [그림 5.3]과 같이 여섯 가지 초학문적 주제(transdisciplinary themes), 6개 교과 영역(subject areas), 5개 필수 요소(essential elements)를 제시하고 있다.

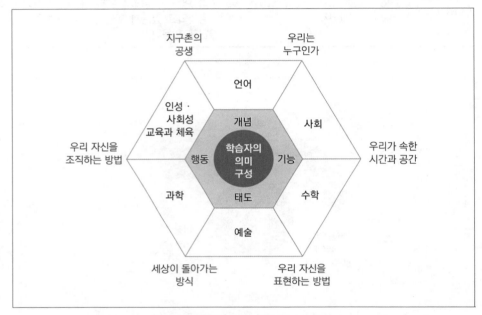

[그림 5.3] IB PYP모형(IBO, 2009)

위의 교육과정 모형에서도 드러나듯이, PYP는 중요 지식과 기능 습득, 개념적 이해 형성, 바람직한 태도와 책임감 있는 행동 능력이 균형적으로 이루어질 수 있는 교육을 지향한다. PYP는 이를 구현하기 위해 필수적인 요소(essential elements)를 설정하고, 학습을 구성하는 틀(framework)로 제공하고 있다.

교육과정은 세상을 보는 창문이다. 교육과정을 통하여 학생들은 세상에서 발생하는 여러 가지 현상과 상황을 이해한다. 아울러 새로운 문제 상황을 파악하고 올바르게 대처하는 역량을 기르게 된다. 결국 교육과정은 미숙한 학생들이 세상을 경험하는 통로가 되는 것이다. 그러나 세상의 일은 특정 교과의 단편적인 지식으로 설명할 수 있거나 이해할 수 없다. 모든 일 들은 복합적인 상황을 보이기 때문이다.

교육과정은 교과 이름으로 분절되어 있고 가르치는 교사의 의지와 무관하게 성취기준이 나열되어 있다. 이것이 곧 교과서로 전환되고 학교에서는 일반적으로 교과서간 관련성을 고려하지 않고 수업을 한다. 이와 같은 결과 학생들은 지식을 분절적으로 받아들이게 되고 관련성, 포괄성, 통합성 등을 고려하지 않고 습득하게 된다. 지식의 활용력이 제한될 수밖에 없다. 더욱이 지식은 습득하는데 중점을 두다 보면 생활주변에서 발생하는 다양한 현상이나 상황을 파악하거나 이해하는 능력을 저하될 수밖에 없다.

IB PYP는 6가지 초학문적 주제를 중심으로 관련된 성취기준을 통합하여 학습을 하게 된다. 통합한 범교과적 성격을 갖는 것으로 통합의 중심체는 개념이 된다. 결국 IB PYP는 개념 중심의 탐구학습을 통하여 학습의 깊이를 더하고 다양한 교과 학습을 통한 현상을 이해하는 데 효과적인 역할을 하게 된다. 교사가 반드시 가르치고 싶은 내용으로 재구조화가 가능하고 4~5년 전 활자화된 지식을 전달하는 것이 아닌 최신 정보를 활용하여 학습의 대상으로 활용한다. 따라서 교과서나 교사용 지도서는 학습의 대상이나 가르치는 서책이 아닌 단지 참고자료로만 활용할 뿐이다. 이는 교육과정에 의해 제시된 단일 교과의 단원이 아닌 교사가 교육과정 성취기준으로 다시 재구조화할 수 있는 것으로 새로운 단원을 설정하여 학습의 대상으로 활용할 수 있다는 것이다. 여기서 6가지 초학문적 주제는 통합의 방향을 설정하는 역할을 하게 된다. 결국 IB PYP를 활용한 수업은 학생에게 매우 흥미로운 학습 방법과 내용을 제시해 줄 뿐만 아니라 탐구를 위한 관련 서책 등을 포함한 다양한 자료를 모두 학습의 대상으로 활용하기 때문에 지식의 심연에 도달하는 학습을 제공하며 세상의 일을 이해하는데 필요한 학습을 제공하게 된다.

IB PYP는 교육과정 내용이 일부 있으나 인증학교 외에 공개되지 않기 때문에 엄격한 의미에서는 교육과정이라고 할 수 없다. 다만 운영 체제에 의한 프레임워크가 있을 뿐이다. 여기에 적용하는 나라에서 자국의 교육과정을 적용하여 운영할 수 있다. IB PYP에는 유사한 용어가 다양하게 등장하여 이를 처음 접하는 경우에는 많은 혼동이 유발된다. 이를 해결하기 위하여 전체를 파악할 수 있도록 그림으로 제시하였다. 여기서는 전체의 모습을 살펴보고 세부적인 하위 요소를 IB PYP 필수 요소를 중심으로 살펴본다. IB PYP 프레임워크의 전체적인 모습은 다음과 같다.

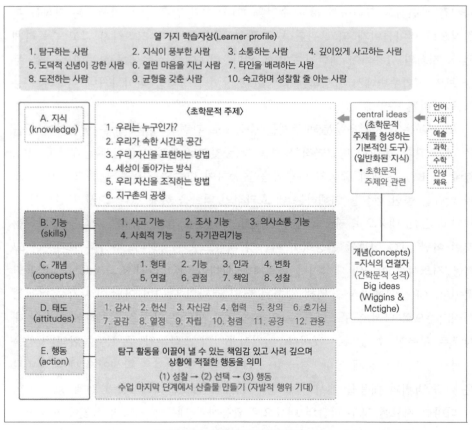

[그림 5.4] IB PYP 프레임워크

1) 학습자상

IBO는 학교의 위치나 규모 등과 상관없이 국제적인 정신을 갖춘 인재 양성에 강조점을 두고 있는데, 이러한 인재의 속성은 열 가지 학습자상(Learner Profile)에 나타나 있다.

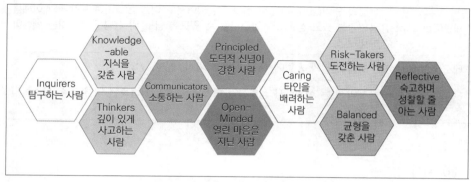

[그림 5.5] IB 학습자상

IB 교육과정은 이와 같은 학습자상을 추구하면서, 학생들이 학업 및 개인적 성공에 필요한 태도와 기술을 개발할 수 있도록 돕는 한편, 세계적 맥락 안에서 인간 및 세상과 관련된 중요한 생각과 논점을 탐구할 수 있도록, 광범위하면서 균형 잡힌 개념 기반 교육과정을 제공하고 있다.

2) IB PYP 필수 요소

IB PYP의 필수 요소는 IB PYP 프레임워크의 근간을 이루는 중심체가 된다. 여기에는 지식(Knowledge), 기능(Skills), 개념(Concepts), 태도(Attitudes), 행동(Action) 등 5개로 이루어져 있으며 각각에는 여러개의 하위 요소를 이루고 있다. IB PYP의 필수 요소는 다음과 같다.

〈표 5.2〉 IB PYP의 필수 요소

구분	의미
지식(Knowledge)	선행 경험과 이해 정도를 고려하여 학생들이 탐구하고 알기를 바라는 유의미하고 적절한 내용
기능(Skills)	학생들이 도전적인 세상에서 성공하기 위해 함양해야 할 필요가 있는 능력들로 특정 교과를 넘는 간학문적 또는 초학문적 기능
개념(Concepts)	교과 영역(subject areas)과 관련되면서도 이를 초월하여 학생들의 이해를 일관성 있고 심화시켜 발전시킬 수 있도록 탐구 및 재탐구해야 하는 핵심아이디어
태도(Attitudes)	학습 환경과 사람에 대한 근본적 가치, 신념, 감정, 성향
행동(Action)	책임 있는 행위로서 심층적인 학습의 시연이자 습득된 다른 필수 요소들의 표현

(1) 지식

IB PYP에서 지식은 전통적인 교과의 학문적 지식과 초학문적 지식으로 구분되며, 초학문적 지식은 초학문적 주제들을 중심으로 구성된다. 6개 교과 영역과 6개 초학문적 주제가 실제적 맥락에서 통합된 방식으로 구성되어 있으며, 각 교과와 초학문적 주제에 대한 학생들의 능동적 탐구에 초점을 맞추고 있는 것은 IB PYP의 뚜렷한 특징이다. PYP의 초학문적 주제와 주제에 따른 탐구내용은 <표 5.3>과 같다.

〈표 5.3〉 IB PYP의 초학문적 주제 및 이에 따른 탐구 내용

초학문적 주제	탐구 내용
우리는 누구인가 (Who we are)	자아, 가치, 신념, 신체, 정신, 건강, 사회, 다양한 인간관계, 권리와 책임 등에 대한 탐구
우리가 속한 시간과 공간 (Where we are in place and time)	개인사, 가정사, 인류의 탐색과 발견, 탐험 및 이주, 지역적·세계적 관점에서의 개인과 문명의 관계 등에 대한 탐구
우리 자신을 표현하는 방법 (How we express ourselves)	아이디어, 감정, 자연, 문화, 신념과 가치 등을 발견하고 표현하는 방식에 대한 탐구를 통해 창의성 및 심미성을 형성하고 향유

세상이 돌아가는 방식 (How the world works)	자연계의 원리, 자연계와 인간계의 상호작용, 사회와 환경에 대한 과학기술의 영향 등에 대한 탐구
우리 자신을 조직하는 방법 (How we organize ourselves)	조직의 구조 및 기능, 사회적 의사결정, 경제활동과 그것이 인류와 환경에 미치는 영향 등과 같이 인간이 만든 시스템과 공동체의 상호 연관성에 대한 탐구
지구촌의 공생 (Sharing the planet)	한정된 자원을 다른 사람 및 다른 생명체와 나누는 데 따르는 권리와 의무 등에 대한 탐구

(2) 기능

기능은 탐구 단원(units of inquiry)에서 뿐만 아니라, 교실 내, 학교 밖의 삶에서 일어나는 학습에서도 유용하게 적용될 수 있는 것으로, '알고 있는 것'을 '할 수 있는 것'에 초점을 맞추고 있다. <표 5.4>는 IB PYP에서 제시하는 기능과 기능별 하위 기능의 예시이다.

〈표 5.4〉 IB PYP의 기능(skills)과 하위 기능(sub-skills)의 예시(IBO, 2018a)

기능(skills)	하위 기능(Sub-skills)
사고 기능 (Thinking skills)	• 비판적 사고 기능(이슈와 아이디어를 분석·평가) • 창의적 사고 기능(새로운 아이디어 창출 및 새로운 관점 고려) • 전이 기능(다양한 맥락에서 기능과 지식 사용) • 성찰/초인지 기능(학습 과정 성찰/재성찰)
연구 기능 (Research skills)	• 정보 해득 기능(구성과 기획, 자료 수집 및 기록, 통합 및 해석, 평가 및 전달) • 미디어 해득 기능(아이디어와 정보를 사용하고 생성하기 위한 미디어와 상호작용) • 미디어/정보의 윤리적 사용(사회적이고 윤리적인 기능의 이해와 적용)
의사소통 기능 (Communication skills)	• 교환 정보 기능(듣기, 해석, 말하기) • 문해 기능(정보 수집과 전달을 위한 읽기, 쓰기, 그리고 언어 사용) • ICT 기능(정보 수집, 조사, 전달을 위한 기술의 사용)
사회성 기능 (Social skills)	• 긍정적인 대인관계와 협업 기능 개발(자기통제, 차질 관리, 동료지원) • 사회적-정서적 지능 개발
자기관리 기능 (Self-management skills)	• 조직 기능(시간과 과업의 효과적 관리) • 마음 상태(관심, 인내, 정서적 관리, 자기 동기 부여, 회복력)

(3) 개념

앞서 언급한 바와 같이, IB PYP는 사실, 기능과 더불어 개념에 중점을 두어 일반화와 원리를 가능하게 하는 Erickson의 3차원적(three-dimensional) 모델과 맥을 같이 한다. Erickson은 지식의 구조에서 가장 낮은 수준에 있는 사실을 넘어 사고의 종합적인 수준이 일반화에 도달하게끔 교수·학습을 설계해야 함을 강조하였으며, 사실에서 일반화로 가는 가교의 역할을 하는 것이 개념이라고 보았다. 이러한 맥락에서 IB는 모든 개념이 아래와 같은 특징을 지니고 있어야 한다고 하였다(IBO, 2014).

- 시간과 장소, 공간을 초월하여 의미와 가치를 가질 것
- 추상적이면서 한 단어, 두 단어 또는 짧은 구로 표현할 수 있을 만큼 축약적인 특징을 포함할 것
- 특정 예시들의 공통적인 속성을 표현할 것

PYP는 이에 기초하여 <표 5.5>와 같이 '형태, 기능, 원인, 변화, 연결, 관점, 책임, 성찰'의 여덟 가지 개념과 관련한 핵심 질문을 제시함으로써 중심 아이디어에 대한 교사의 이해와 교육과정 계획을 지원하고 있다.

〈표 5.5〉 IB PYP의 핵심 개념(IBO, 2018a)

핵심 개념	핵심 질문	내용	관련 개념 예시
형태 (Form)	어떻게 생겼는가?	모든 것은 관찰, 식별, 묘사 및 분류할 수 있고 인식 가능한 특징을 지닌 형태를 가지고 있음	특성, 구조, 유사성, 차이, 패턴
기능 (Function)	어떻게 작동하는가?	모든 것은 목적, 역할 또는 조사할 수 있는 행동 방식이 있음	행동, 의사소통, 패턴, 역할, 체계
원인 (Causation)	왜 그런 것인가?	어떤 일은 그냥 일어나는 것이 아니고, 인과 관계가 있으며, 행동에는 결과가 따름	결과, 계열, 패턴, 영향
변화 (Change)	어떻게 변하는가?	변화는 한 상태에서 다른 상태로의 이동과정이며, 변화는 보편적이고 필연적임	적응, 성장, 주기, 계열, 변환

연결 (Connection)	다른 것과 어떻게 연결되었는가?	우리는 개별 요소의 행동들이 다른 요소들에 영향을 미치는 상호작용 체계에서 살고 있음	체계, 관계, 항상성, 상호의존성
관점 (Perspective)	여러 관점들은 무엇인가?	지식은 관점에 따라 구성되며, 서로 다른 관점은 다른 해석, 이해, 발견으로 이어지고, 관점은 개인, 집단, 문화, 또는 교과목의 특징에 따라 달라질 수 있음	주관성, 진실, 신념, 의견, 편견
책임 (Responsibility)	우리의 의무는 무엇인가?	사람들은 각자의 이해, 신념, 가치관을 바탕으로 선택하고, 그 결과로서의 행동은 차이를 만듦	권리, 시민권, 가치관, 정의, 자주성
성찰 (Reflection)	우리는 어떻게 아는가?	아는 방법이 서로 다르다는 것, 결론을 성찰하는 것의 중요성, 합리화 방법의 고려, 증거의 질과 신뢰도를 고려해야 함	비평, 해석, 증거, 책임, 행동

(4) 태도

위의 지식, 개념, 기능이 중요하긴 하지만 이러한 요소만으로 국제적으로 열린 소양을 가진 사람이 되는 것은 아니다. 개인과 사회의 복리에 기여하는 태도, 인간 및 환경에 대해 학습하려는 태도 개발에 초점을 맞추면서 PYP는 다음과 같은 여덟 가지 태도 요소를 강조하고 있다. 이러한 태도 요소는 해석되고 모델링될 필요가 있는데, 이 모델링은 학생들로 하여금 흉내내도록 하는 것이 아니라 메타인지적 틀을 제공하여 학생들이 입증된 맥락 속에서 자신의 가치관을 성찰하고 발전시키도록 돕는 것을 의미한다(IBO, 2009).

〈표 5.6〉 IB PYP의 태도

구분	내용
감사(Appreciation)	세상과 사람들의 경이로움과 아름다움에 감사하는 것
헌신(Commitment)	학습에 전념하고 이해하며 자기 수양과 책임감을 보여주는 것
자신감(Confidence)	학습자로서 자신의 능력에 자신감을 가지고, 위험을 무릅쓸 용기를 가지며, 배운 것을 적용하고, 적절한 결정과 선택을 하는 것
협동(Cooperation)	협조, 협력, 주도 또는 상황의 요구에 따르는 것

창의(Creativity)	문제와 딜레마 상황에 대한 사고와 접근에 있어 창의적이고 상상력이 풍부한 것
호기심(Curiosity)	학습의 본질, 세계, 사람들과 문화에 대해 알고자 하는 것
공감(Empathy)	타인의 근거와 감정을 이해하기 위해 또 다른 상황에서의 자신을 상상하는 것. 즉 다른 사람의 관점에 대해 열린 마음으로 성찰하는 것
열정(Enthusiasm)	배우는 것을 즐기고 기꺼이 그 과정에 노력을 기울이는 것
자립(Independence)	독립적으로 생각하며, 행동하고, 근거를 바탕으로 그들 자신의 판단에 따르는 것
청렴(Integrity)	정직하게 행동하고 깊이 생각한 공평의 개념을 보여주는 것
존중(Respect)	자신과 타인, 그리고 그들을 둘러싼 세계를 존중하는 것
관용(Tolerance)	세계의 차이와 다양성, 타인의 요구에 세심한 관심을 보이는 것

(5) 행동

PYP는 교육이 학생들이 지식인이 되도록 지원하는 것을 넘어서서 사회에 대한 책임감 있는 태도를 갖추고 사려 깊은 행동(action)을 하도록 돕는 과정까지 이어져야 한다고 여긴다. 즉, PYP는 성공적인 탐구가 학습 과정의 결과로 연결되고, 나아가 학생에 의해 주도되는 책임감 있는 행동으로 이어지는 것을 기대한다. 행동을 통해 학생들은 학습을 확장시키거나, 사회적 영향력을 발휘할 수 있는 능력을 갖추게 된다는 것이다(IBO, 2009).

PYP 단계에서 행동은 자신과 타인에 대한 책임 있는 성향과 적절한 선택을 하는 것을 포함할 수 있는 작은 행동으로부터 시작할 수 있다(IBO, 2018). 학생의 개인적 행동(personal action)은 작은 규모이거나 사적(私的)인 것일 수 있지만, 이는 잠재적으로 학생 자신의 삶과 타인의 삶에서의 차이를 만들게 되고 학생의 소속감과 자기 만족감과도 연결될 수 있다. 또한, 이러한 행동은 개인의 동기, 관심, 그리고 헌신을 보여주는 이해의 증거이기도 하다.

한편, 공유된 이해와 공동의 목표를 가지고 함께 참여하게 되는 집단적 행동(collective action)은 집단적 요구로 이익을 얻을 수 있는 이슈와 기회에 대한 대응으로, 개인적 행동과 마찬가지로 학생, 학습공동체 그리고 잠재적으로 그 너머의 삶에서 차이를 만들 수 있다. 이와 같은 행동은 협력, 상호주의, 헌신적 태도를 요구하며 참여, 옹호, 사회 정의, 사회적 기업가 정신 또는 어떠한 삶을 선택하는 형태로 나타날 수 있다(IBO, 2018c).

무엇보다 PYP 단계에서의 행동들은 MYP의 지역사회 봉사, DP의 창의체험봉사활동(Creativity Activity Service)을 위한 기반을 마련하게 된다. PYP의 행동은 학생들이 학습을 실생활의 이슈와 기회에 연결하게 하며, 사회적·물리적 환경과 학교 내외의 공동체에 대한 책임 의식과 행동을 개발하고 있음을 보여주는 방법이라고 할 수 있다(IBO, 2018c).

02

IB PYP 교육과정의 단원 설계 방법

01 탐구 단원 구성 원리

IB PYP를 도입하는 학교는 IB의 교육 철학과 방향, 다섯 가지 필수 요소들을 반영하여 학교의 상황에 따라 교육과정을 탄력성 있게 편성해야 한다. 학교 교육과정을 개발하는 데 있어서 IB PYP는 교과 영역에 따른 학습 범위와 계열(IB scope and sequence)을 제공하되, 그에 따라 국가나 지역(주) 수준의 기준을 차용하여 적용할 수 있도록 하고 있다(임유나 외, 2018). 즉 IB의 프레임과 우리나라 교육과정 성취기준과의 접목 등 국내 학교에서의 IB 적용 방안을 마련할 필요가 있는 것이다.

IB PYP에서 제시한 탐구 단원 구성원리를 간단히 정리하면 다음과 같다.

〈표 5.7〉 탐구 단원 구성원리

- 해당 초학문적 주제에 대한 학생들의 이해를 돕고 학생들의 사전 지식에 도전하고 확장하는 내용이어야 한다.
- 개념 개발을 촉진하도록 설계되어야 한다.
- 중심 아이디어에는 개념(주요 개념 및 관련 개념)을 제시하여 탐구 학습을 수행하는 데 도움이 될 수 있도록 한다. 그러나 3개 이상의 핵심 개념을 제시하는 것은 피하는 것이 좋으며, 전체 탐구 단원에서 핵심 개념들이 균형 있게 배열되는 것이 좋다.
- 핵심 개념들은 개방형의 질문으로 추가 제시함으로써 탐구 수업의 방향을 확실하게 하는 것이 도움이 된다.
- 다음으로 탐구 목록(lines of inquiry)을 제시하는데, 각 탐구 내용당 3~4개의 탐구 목록들이 포함되며 질문, 주제 또는 과제가 아닌 문장이나 문구로 작성하는 것이 좋다. 각 내

용들은 하나의 세트로서 탐구의 범위를 정의하고 학생 연구에 집중하는 데 도움이 되어야
한다.

02 탐구 단원 설계 과정

앞서 언급한 바와 같이, PYP의 핵심은 학습을 위한 수단으로 활용되는 구조화
된 탐구(structured Inquiry)이다. 탐구는 교사 혹은 동료 학생이 학생을 한 단계 깊
은 수준의 이해로 이끄는데 필수적인 과정이다. PYP는 해마다 Program of Inquiry
에서 모든 교과들이 초학문적으로 다루어지도록 하고 있다. Program of Inquiry는
일종의 학교 교육과정으로, 수직으로 위치하는 여섯 가지 초학문적 주제와, 수평으
로 위치하는 동일 연령 또는 동일 학년으로 구성된 매트릭스이다(IBO, 2012).
   PYP는 이를 위하여 다음과 같은 Planner를 제시하고 있다.

1. 목적이 무엇인가?
• 초학문적 주제
• 핵심아이디어
• 총괄 평가 과제
   – 핵심아이디어에 대한 학생의 이해를 평가하기 위한 방법은 무엇인가?
   – 어떤 증거를 찾을 수 있는가?

2. 무엇을 배우기를 원하는가?
• 이 탐구에서 강조되는 핵심 개념은 무엇인가?
• 핵심아이디어에서 탐구의 범위를 규정하기 위한 탐구목록은 무엇인가?
• 교사는 이 탐구를 이끌기 위해 어떤 질문을 할 것인가?

3. 우리가 배운 것을 어떻게 알 수 있는가?
   (이것은 4번과 연결되어 있음)
• 학생의 선행지식과 기능을 평가하기 위한 방법은 무엇인가?

- 이를 위해 어떤 증거를 찾을 수 있는가?
- 탐구 목록의 맥락에서 학생의 배움을 평가하기 위한 방법은 무엇인가?
- 이를 위해 어떠한 증거를 찾을 수 있는가?

4. 우리는 얼마나 잘 배울 수 있을까?
- 학생들이 탐구에 참여하고, 문제를 해결하도록 격려하기 위해 교사 또는 학생들이 제한한 경험은 무엇인가?
- 초학문적 기능과 학습자상의 자질 함양을 위해 어떤 기회가 제공될 수 있는가?

5. 어떠한 자료를 수집해야 하는가?
- 어떠한 사람, 장소, 시청각 자료, 관련 문헌, 음악, 예술, 컴퓨터, 소프트웨어 등이 가능한가?
- 탐구를 촉진하기 위해 교실 환경, 지역 환경, 공동체 등이 어떻게 활용될 수 있는가?

이와 같이 탐구 단원은 초학문적 주제, 핵심아이디어, 탐구 목록, 핵심 개념과 관련 개념, 기능, 관련 교과 등을 포함하고 있으며, 학교마다 다소간의 차이는 있으나, 유사한 형식을 취하고 있다. <표 5.8>은 1~6학년에 걸쳐 초학문 주제 단원이 편성된 예시이다. 이를 통해 초학문주제는 학년 단위 또는 학년군 단위로 편성되며, 학년이 올라감에 따라 같은 주제에 대한 내용이 심화될 수 있는 나선형 구조로 되어 있음을 알 수 있다.

〈표 5.8〉 초학문적 주제 단원예시(International School of Rheintal, 2019)

학년	1-2	3-4	5-6
초학문적 주제	우리는 자신을 어떻게 표현하는가: 아이디어, 느낌, 자연, 문화, 신념과 가치를 발견하고 표현하는 방법에 대한 탐구; 창의성, 미학적 감상 등을 성찰, 확장하고 즐기는 방법에 대한 탐구		
핵심 아이디어	예술은 우리가 창조적으로 표현하도록 한다.	세계의 사람들은 자신을 표현하기 위해 창의성을 활용한다.	사람들의 외모는 편견과 오해의 근거가 될 수 있다.
탐구 목록	• 예술형식 • 서로 다른 예술형식의 연계 • 서로 다른 예술형식을 통해 창의성 표현하기	• 세계의 사람들이 그들을 표현하는 방법 • 창의적 과정 • 다양한 방법으로 창의적 표현에 반응하기	• 외모와 정체성 • 사람의 외모에 대한 가정 • 외모에 대한 오해를 극복하는 방법

핵심 개념	형식, 연결	관점, 기능, 연결	연결, 관점, 책임감
관련 개념	양식, 표현	성, 문화, 과정, 해석	정체성, 자기표현, 다양성, 편견
기능	사고, 자기관리	자기관리, 의사소통	사회성, 의사소통, 사고
관련 교과	예술, 사회	예술, 언어	예술, 사회

03 IB PYP 평가

IB PYP의 첫 번째 목표는 학습 과정에 대해 피드백을 제공하는 것이다. 각 학교는 여기에 초점을 맞추어 PYP의 철학과 목표들을 반영하는 평가 절차와 방법들을 개발해야 한다. IB PYP 평가의 특징은 다음과 같다.

〈표 5.9〉 IB PYP 평가의 특징

- 일회적 평가나 등급화가 아닌 5개 필수 요소(지식, 개념, 기능, 태도, 행동)에 대한 정보 수집을 위하여 광범위한 평가 전략 계획과 적용
- 공동 프로젝트 성격의 전시를 통하여 실생활 이슈와 문제를 확인 조사하고 해결책 제시
- 학교 전체 커뮤니티와 공유하여 학생에 대해 다면적 · 심층적 평가 실시
- 고학년에서는 학예활동(exhibition)을 수행하는데 5개 필수 요소의 모든 영역이 친구들과 협동작업으로 드러나도록 구성 → 교과 교육과정과 교과외 교육과정의 유기적인 결합
- 학생들의 학습 활동에서 나타나는 탐구활동의 과정과 결과에 대한 평가를 포트폴리오 방식으로 평가
- 학예활동(exhibition)은 공동 프로젝트 성격으로 평가의 점수화를 위한 것이 아니라, 개인적 도달을 확인하는 절차 · 학습 중간 과정에 형성평가를 실시하고 단원 마지막 단계에서 개념, 기술, 태도 등에 대한 총괄평가 실시
- 총괄평가는 지필평가가 아닌 실행평가 중심이며 산출물의 형태도 교사가 요구하기보다는 학생 자신이 결과물의 내용과 방식 결정

03

IB PYP 교육과정 교수·학습 설계의 실제

IB PYP에 따른 교육과정 교수·학습 설계는 IB에서 제시한 학습자상, 초학문적 주제, 핵심아이디어, 탐구 목록, 핵심 개념, 관련 개념, 기능, 태도, 관련 교과 등 기본적인 프레임워크를 따르는 한편 2022 개정 교육과정의 성취기준과 연계하여 제시하였다. 무엇보다 교수·학습 설계에서 고려한 점은 수직적으로 학년 수준이 높아짐에 따라 학습 경험들이 깊이 있고 폭넓게 이루어지는 한편 수평적으로 동일 학년의 학습 경험들이 밀접하게 연관되도록 하는 것이다.

IB PYP에 기반한 프로그램의 개요(3~6학년), 탐구학습 과정, 수업의 개요(6학년)를 제시하면 다음과 같다.

01 프로그램 개요

학습자상	소통하는 사람 · 개방적인 사람 · 성찰적인 사람
초학문적 주제	우리는 자신을 어떻게 표현하는가? 발견하는 방법, 사고·감정·특징·문화·신념·평가를 표현하는 방법; 성찰하는 방법; 자신의 창조성을 넓히고 즐기는 방법 - 우리가 예술을 통해 스스로를 표현하는 다양한 방법 - 우리의 정서가 어떻게 예술을 통해서 표현되는가? - 개인의 활동에 대한 존중을 어떻게 보여줄 수 있는가?

학년	3학년	4학년	5학년	6학년
핵심 아이디어	음악은 이야기와 사건들의 이미지를 만든다.	사람들은 자신의 느낌과 생각을 다양한 예술의 방식으로 전달한다.	미디어는 생각과 선택에 영향을 끼치기 위해 다양한 전략을 사용한다.	예술은 우리 자신의 문화와 정체성을 표현하기 위해 사용된다.
	사람들은 다양한 방법으로 자신을 표현한다.			
탐구 목록	• 음악의 장르 • 음악과 이야기가 결합된 작품 • 같은 이야기가 다양한 방식으로 표현될 수 있음을 알기	• 예술의 다양한 형식 • 예술가들이 예술로 자신의 생각, 느낌, 사고를 표현하는 방법 • 예술로 표현하기/예술에 반응하기	• 광고의 목적 • 광고의 유형, 스타일, 장소 살펴보기 • 효과적인 광고를 만들고 선택에 영향을 끼치도록 하는 장치들 • 광고와 대상의 관계	• 문화적 정체성과 예술과의 관계 • 세계 여러 지역의 예술작품과 문화적 특징 • 세계 여러 나라 음악 • 우리나라 음악
핵심 개념	형식, 기능, 관점	형식, 성찰, 관점	기능, 연결, 관점	관점, 형식, 인과관계
관련 개념	연결, 변화	해석, 의견, 표현	의사소통, 패턴, 역할	변화, 성찰
기능	사고, 자기관리	자기관리, 연구, 사고	사고, 사회성, 의사소통	연구, 사고, 의사소통
태도	자신감, 창의성, 호기심, 공감	자신감, 자립, 감사	창의, 공감, 협력, 열정	공감, 열정, 존중, 협동
관련 교과	음악, 국어, 미술	음악, 미술, 국어, 체육	음악, 국어, 미술	음악, 미술, 체육, 국어
2022 개정교육과정 성취기준	[4국03-02] [4국05-05] [4음01-04] [4음02-04] [4미02-03]	[4국05-04] [4국05-05] [4음03-04] [4음02-05] [4미03-02] [4체03-04]	[6음03-04] [6국03-04] [6미02-01]	[6음01-04] [6음01-03] [6음02-05] [6국03-01] [6국05-04] [6미03-01] [6체03-04] [6체03-07]

    IB PYP에서 구체적인 탐구의 과정과 방법은 '질문하기, 탐색하기, 구성하기, 설명하기, 행동하기'의 유목적적 탐구 사이클(inquiry cycle) 속에서 운영된다(WIS, 2017c). 우선 학생들은 일상생활과 연결지어 질문을 형성하고 가설을 설정하며, 형성된 질문에 대해 인터넷 검색, 문헌 탐구, 실험, 인터뷰 등을 통해 탐색하고 자료를 수집한다. 이와 같이 자료를 수집한 후에는 연극 대본 작성, 시각적 이미지 개발, 연주 내용 조직, 프레젠테이션 작성 등 다양한 방법으로 탐구한 내용을 구조화하는 작업을 수행한다. 이어 학생들은 수행한 탐구 과정과 내용, 생각 등을 타인과 공유함으로써 자신의 이해를 강화하며, 지역사회 봉사 프로젝트, 학교 재활용 캠페인, 발표회 등을 통해 실천적으로 행동한다.

    이와 같은 5개의 탐구 단계는 순환 구조를 형성하고 있으며, 순환 사이클의 각 단계에서는 자기 성찰과 동료 평가, 교사의 피드백을 통해 성찰이 이루어지도록 한다.

    이하에 예시하는 수업 계획은 위의 프로그램 개요에 기초하여 6학년을 대상으로 12차시의 수업을 구성한 것이다.

〈표 5.10〉

• 초학문적 주제: 우리는 자신을 어떻게 표현하는가? • 핵심아이디어: 예술은 우리 자신의 문화와 정체성을 표현하기 위해 사용된다.

- 탐구 목록: 문화적 정체성과 예술과의 관계/ 세계 여러 지역의 예술작품과 문화적 특징/ 세계 여러 나라 음악/ 우리나라 음악
- 핵심 개념: 관점, 형식, 인과관계
- 관련 개념: 변화, 성찰
- 기능: 연구, 사고, 의사소통
- 태도: 공감, 열정, 존중, 협동
- 관련 교과: 국어, 사회, 체육, 음악, 미술

〈표 5.11〉

차시	단계	핵심 개념 및 탐구 질문	학습 주제	관련 교과
1	질문하기	• 관점: 누군가의 문화는 그들이 생산하고 있는 작업(작품)에 어떻게 영향을 주는가? • 인과관계: 주변 환경이 예술작품에 어떻게 영향을 주는가?	• 세계 여러 나라/지역의 문화들은 어떻게 표현되는지 알아보기 • 문화가 예술로 표현되는 방법 알아보기	사회 체육 음악 미술
2~3		• 인과관계: 당신은 이 예술작품이 왜 만들어졌다고 생각하는가? • 인과관계: 주변 환경이 예술작품에 어떻게 영향을 주는가?	• 세계 여러 지역의 지리적, 문화적, 종교적 특징 살펴보기 • 세계 여러 지역의 예술작품들 탐색하기 • 문화와 예술 간의 관계 파악하기	국어 사회 체육 음악 미술
4~5	탐색하기	• 형식: 어떤 특징이 이 노래를 그 문화권의 노래로 들리게 하는가? • 형식: 이 악기로 어떤 소리를 만들 수 있는가? • 형식: 무엇이 이 춤을 특별하게 만들고 있는가?	• 세계 여러 나라의 노래와 악기 탐색하기 • 음악에 담긴 문화적 특징 파악하기	사회 음악
6~7		• 형식: 어떤 특징이 이 노래를 우리나라의 노래로 들리게 하는가? • 형식: 무엇이 이 춤을 특별하게 만들고 있는가?	• 우리나라의 노래와 악기 탐색하기 • 음악에 담긴 문화적 특징 파악하기	사회 음악
8	구성하기	• 관점: 당신은 이런 패턴 혹은 이런 노래를 연주하기 위해 어떤 악기를 선택하려고 하는가? 왜 그런가? • 형식: 이 연주에 담고자 하는 이야기는 무엇인가?	• 세계 음악 연주 감상하기 • 세계 음악 연주 발표회 구성하기	국어 사회 음악 미술

9~11	설명하기	• 형식: 이 악기로 어떤 소리를 만들 수 있는가?	• 세계 음악 연주 연습하기 • 세계 음악 연주 발표회 준비하기	국어 음악 미술
12	행동하기	• 관점: 이 음악은 당신이 어떻게 느끼도록 하는가?	• 세계 음악 연주 발표회 • 상호 평가 • 자기 평가	국어 음악 미술

04 평가 계획

성취기준	평가 내용	평가 시기	평가 방법
[6미03-01]	주변 환경이 예술에 영향을 주는 방식을 알고 있는가?	탐색하기	관찰평가 서술평가
[6음01-04] [6음01-03] [6음02-05] [6체03-04] [6체03-01] [6국03-01] [6국05-04]	연주를 위하여 악기를 선택하고 그 이유를 설명할 수 있는가?	구성하기	관찰평가 자기평가
	개인별, 모둠별로 설계한 내용에 따라 세계 음악 연주회를 준비할 수 있는가?	설명하기	관찰평가 동료평가
	공연의 형태로 세계음악연주회를 발표할 수 있는가?	행동하기	관찰평가 자기평가 동료평가 포트폴리오

참고문헌

강효선(2020). IB MYP 통합교육과정의 원리와 한국 교육과정에 주는 시사점. 제주대학교 대학원 박사학위논문.

이향근(2014). IB 언어교육과정의 특성과 시사점 연구. 한국초등연구, 25(4), 91-110.

임유나, 김선은, 안서현(2018). 국제공인 유·초등학교 교육과정(IB PYP)의 특징과 시사점 탐색. 교육과정연구, 36(2), 25-54.

조호제 외 7인(2020). IB PYP 프레임워크 적용을 통한 서울형 PYP 모델 구축 방안 연구. 서울특별시교육청교육연구정보원.

최미영(2021). IB PYP 음악 교육과정의 분석적 고찰. 미래음악교육연구, 6(1), 24-44.

최은아(2020). Music Curriculum in International Baccalaureate Primary Years Programme. 음악교육연구, 49(4), 271-292.

IBO(2009). Making the PYP happen: A curriculum framework for international primary education.

IBO(2012). Developing a transdisciplinary programme of inquiry

IBO(2017). What is an IB education?

IBO(2018a). Learning and teaching.

IBO(2018b). Programme standards and practices.

IBO(2018c). The learner.

International School of Poznam(2009). ISOP PYP arts: music scope and sequence.

International School of Rheintal(2019). ISR PYP Programme Booklet 2019-2020.

찾아보기

저자 소개

■ **조호제**

(현) 고려대학교 및 숭실대학교 겸임교수

고려대학교 대학원 교육과정학(박사)
한국교원대학교 대학원 초등체육교육(박사)
한국교원대학교 대학원 교육과정학(석사)
한국교원대학교 대학원 초등체육교육(석사)
서울교육대학교 초등교육과(학사)
2022 개정 초등학교 교육과정 심의위원장(교육부)

「개념 기반 교육과정과 수업 사례」 공저(2022)
「최신교육과정 재구성의 이론과 실제」 공저(2021)
「ON 교육과정 재구성」 공저(2020)
「체육과 교육과정」 공저(2008)
한국연구재단 등재 학술지 38편 게재

교육과정 총론 기준, IB PYP, 교수 · 학습과 평가 등에 관심을 가짐.

■ **김자영**

(현) 서울잠원초등학교 수석교사, 경인교육대학교 강사

이화여자대학교 대학원 초등교육학(박사)
이화여자대학교 교육대학원 초등교육학(석사)
인천교육대학교 초등교육과(학사)

「최신교육과정 재구성의 이론과 실제」 공저(2021)
「ON 교육과정 재구성」 공저(2020)
「예술가의 창작과정에서 나타난 창의성 요소를 중심으로 한 창의교육 콘텐츠 개발」 공저(2020)

교사의 실천적 지식, 음악교육과정, 수학교육과정, 오케스트라 교육에 관심을 가짐.

■ 김정숙

(현) 서울면남초등학교 교사

한국교원대학교 대학원(석사)
청주교육대학교 초등교육과(학사)

「개념 기반 교육과정과 수업 사례」 공저(2022)
교육환경보호원(교육부) 생명존중예방 프로그램 개발(2021)
과정중심평가 문항 개발 및 적용(2020)
다문화 수용성 함양을 위한 놀이 중심 프로그램의 개발과 적용(2020)

교사교육과정, 통합교육과정 설계 및 실천 등에 관심을 가짐.

■ 김정윤

(현) 서울남성초등학교 수석교사, 서울대학교 객원연구원, 숙명여자대학교 강사

서울대학교 교육과정학(박사)
University of Wisconsin-Madison 교육과정(석사)
서울교육대학교 교육전문대학원 초등영어교육(석사)
서울교육대학교 초등교육과(학사)

「개념 기반 교육과정과 수업 사례」 공저(2022)

개념 기반 교육과정, 통합교육과정, 교육과정 설계, 교육과정 실천 등에 관심을 가짐

■ 김현정

(현) 서울잠현초등학교 교사

고려대학교 대학원 교육과정학 박사(수료)
서울교육대학교 교육전문대학원 초등교육과정(석사)
경인교육대학교 초등교육과(학사)

교육과정 설계 방안 및 평가, 교원양성과정 등에 관심을 가짐.

■ 노선임

(현) 서울갈현초등학교 수석교사

중부대학교 원격대학원 진로직업컨설팅학(석사)
부산교육대학교 초등교육과(학사)

초등 3학년 사회과 마을교과서 공저, 서울특별시서부교육지원청(2022)
초등 3학년 사회과 마을교과서 공저, 서울특별시서부교육지원청(2021)

교사별 교육과정 설계 방안, 수행평가, 사회과 PCK 수업설계, 진로교육 등에 관심을 가짐.

■ 박은하

(현) 서울봉은초등학교 교사

건국대학교 대학원 교육과정학(박사)
서울교육대학교 교육전문대학원 유아교육(석사)
서울교육대학교 초등교육과(학사)

「개념 기반 교육과정과 수업 사례」 공저(2022)
2009 개정 체육과 검정 교과용 도서 집필
교수 · 학습 설계 및 평가, 교사 교육 등에 관심을 가짐.

■ 이경미

(현) 서울양명초등학교 수석교사

한국교원대학교 대학원 초등음악교육(석사)
한국교원대학교 초등교육과(학사)

「그림책 활동 100」 공저(2023)
「개념 기반 교육과정 및 평가의 이론과 실제」 공저(2021)
그림책 「잠깐만」 번역(2022)
「마음이 머무는 그림책 한 문장」 공저(2022)
「뚝딱 일주일만에 영화수업 만들기」 공저(2019)

학생 그림책 창작 출판,
개념 기반 교육과정, 교사 교육과정에 관심을 가짐

- **채은경**

  (현) 글벗초등학교 교사

  한국교원대학교 대학원 인구다문화교육 전공(석사)
  서울교육대학교 초등교육과(학사)

  초등 사회과와 도덕과에서 반영된 연령 통합 내용 분석(2020)
  초등학교 사회 교과서 3-6(김영사, 2022)
  IB PYP 프레임워크 적용을 통한 서울형 PYP 모델 구축 방안 연구(2021, 서울시교육청교육연구
  　정보원)
  어린이 초록마을, 나라, 세계(환경부, 2012)
  초등학교 환경 3-6학년(2012, ㈜미래엔)
  2007 개정 초등학교 사회과 교과서(2011, 교육부)

  학교 교육과정 수립과 교사 공동체, 개념 기반 교육과정의 현장 적용에 관심을 가짐.

- **최성이**

  (현) 서울양원초등학교 수석교사, 서울교육대학교 교육대학원 겸임교원, 서울교육대학교 강사,
  　경인교육대학교 강사

  이화여자대학교 대학원 수학교육(박사)
  서울교육대학교 교육전문대학원 초등영재교육(석사)
  서울교육대학교 초등교육과(학사)

  「사회정의를 위한 수학교육」 공저(2015)
  2009 개정 수학과 교과용 도서 집필
  2015 개정 수학과 교과용 도서 집필

  교육과정 실천, 수학교육과정 및 평가에 관심을 가짐.

2022 개정 교육과정 맞춤형
교과 및 교과 통합 서술형 평가의 실제

초판발행	2023년 3월 15일
지은이	조호제·김자영·김정숙·김정윤·김현정·노선임·박은하·이경미·채은경·최성이
펴낸이	노 현
편 집	배근하
기획/마케팅	김한유
표지디자인	이수빈
제 작	고철민·조영환
펴낸곳	㈜ 피와이메이트
	서울특별시 금천구 가산디지털2로 53 한라시그마밸리 210호(가산동)
	등록 2014. 2. 12. 제2018-000080호
전 화	02)733-6771
f a x	02)736-4818
e-mail	pys@pybook.co.kr
homepage	www.pybook.co.kr
I S B N	979-11-6519-382-9 93370

copyright©조호제 외 9인, 2023, Printed in Korea

정 가   23,000원

박영스토리는 박영사와 함께하는 브랜드입니다.